(사)한국어문회 주관 │ 국가공인급수

한자능력검정시험

3급

기출·예상 문제집

배정한자 ➕ 기출문제 완벽 반영!
예상문제 15회 ➕ 기출·예상문제 5회 수록!

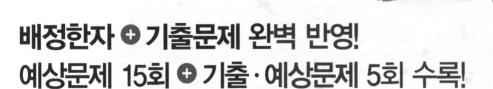

- 한자어의 이해와 활용능력을 길러주기 위한 다양한 유형의 문제 수록
- 본 시험과 같은 유형의 기출·예상문제 수록
- 실제 시험처럼 연습할 수 있는 답안지 수록

한자능력검정시험 3급
기출·예상문제집

　　문자는 언어를 체계화하여 인간의 내면세계를 구체화하고 서술하는 데에 필요한 도구이다. 따라서 한 나라의 문자 정책은 그 나라의 이상과 추구를 구체화하며 아울러 세계 인류의 의식세계를 교류하는 데에 가교架橋 역할을 한다.

　　지금 우리나라는 문자 정책의 혼선으로 말미암아 어문 교육 정책은 실마리를 찾지 못하고 있으며, 사회 각처에서의 언어적 무가치와 무분별한 외래어 남용을 해소할 수 없어 내 나라 내 글인 한국어의 우수성을 저버리고 있다.

　　새삼 한국어의 구성을 강조하지 않더라도 한국어는 한자와 한글로 구성되었음은 누구나 아는 사실이다. 특히 그 구성에 있어서 한자 어휘가 약 70% 이상을 차지하고 있으므로 한자와 한글을 따로 떼어서 교육하려는 것은 굴대에서 바퀴가 빠진 수레를 몰고자하는 것과 같다. 그럼에도 불구하고 학자들 간의 이권利權으로 말미암아 어문 정책이 양분되어 논쟁을 벌이는 것은 불필요한 지식 소모에 지나지 않는다.

　　이로 인하여 (사)한국어문회에서는 우리글인 한국어를 올바로 인식시키고, 고급 지식의 경제 생산을 이룩하기 위하여 초등학생부터 일반인에 이르기까지 '한자능력검정시험'을 시행하고 있다. 매년 수험생이 증가하고 있어 다행한 일이라 여겨지기는 하나 전국민이 학교의 의무 교육으로부터 올바른 한국어 교육을 받을 수 있도록 정책을 세우는 것보다는 못할 것이다.

　　한편 사회 각처에서 국한國漢혼용의 필요성이 대두되면서 한자교육학회의 난립과 한자검정시험이 난무하고 있어, 오랜 세월 학자들이 주장해온 국한 혼용의 본래 취지와 한국어 교육의 참뜻을 저해할까 두려운 마음이 앞선다.

　　다행히 무분별한 외래문화의 수용 속에서 우리 것을 바로 알고 지켜나가는 (사)한국어문회가 어문 정책의 일환으로 추진하는 '한자능력검정시험'이 꾸준히 뿌리를 내리고 있어 한결 마음 뿌듯하며, 한국어 학습자와 수험생에게 조금이나마 보탬이 되고자 이 책을 펴낸다.

원 기 출

차 례

시작하기 전에

01 본 문제집은 급수별 시험에 대비하는 학생이나 사회인이 한자어의 이해와 활용 능력을 기르는 데에 도움이 되도록 엮은 것이다.

02 본 문제집은 (사)한국어문회에서 주관하고 한국한자검정회에서 시행하는 한자능력검정시험의 출제유형에 따라 예상문제와 기출·예상문제를 구성한 것이다.

03 본 문제집은 한자능력검정시험과 같이 문제지와 답안지를 별도로 수록하여, 본 시험에 대비해 보다 실전에 가까운 체험을 할 수 있도록 꾸며졌다.

04 본 문제집은 먼저 답안지에 1차 답안을 작성하여 채점한 후에 틀린 부분을 문제지에서 다시 풀어 볼 수 있도록 구성하였다.

05 본 문제집의 예상문제는 출제기준에 따라 각 급수에 배정된 한자의 범위 안에서 엮은 것으로, 본 시험에 가깝게 난이도를 조정하였으며 별도로 정답과 해설을 수록하여 문제의 이해를 높이려고 하였다.

06 (사)한국어문회에서 주관하고 한국한자검정회에서 시행하는 한자능력검정시험은, 급수별로 8급(50자) / 7급Ⅱ(100자) / 7급(150자) / 6급Ⅱ(225자) / 6급(300자) / 5급Ⅱ(400자) / 5급(500자) / 4급Ⅱ(750자) / 4급(1,000자) / 3급Ⅱ(1,500자) / 3급(1,817자) / 2급(2,355자) / 1급(3,500자) / 특급Ⅱ(4,918자) / 특급(5,978자) 등에 배정된 한자의 범위에서 출제되고 있어서 국내 여러 한자검정시험 중 급수별로 가장 많은 배정한자를 지정하고 있다.

07 한자 관련 시험의 종류로는 (사)한국어문회에서 주관하고 한국한자능력검정회에서 시행하는 한자능력검정시험과 국내 각종 한자자격시험 및 한자경시대회 등이 있다.

출제기준

✓ 상위급수 한자는 모두 하위급수 한자를 포함하고 있습니다.
✓ 쓰기 배정 한자는 한두 급수 아래의 읽기 배정한자이거나 그 범위 내에 있습니다.
✓ 공인급수는 특급 ~ 3급II이며, 교육급수는 4급 ~ 8급입니다.
✓ 출제기준표는 기본지침자료로서, 출제자의 의도에 따라 차이가 있을 수 있습니다.
✓ 급수는 특급, 특급II, 1급, 2급, 3급, 3급II, 4급, 4급II, 5급, 5급II, 6급, 6급II, 7급, 7급II, 8급으로 구분합니다.

구분	특급	특급II	1급	2급	3급	3급II	4급	4급II	5급	5급II	6급	6급II	7급	7급II	8급
독음	45	45	50	45	45	45	32	35	35	35	33	32	32	22	24
한자쓰기	40	40	40	30	30	30	20	20	20	20	20	10	0	0	0
훈음	27	27	32	27	27	27	22	22	23	23	22	29	30	30	24
완성형(成語)	10	10	15	10	10	10	5	5	4	4	3	2	2	2	0
반의어(相對語)	10	10	10	10	10	10	3	3	3	3	3	2	2	2	0
뜻풀이	5	5	10	5	5	5	3	3	3	3	2	2	2	2	0
동음이의어	10	10	10	5	5	5	3	3	3	3	2	0	0	0	0
부수	10	10	10	5	5	5	3	3	0	0	0	0	0	0	0
동의어(類義語)	10	10	10	5	5	5	3	3	3	3	2	0	0	0	0
약자	3	3	3	3	3	3	3	3	3	3	0	0	0	0	0
장단음	10	10	10	5	5	5	3	0	0	0	0	0	0	0	0
한문	20	20	0	0	0	0	0	0	0	0	0	0	0	0	0
필순	0	0	0	0	0	0	0	0	3	3	3	3	2	2	2
출제문항(計)	200			150			100				90	80	70	60	50
합격문항	160			105			70				63	56	49	42	35
시험시간(분)	100	90		60			50								

● 한자능력검정시험은 《(사)한국어문회》가 주관하고, 《한국한자능력검정회》가 1992년 12월 9일 전국적으로 시행하여 현재에 이르기까지 매년 시행하고 있는 국내 최고의 한자자격시험입니다. 또한 시험에 합격한 재학생은 내신 반영은 물론, 2000학년부터 3급과 2급 합격자를 대상으로 일부 대학에서 특기자 전형 신입생을 선발함으로써 더욱 권위있고 의미있는 한자자격시험으로 인정받고 있습니다.

● 《(사)한국어문회》는 1992년 6월 22일에 문화부 장관 인가로 발족하고, 그 산하에 《한국한자능력검정회》를 두고 있습니다.

● 한자능력검정시험은 국어의 전통성 회복과 국어 생활을 바르게 하는 데에 그 목적이 있습니다. 따라서 시험에 출제되는 내용은 교과서·교양서적·논고 등에서 출제될 것입니다.

참다운 실천

　　왕수王壽라는 사람이 책을 짊어지고 周나라로 가던 途中에 은사隱士인 서풍徐馮을 만났다. 서풍이 왕수에게 말했다.

　　"일이라는 것은 實踐하는 것이오. 같은 일을 해도 때에 따라 그 結果가 다르기 때문에 언제나 똑같이 處理할 수는 없는 법이오. 책이라는 것도 옛사람의 말을 記錄해 놓은 것으로, 말이란 다만 知識에서 비롯된 것이오. 그러므로 옳게 아는 사람은 책 따위에 기대지 않는 법인데, 그대는 어찌하여 책을 짊어지고 다니는 것이오?"

　　그 말을 들은 왕수는 짊어졌던 책을 모두 불살라 버리고 기뻐하며 덩실덩실 춤을 추었다.

　　眞正한 지식을 갖춘 사람은 말로만 가르치지 않고, 智慧있는 사람은 책을 쌓아 두고 배우지 않는다고 하였다.

　　이후 왕수는 크게 깨닫고 바른 길로 돌아와 새로운 것을 배웠다.

－『韓非子』, 「喻老篇」 중 －

승리를 위해

조趙나라 경대부卿大夫인 양주襄主는 왕량王良에게서 말馬을 부리는 技術을 배웠다. 그는 아직 熟達되지 못했음에도 不拘하고 왕량에게 試合을 하자고 하였다. 양주는 말을 세 번이나 바꿔 탔는데도 결국 지고 말았다.

그러자 양주가 말했다.
"그대는 나에게 제대로 가르쳐 주지 않은 것 같다."

왕량이 對答했다.
"기술은 이미 가르쳐 드렸는데, 그 方法이 잘못된 것입니다. 말을 부림에 있어서 가장 重要한 것은 말과 수레가 一致해야 하고, 또 부리는 사람과 말의 마음이 調和를 이루어야 하는 것입니다.

그러나 지금 양주께서는 뒤지면 앞지르려고 초조焦燥해 하고, 앞지르면 뒤떨어질까 걱정했습니다. 하지만 말을 달려 먼 곳까지 競走를 하려면 앞설 때도 있고, 뒤떨어질 때도 있습니다.

당신께서는 앞설 때나 뒤질 때나 늘 마음이 저에게 쏠려 있으니, 그래서야 어찌 말과 一致되어 調和를 이룰 수 있겠습니까? 그런 까닭에 저에게 진 것입니다."

– 『韓非子』, 「喩老篇」 중 –

급수별 배정한자(가나다 순)

: 표는 長音, ˙표는 長·短音 漢字임

| 8급 | 배정한자 |

教	가르칠	교:	攵 – 총11획
校	학교學校	교:	木 – 총10획
九	아홉	구	乙 – 총 2획
國	나라	국	囗 – 총11획
軍	군사軍士/軍事	군	車 – 총 9획
金	쇠	금	
	성姓	김	金 – 총 8획
南	남녘	남	十 – 총 9획
女	계집	녀	女 – 총 3획
年	해	년	干 – 총 6획
大	큰	대˙	大 – 총 3획
東	동녘	동	木 – 총 8획
六	여섯	륙	八 – 총 4획
萬	일만	만:	艸 – 총13획
母	어미	모:	母 – 총 5획
木	나무	목˙	木 – 총 4획
門	문	문	門 – 총 8획
民	백성百姓	민	氏 – 총 5획

白	흰	백	白 – 총 5획
父	아비	부	父 – 총 4획
北	북녘	북	
	달아날	배	匕 – 총 5획
四	넉	사:	囗 – 총 5획
山	메	산	山 – 총 3획
三	석	삼	一 – 총 3획
生	날	생	
	낳을	생	生 – 총 5획
西	서녘	서	襾 – 총 6획
先	먼저	선	儿 – 총 6획
小	작을	소:	小 – 총 3획
水	물	수	水 – 총 4획
室	집	실	宀 – 총 9획
十	열	십	十 – 총 2획
五	다섯	오:	二 – 총 4획
王	임금	왕	玉 – 총 4획
外	바깥	외:	夕 – 총 5획
月	달	월	月 – 총 4획
二	두	이:	二 – 총 2획

人	사람	인	人 – 총 2획
日	날	일	日 – 총 4획
一	한	일	一 – 총 1획
長	긴	장˙	長 – 총 8획
弟	아우	제:	弓 – 총 7획
中	가운데	중	丨 – 총 4획
靑	푸를	청	靑 – 총 8획
寸	마디	촌:	寸 – 총 3획
七	일곱	칠	一 – 총 2획
土	흙	토	土 – 총 3획
八	여덟	팔	八 – 총 2획
學	배울	학	子 – 총16획
韓	나라	한˙	
	한국韓國	한:	韋 – 총17획
兄	형	형	儿 – 총 5획
火	불	화˙	火 – 총 4획

※ 8급은 모두 50자입니다. 8급 시험에서 한자쓰기 문제는 출제되지 않습니다. 하지만, 8급 한자는 모든 급수의 기초가 되므로 많이 읽고 그 쓰임에 대하여 알아보는 것이 중요합니다.

7급Ⅱ 배정한자

家	집	가	宀－총10획
間	사이	간	門－총12획
江	강	강	水－총6획
車	수레	거	
	수레	차	車－총7획
空	빌[虛空]	공	穴－총8획
工	장인匠人	공	工－총3획
記	기록할	기	言－총10획
氣	기운氣運	기	气－총10획
男	사내	남	田－총7획
內	안	내	入－총4획
農	농사農事	농	辰－총13획
答	대답對答	답	竹－총12획
道	길	도	
	말할	도	辶－총13획
動	움직일	동	力－총11획
力	힘	력	力－총2획
立	설	립	立－총5획
每	매양每樣	매	毋－총7획
名	이름	명	口－총6획
物	물건物件	물	牛－총8획
方	모[四角]	방	方－총4획
不	아닐	불	一－총4획

事	일	사	亅－총8획
上	윗	상	一－총3획
姓	성姓	성	女－총8획
世	인간人間	세	一－총5획
手	손	수	手－총4획
時	때	시	日－총10획
市	저자	시	巾－총5획
食	먹을	식	
	밥	사/식	食－총9획
安	편안便安	안	宀－총6획
午	낮	오	十－총4획
右	오를	우	
	오른(쪽)	우	口－총5획
自	스스로	자	自－총6획
子	아들	자	子－총3획
場	마당	장	土－총12획
電	번개	전	雨－총13획
前	앞	전	刀－총9획
全	온전	전	入－총6획
正	바를	정	止－총5획
足	발	족	足－총7획
左	왼	좌	工－총5획
直	곧을	직	目－총8획

平	평평할	평	干－총5획
下	아래	하	一－총3획
漢	한수漢水	한	
	한나라	한	水－총14획
海	바다	해	水－총10획
話	말씀	화	言－총13획
活	살[生活]	활	水－총9획
孝	효도孝道	효	子－총7획
後	뒤	후	彳－총9획

※ 7급Ⅱ는 8급[50자]에 새로운 한자 50자를 더하여 모두 100자입니다.

7급 배정한자

歌	노래	가	欠－총14획
口	입	구	口－총3획
旗	기	기	方－총14획
冬	겨울	동	冫－총5획
洞	골	동	
	밝을	통	水－총9획
同	한가지	동	口－총6획
登	오를[登壇]	등	癶－총12획
來	올	래	人－총8획

老	늙을	로 :	老－총 6획
里	마을	리 :	里－총 7획
林	수풀	림	木－총 8획
面	낯	면 :	面－총 9획
命	목숨	명 :	口－총 8획
文	글월	문	文－총 4획
問	물을	문 :	口－총11획
百	일백	백	白－총 6획
夫	지아비	부	大－총 4획
算	셈	산 :	竹－총14획
色	빛	색	色－총 6획
夕	저녁	석	夕－총 3획
所	바	소 :	戶－총 8획
少	적을[젊을]	소 :	小－총 4획
數	셈	수 :	
	자주	삭	攵－총15획
植	심을	식	木－총12획
心	마음	심	心－총 4획
語	말씀	어 :	言－총14획
然	그럴	연	火－총12획
有	있을	유 :	月－총 6획
育	기를	육	肉－총 8획
邑	고을	읍	邑－총 7획

入	들	입	入－총 2획
字	글자	자	子－총 6획
祖	할아비	조	示－총10획
住	살	주 :	人－총 7획
主	임금	주	
	주인主人	주	丶－총 5획
重	무거울	중 :	里－총 9획
地	땅[따]	지	土－총 6획
紙	종이	지	糸－총10획
川	내	천	巛－총 3획
千	일천	천	十－총 3획
天	하늘	천	大－총 4획
草	풀	초	艸－총10획
村	마을	촌 :	木－총 7획
秋	가을	추	禾－총 9획
春	봄	춘	日－총 9획
出	날	출	凵－총 5획
便	편할	편 ▶ ※'편'만 장단음	
	똥오줌	변	人－총 9획
夏	여름	하 :	夂－총10획
花	꽃	화	艸－총 8획
休	쉴	휴	人－총 6획

※ 7급은 7급Ⅱ[100자]에 새로운 한자 50자를 더하여 모두 150자입니다. 7급에서 한자쓰기 문제는 출제되지 않습니다. 하지만, 7급에서 사용되는 한자는 앞으로 공부할 모든 급수에서 중요한 한자이므로 모두 쓸 수 있도록 학습하는 것이 좋습니다.

6급Ⅱ 배정한자

各	각각	각	口－총 6획
角	뿔	각	角－총 7획
計	셀	계 :	言－총 9획
界	지경地境	계 :	田－총 9획
高	높을	고	高－총10획
功	공[功勳]	공	力－총 5획
公	공평할	공	八－총 4획
共	한가지	공 :	八－총 6획
科	과목科目	과	禾－총 9획
果	실과實果	과 :	木－총 8획
光	빛	광	儿－총 6획
球	공	구	玉－총11획
今	이제	금	人－총 4획
急	급할	급	心－총 9획
短	짧을	단 :	矢－총12획
堂	집	당	土－총11획

代	대신할	대 :	人 – 총 5획	書	글	서	曰 – 총10획
對	대할	대 :	寸 – 총14획	線	줄[針線]	선	糸 – 총15획
圖	그림	도	囗 – 총14획	雪	눈	설	雨 – 총11획
讀	읽을	독		省	살필	성	
	구절句節	두	言 – 총22획		덜	생	目 – 총 9획
童	아이	동 :	立 – 총12획	成	이룰	성	戈 – 총 7획
等	무리	등 :	竹 – 총12획	消	사라질	소	水 – 총10획
樂	즐길	락		術	재주	술	行 – 총11획
	노래	악		始	비로소	시 :	女 – 총 8획
	좋아할	요	木 – 총15획	神	귀신鬼神	신	示 – 총10획
理	다스릴	리 :	玉 – 총11획	身	몸	신	身 – 총 7획
利	이할	리 :	刀 – 총 7획	信	믿을	신 :	人 – 총 9획
明	밝을	명	日 – 총 8획	新	새	신	斤 – 총13획
聞	들을	문 :	耳 – 총14획	藥	약	약	艸 – 총19획
班	나눌	반	玉 – 총10획	弱	약할	약	弓 – 총10획
反	돌이킬	반 :	又 – 총 4획	業	업	업	木 – 총13획
半	반	반 :	十 – 총 5획	勇	날랠	용 :	力 – 총 9획
發	필	발	癶 – 총12획	用	쓸	용 :	用 – 총 5획
放	놓을	방 :	攴 – 총 8획	運	옮길	운 :	辶 – 총13획
部	떼[部類]	부	邑 – 총11획	音	소리	음	音 – 총 9획
分	나눌	분 :	刀 – 총 4획	飮	마실	음 :	食 – 총13획
社	모일	사 :	示 – 총 8획	意	뜻	의 :	心 – 총13획

昨	어제	작	日 – 총 9획
作	지을	작	人 – 총 7획
才	재주	재	手 – 총 3획
戰	싸움	전 :	戈 – 총16획
庭	뜰	정	广 – 총10획
題	제목題目	제	頁 – 총18획
第	차례	제 :	竹 – 총11획
注	부을	주 :	水 – 총 8획
集	모을	집	隹 – 총12획
窓	창	창	穴 – 총11획
淸	맑을	청	水 – 총11획
體	몸	체	骨 – 총23획
表	겉	표	衣 – 총 8획
風	바람	풍	風 – 총 9획
幸	다행多幸	행 :	干 – 총 8획
現	나타날[現象]	현 :	玉 – 총11획
形	모양	형	彡 – 총 7획
和	화할	화	口 – 총 8획
會	모일	회 :	曰 – 총13획

※ 6급Ⅱ는 7급[150자]에 새로운 한자 75자를 더하여 모두 225자입니다. 단, 6급Ⅱ에서의 한자쓰기 문제는 8급[50자]에서 출제됩니다.

6급 › 배정한자

感	느낄	감 :	心 – 총13획
強	강할[強=强]	강 :	弓 – 총11획
開	열	개	門 – 총12획
京	서울	경	亠 – 총 8획
苦	쓸[味覺]	고	艸 – 총 9획
古	예	고 :	口 – 총 5획
交	사귈	교	亠 – 총 6획
區	구분할	구	
	지경地境	구	匚 – 총11획
郡	고을	군 :	邑 – 총10획
近	가까울	근 :	辶 – 총 8획
根	뿌리	근	木 – 총10획
級	등급等級	급	糸 – 총10획
多	많을	다	夕 – 총 6획
待	기다릴	대 :	彳 – 총 9획
度	법도法度	도 :	
	헤아릴	탁	广 – 총 9획
頭	머리	두	頁 – 총16획
例	법식法式	례 :	人 – 총 8획
禮	예도禮度	례 :	示 – 총18획
路	길	로 :	足 – 총13획
綠	푸를	록	糸 – 총14획

李	오얏	리 :	
	성姓	리 :	木 – 총 7획
目	눈	목	目 – 총 5획
米	쌀	미	米 – 총 6획
美	아름다울	미 :	羊 – 총 9획
朴	성姓	박	木 – 총 6획
番	차례	번	田 – 총12획
別	다를	별	
	나눌	별	刀 – 총 7획
病	병	병 :	疒 – 총10획
服	옷	복	月 – 총 8획
本	근본根本	본	木 – 총 5획
死	죽을	사 :	歹 – 총 6획
使	하여금	사 :	
	부릴	사 :	人 – 총 8획
石	돌	석	石 – 총 5획
席	자리	석	巾 – 총10획
速	빠를	속	辶 – 총11획
孫	손자孫子	손 :	子 – 총10획
樹	나무	수	木 – 총16획
習	익힐	습	羽 – 총11획
勝	이길	승	力 – 총12획
式	법法	식	弋 – 총 6획

失	잃을	실	大 – 총 5획
愛	사랑	애 :	心 – 총13획
野	들[坪]	야 :	里 – 총11획
夜	밤	야 :	夕 – 총 8획
陽	볕	양	阜 – 총12획
洋	큰바다	양	水 – 총 9획
言	말씀	언	言 – 총 7획
永	길	영 :	水 – 총 5획
英	꽃부리	영	艸 – 총 9획
溫	따뜻할	온	水 – 총13획
園	동산	원	囗 – 총13획
遠	멀	원 :	辶 – 총14획
油	기름	유	水 – 총 8획
由	말미암을	유	田 – 총 5획
銀	은	은	金 – 총14획
衣	옷	의	衣 – 총 6획
醫	의원醫院/醫員	의	酉 – 총18획
者	놈	자	老 – 총 9획
章	글	장	立 – 총11획
在	있을	재 :	土 – 총 6획
定	정할	정 :	宀 – 총 8획
朝	아침	조	月 – 총12획
族	겨레	족	方 – 총11획

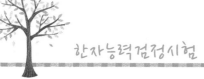
晝	낮	주	日－총11획
親	친할	친	見－총16획
太	클	태	大－총 4획
通	통할	통	辶－총11획
特	특별할	특	牛－총10획
合	합할	합	
	홉	홉	口－총 6획
行	다닐	행	※'행'만 장단음
	항렬行列	항	行－총 6획
向	향할	향	口－총 6획
號	이름	호	虍－총13획
畫	그림	화	※'화'만 장음
	그을[劃]	획	田－총13획
黃	누를	황	黃－총12획
訓	가르칠	훈	言－총10획

※ 6급은 6급Ⅱ[225자]에 새로운 한자 75자를 더하여 모두 300자입니다.

5급Ⅱ 배정한자

價	값	가	人－총15획
客	손[賓客]	객	宀－총 9획
格	격식格式	격	木－총10획

見	볼	견	
	뵈올	현	見－총 7획
決	결단할	결	水－총 7획
結	맺을	결	糸－총12획
敬	공경恭敬	경	攴－총13획
告	고할	고	口－총 7획
課	공부할	과	
	과정課程	과	言－총15획
過	지날	과	辶－총13획
關	관계할	관	門－총19획
觀	볼	관	見－총25획
廣	넓을	광	广－총15획
具	갖출	구	八－총 8획
舊	예	구	臼－총18획
局	판[形局]	국	尸－총 7획
己	몸	기	己－총 3획
基	터	기	土－총11획
念	생각	념	心－총 8획
能	능할	능	肉－총10획
團	둥글	단	口－총14획
當	마땅	당	田－총13획
德	큰	덕	彳－총15획
到	이를	도	刀－총 8획

獨	홀로	독	犬－총16획
朗	밝을	랑	月－총11획
良	어질	량	艮－총 7획
旅	나그네	려	方－총10획
歷	지날	력	止－총16획
練	익힐	련	糸－총15획
勞	일할	로	力－총12획
類	무리	류	頁－총19획
流	흐를	류	水－총10획
陸	뭍	륙	阜－총11획
望	바랄	망	月－총11획
法	법	법	水－총 8획
變	변할	변	言－총23획
兵	병사兵士	병	八－총 7획
福	복	복	示－총14획
奉	받들	봉	大－총 8획
史	사기史記	사	口－총 5획
士	선비	사	士－총 3획
仕	섬길	사	人－총 5획
産	낳을	산	生－총11획
相	서로	상	目－총 9획
商	장사	상	口－총11획

鮮	고울	선	魚-총17획
仙	신선神仙	선	人-총 5획
說	말씀	설	
	달랠	세:	
	기쁠	열	言-총14획
性	성품性品	성:	心-총 8획
洗	씻을	세:	水-총 9획
歲	해	세:	止-총13획
束	묶을	속	木-총 7획
首	머리	수	首-총 9획
宿	잘	숙	
	별자리	수:	⌒-총11획
順	순할	순:	頁-총12획
識	알	식	
	기록할	지	言-총19획
臣	신하臣下	신	臣-총 6획
實	열매	실	⌒-총14획
兒	아이	아	儿-총 8획
惡	악할	악	
	미워할	오	心-총12획
約	맺을	약	糸-총 9획
養	기를	양:	食-총15획

要	요긴할	요:	両-총 9획
友	벗	우:	又-총 4획
雨	비	우:	雨-총 8획
雲	구름	운	雨-총12획
元	으뜸	원	儿-총 4획
偉	클	위	人-총11획
以	써	이:	人-총 5획
任	맡길	임	人-총 6획
材	재목材木	재	木-총 7획
財	재물財物	재	貝-총10획
的	과녁	적	白-총 8획
典	법法	전:	八-총 8획
傳	전할	전	人-총13획
展	펼	전:	尸-총10획
切	끊을	절	
	온통	체	刀-총 4획
節	마디	절	竹-총15획
店	가게	점:	广-총 8획
情	뜻	정	心-총11획
調	고를	조	言-총15획
卒	마칠	졸	十-총 8획

種	씨	종:	禾-총14획
週	주일週日	주	⻌-총12획
州	고을	주	巛-총 6획
知	알	지	矢-총 8획
質	바탕	질	貝-총15획
着	붙을	착	目-총12획
參	참여할	참	
	갖은석	삼	厶-총11획
責	꾸짖을	책	貝-총11획
充	채울	충	儿-총 6획
宅	집	택	
	집	댁	⌒-총 6획
品	물건物件	품:	口-총 9획
必	반드시	필	心-총 5획
筆	붓	필	竹-총12획
害	해할	해:	⌒-총10획
化	될	화	匕-총 4획
效	본받을	효:	攵-총10획
凶	흉할	흉	凵-총 4획

※ 5급Ⅱ는 6급[300자]에 새로운 한자 100자를 더하여 모두 400자입니다. 단, 5급Ⅱ에서의 한자쓰기 문제는 6급Ⅱ[225자]에서 출제됩니다.

5급 배정한자

加	더할	가	力 – 총 5획
可	옳을	가:	口 – 총 5획
改	고칠	개:	攵 – 총 7획
去	갈	거:	厶 – 총 5획
擧	들	거:	手 – 총18획
健	굳셀	건:	人 – 총11획
件	물건物件	건	人 – 총 6획
建	세울	건:	廴 – 총 9획
輕	가벼울	경	車 – 총14획
競	다툴	경:	立 – 총20획
景	볕	경:	日 – 총12획
固	굳을	고:	口 – 총 8획
考	생각할	고:	老 – 총 6획
曲	굽을	곡	曰 – 총 6획
橋	다리	교	木 – 총16획
救	구원할	구:	攵 – 총11획
貴	귀할	귀:	貝 – 총12획
規	법法	규	見 – 총11획
給	줄	급	糸 – 총12획
汽	물끓는김	기	水 – 총 7획
期	기약할	기	月 – 총12획

技	재주	기	手 – 총 7획
吉	길할	길	口 – 총 6획
壇	단	단	土 – 총16획
談	말씀	담	言 – 총15획
都	도읍都邑	도	邑 – 총12획
島	섬	도	山 – 총10획
落	떨어질	락	艸 – 총13획
冷	찰	랭:	冫 – 총 7획
量	헤아릴	량	里 – 총12획
領	거느릴	령	頁 – 총14획
令	하여금	령:	人 – 총 5획
料	헤아릴	료:	斗 – 총10획
馬	말	마:	馬 – 총10획
末	끝	말	木 – 총 5획
亡	망할	망	亠 – 총 3획
買	살	매:	貝 – 총12획
賣	팔賣却	매:	貝 – 총15획
無	없을	무	火 – 총12획
倍	곱	배:	人 – 총10획
比	견줄	비:	比 – 총 4획
費	쓸	비:	貝 – 총12획
鼻	코	비:	鼻 – 총14획
氷	얼음	빙	水 – 총 5획

寫	베낄	사	宀 – 총15획
思	생각	사	心 – 총 9획
査	조사할	사	木 – 총 9획
賞	상줄	상	貝 – 총15획
序	차례	서:	广 – 총 7획
選	가릴	선:	辶 – 총16획
船	배船舶	선	舟 – 총11획
善	착할	선:	口 – 총12획
示	보일	시:	示 – 총 5획
案	책상冊床	안:	木 – 총10획
魚	고기	어	
	물고기	어	魚 – 총11획
漁	고기잡을	어	水 – 총14획
億	억數字	억	人 – 총15획
熱	더울	열	火 – 총15획
葉	잎	엽	
	고을이름	섭	艸 – 총13획
屋	집	옥	尸 – 총 9획
完	완전할	완	宀 – 총 7획
曜	빛날	요:	日 – 총18획
浴	목욕할	욕	水 – 총10획
牛	소	우	牛 – 총 4획
雄	수컷	웅	隹 – 총12획

原	언덕	원 :	厂-총10획
願	원할	원 :	頁-총19획
院	집	원 :	阜-총10획
位	자리	위 :	人-총7획
耳	귀	이 :	耳-총6획
因	인할	인 :	囗-총6획
再	두	재 :	冂-총6획
災	재앙災殃	재 :	火-총7획
爭	다툴	쟁 :	爪-총8획
貯	쌓을	저 :	貝-총12획
赤	붉을	적 :	赤-총7획
停	머무를	정 :	人-총11획
操	잡을	조 :	手-총16획
終	마칠	종 :	糸-총11획
罪	허물	죄 :	网-총13획
止	그칠	지 :	止-총4획
唱	부를	창 :	口-총11획
鐵	쇠	철 :	金-총21획
初	처음	초 :	刀-총7획
最	가장	최 :	曰-총12획
祝	빌[祝福]	축 :	示-총10획
致	이를	치 :	至-총10획

則	법칙法則	칙	
	곧	즉 :	刀-총9획
他	다를	타 :	人-총5획
打	칠[打擊]	타 :	手-총5획
卓	높을	탁 :	十-총8획
炭	숯	탄 :	火-총9획
板	널	판 :	木-총8획
敗	패할	패 :	攴-총11획
河	물	하 :	水-총8획
寒	찰	한 :	宀-총12획
許	허락할	허 :	言-총11획
湖	호수湖水	호 :	水-총12획
患	근심	환 :	心-총11획
黑	검을	흑 :	黑-총12획

※ 5급은 5급II[400자]에 새로운 한자 100자를 더하여 모두 500자입니다. 단, 5급에서 한자쓰기 문제는 6급 [300자]에서 출제됩니다.

4급II 배정한자

街	거리	가 :	行-총12획
假	거짓	가 :	人-총11획
減	덜	감 :	水-총12획

監	볼	감 :	皿-총14획
講	욀	강 :	言-총17획
康	편안	강 :	广-총11획
個	낱	개 :	人-총10획
檢	검사할	검 :	木-총17획
潔	깨끗할	결 :	水-총15획
缺	이지러질	결 :	缶-총10획
慶	경사	경 :	心-총15획
警	깨우칠	경 :	言-총20획
境	지경	경 :	土-총14획
經	지날	경	
	글	경 :	糸-총13획
係	맬	계 :	人-총9획
故	연고	고 :	攴-총9획
官	벼슬	관 :	宀-총8획
求	구할[求索]	구 :	水-총7획
句	글귀	구 :	口-총5획
究	연구할	구 :	穴-총7획
宮	집	궁 :	宀-총10획
權	권세	권 :	木-총22획
極	극진할	극	
	다할	극 :	木-총13획
禁	금할	금 :	示-총13획

器	그릇	기	口-총16획
起	일어날	기	走-총10획
暖	따뜻할	난:	日-총13획
難	어려울	난,	隹-총19획
怒	성낼	노:	心-총9획
努	힘쓸	노	力-총7획
斷	끊을	단:	斤-총18획
端	끝	단	立-총14획
檀	박달나무	단	木-총17획
單	홑	단	
	오랑캐임금	선	口-총12획
達	통달할	달	辶-총13획
擔	멜	담	手-총16획
黨	무리	당	黑-총20획
帶	띠	대:	巾-총11획
隊	무리	대	阜-총12획
導	인도할	도:	寸-총16획
督	감독할	독	目-총13획
毒	독[毒藥]	독	毋-총8획
銅	구리	동	金-총14획
斗	말	두	斗-총4획
豆	콩	두	豆-총7획
得	얻을	득	彳-총11획

羅	벌릴	라	网-총19획
兩	두	량:	入-총8획
麗	고울	려	鹿-총19획
連	이을	련	辶-총11획
列	벌릴/벌일	렬	刀-총6획
錄	기록할	록	金-총16획
論	논할	론	言-총15획
留	머무를	류	田-총10획
律	법칙	률	彳-총9획
滿	찰	만:	水-총14획
脈	줄기	맥	肉-총10획
毛	터럭	모	毛-총4획
牧	칠[牧養]	목	牛-총8획
武	호반	무:	止-총8획
務	힘쓸	무:	力-총11획
味	맛	미:	口-총8획
未	아닐	미:	木-총5획
密	빽빽할	밀	宀-총11획
博	넓을	박	十-총12획
防	막을	방	阜-총7획
房	방	방	戶-총8획
訪	찾을	방:	言-총11획

配	나눌	배:	
	짝	배	酉-총10획
背	등	배:	肉-총9획
拜	절	배:	手-총9획
罰	벌할	벌	网-총14획
伐	칠[討]	벌	人-총6획
壁	벽	벽	土-총16획
邊	가[側]	변	辶-총19획
報	갚을	보:	
	알릴	보	土-총12획
步	걸음	보:	止-총7획
寶	보배	보:	宀-총20획
保	지킬	보,	人-총9획
復	회복할	복	※'부'만 장음
	다시	부:	彳-총12획
府	마을[官廳]	부,	广-총8획
婦	며느리	부	女-총11획
副	버금	부:	刀-총11획
富	부자	부:	宀-총12획
佛	부처	불	人-총7획
非	아닐	비,	非-총8획
備	갖출	비:	人-총12획
飛	날	비	飛-총9획

悲	슬플	비 :	心-총12획
貧	가난할	빈	貝-총11획
謝	사례할	사 :	言-총17획
師	스승	사	巾-총10획
寺	절	사	※'시'만 장음
	내관內官	시 :	寸-총6획
舍	집	사 :	舌-총8획
殺	죽일	살	
	감할	쇄 :	※'쇄'만 장음
	빠를	쇄 :	殳-총11획
常	떳떳할	상	巾-총11획
床	상床=牀	상	广-총7획
想	생각	상 :	心-총13획
狀	형상	상	※'장'만 장음
	문서	장 :	犬-총8획
設	베풀	설	言-총11획
星	별	성	日-총9획
聖	성인	성 :	耳-총13획
盛	성할	성 :	皿-총12획
聲	소리	성	耳-총17획
城	재內城	성	土-총10획
誠	정성	성	言-총14획
細	가늘	세 :	糸-총11획

稅	세금	세 :	禾-총12획
勢	형세形勢	세 :	力-총13획
素	본디	소	
	흴白	소	糸-총10획
掃	쓸掃除	소 :	手-총11획
笑	웃음	소 :	竹-총10획
續	이을	속	糸-총21획
俗	풍속	속	人-총9획
送	보낼	송 :	辶-총10획
收	거둘	수	攴-총6획
修	닦을	수	人-총10획
受	받을	수 :	又-총8획
授	줄	수	手-총11획
守	지킬	수	宀-총6획
純	순수할	순	糸-총10획
承	이을	승	手-총8획
詩	시	시	言-총13획
施	베풀	시 :	方-총9획
視	볼	시 :	見-총12획
試	시험	시 :	言-총13획
是	이斯	시 :	
	옳을	시 :	日-총9획
息	쉴	식	心-총10획

申	납猿	신	田-총5획
深	깊을	심	水-총11획
眼	눈	안 :	目-총11획
暗	어두울	암 :	日-총13획
壓	누를	압	土-총17획
液	진	액	水-총11획
羊	양	양	羊-총6획
如	같을	여	女-총6획
餘	남을	여	食-총16획
逆	거스를	역	辶-총10획
硏	갈研磨	연 :	石-총11획
煙	연기	연	火-총13획
演	펼	연 :	水-총14획
榮	영화	영	木-총14획
藝	재주	예 :	艸-총19획
誤	그르칠	오 :	言-총14획
玉	구슬	옥	玉-총5획
往	갈	왕 :	彳-총8획
謠	노래	요	言-총17획
容	얼굴	용	宀-총10획
圓	둥글	원	口-총13획
員	인원	원	口-총10획
衛	지킬	위	行-총16획

爲	하	위 ·	
	할	위	爪-총12획
肉	고기	육	肉-총6획
恩	은혜	은	心-총10획
陰	그늘	음	阜-총11획
應	응할	응:	心-총17획
義	옳을	의:	羊-총13획
議	의논할	의·	言-총20획
移	옮길	이	禾-총11획
益	더할	익	皿-총10획
引	끌	인	弓-총4획
印	도장	인	卩-총6획
認	알[知]	인	言-총14획
障	막을	장	阜-총14획
將	장수	장·	寸-총11획
低	낮을	저:	人-총7획
敵	대적할	적	攴-총15획
田	밭	전	田-총5획
絶	끊을	절	糸-총12획
接	이을	접	手-총11획
政	정사	정	攴-총8획
精	정할	정	
	자세할	정	米-총14획

程	한도	정	
	길[道]	정	禾-총12획
濟	건널	제:	水-총17획
提	끌[提携]	제	手-총12획
除	덜	제	阜-총10획
制	절제할	제:	刀-총8획
祭	제사	제:	示-총11획
際	즈음	제:	
	가[邊]	제	阜-총14획
製	지을	제:	衣-총14획
助	도울	조:	力-총7획
鳥	새	조	鳥-총11획
早	이를	조:	日-총6획
造	지을	조:	辵-총11획
尊	높을	존	寸-총12획
宗	마루	종	宀-총8획
走	달릴	주	走-총7획
竹	대	죽	竹-총6획
準	준할	준:	水-총13획
衆	무리	중:	血-총12획
增	더할	증	土-총15획
指	가리킬	지	手-총9획
志	뜻	지	心-총7획

至	이를	지	至-총6획
支	지탱할	지	支-총4획
職	직분	직	耳-총18획
進	나아갈	진:	辵-총12획
眞	참	진	目-총10획
次	버금	차	欠-총6획
察	살필	찰	宀-총14획
創	비롯할	창:	刀-총12획
處	곳	처:	虍-총11획
請	청할	청	言-총15획
總	다[皆]	총:	糸-총17획
銃	총	총	金-총14획
蓄	모을	축	艸-총14획
築	쌓을	축	竹-총16획
蟲	벌레	충	虫-총18획
忠	충성	충	心-총8획
取	가질	취:	又-총8획
測	헤아릴	측	水-총12획
治	다스릴	치	水-총8획
置	둘[措置]	치:	网-총13획
齒	이	치	齒-총15획
侵	침노할	침	人-총9획
快	쾌할	쾌	心-총7획

態	모습	태:	心 – 총14획
統	거느릴	통:	糸 – 총12획
退	물러날	퇴:	⻍ – 총10획
破	깨뜨릴	파:	石 – 총10획
波	물결	파	水 – 총8획
布	베/펼	포,	※'보'는 장음
	보시	보:	巾 – 총5획
	쌀[裹]	포,	勹 – 총5획
包			
砲	대포	포:	石 – 총10획
暴	사나울	폭	※'포'만 장음
	모질	포:	日 – 총15획
票	표	표	示 – 총11획
豊	풍년[豊=豐]	풍	豆 – 총13획
限	한할	한:	阜 – 총9획
航	배	항:	舟 – 총10획
港	항구	항:	水 – 총12획
解	풀	해:	角 – 총13획
鄕	시골	향	邑 – 총13획
香	향기	향	香 – 총9획
虛	빌	허	虍 – 총12획
驗	시험	험:	馬 – 총23획
賢	어질	현	貝 – 총15획
血	피	혈	血 – 총6획

協	화할	협	十 – 총8획
惠	은혜	혜:	心 – 총12획
護	도울	호:	言 – 총21획
呼	부를	호	口 – 총8획
好	좋을	호:	女 – 총6획
戶	집	호:	戶 – 총4획
貨	재물	화:	貝 – 총11획
確	굳을	확	石 – 총15획
回	돌아올	회	囗 – 총6획
吸	마실	흡	口 – 총7획
興	일[興盛]	흥,	臼 – 총16획
希	바랄	희	巾 – 총7획

※ 4급Ⅱ는 5급[500자]에 새로운 한자 250자를 더하여 모두 750자입니다. 단, 4급Ⅱ에서 한자쓰기 문제는 5급 중[400자]에서 출제됩니다.

4급 배정한자

暇	틈	가:	
	겨를	가:	日 – 총13획
覺	깨달을	각	見 – 총20획
刻	새길	각	刀 – 총8획

簡	간략할	간,	
	대쪽	간	竹 – 총18획
干	방패	간	干 – 총3획
看	볼	간	目 – 총9획
敢	감히	감:	
	구태여	감:	攴 – 총12획
甘	달	감	甘 – 총5획
甲	갑옷	갑	田 – 총5획
降	내릴	강:	※'강'만 장음
	항복할	항	阜 – 총9획
更	다시	갱:	※'갱'만 장음
	고칠	경	曰 – 총7획
據	근거	거:	手 – 총16획
拒	막을	거:	手 – 총8획
居	살	거	尸 – 총8획
巨	클	거:	工 – 총5획
傑	뛰어날	걸	人 – 총12획
儉	검소할	검:	人 – 총15획
激	격할	격	水 – 총16획
擊	칠[打擊]	격	手 – 총17획
犬	개	견	犬 – 총4획
堅	굳을	견	土 – 총11획
鏡	거울	경:	金 – 총19획

傾	기울	경	人－총13획
驚	놀랄	경	馬－총23획
戒	경계할	계:	戈－총7획
季	계절	계:	子－총8획
鷄	닭	계	鳥－총21획
階	섬돌	계	阜－총12획
系	이어맬	계:	糸－총7획
繼	이을	계:	糸－총20획
庫	곳집	고	广－총10획
孤	외로울	고	子－총8획
穀	곡식	곡	禾－총15획
困	곤할	곤:	囗－총7획
骨	뼈	골	骨－총10획
孔	구멍	공:	子－총4획
攻	칠[攻擊]	공:	攴－총7획
管	대롱	관	
	주관할	관	竹－총14획
鑛	쇳돌	광:	金－총23획
構	얽을	구	木－총14획
群	무리	군	羊－총13획
君	임금	군	口－총7획
屈	굽힐	굴	尸－총8획

窮	다할	궁	
	궁할	궁	穴－총15획
勸	권할	권:	力－총20획
券	문서	권	刀－총8획
卷	책	권	卩－총8획
歸	돌아갈	귀:	止－총18획
均	고를	균	土－총7획
劇	심할	극	刀－총15획
勤	부지런할	근	力－총13획
筋	힘줄	근	竹－총12획
奇	기특할	기	大－총8획
紀	벼리	기	糸－총9획
寄	부칠[寄書]	기	宀－총11획
機	틀	기	木－총16획
納	들일	납	糸－총10획
段	층계	단	殳－총9획
盜	도둑	도	皿－총12획
逃	도망할	도	辶－총10획
徒	무리	도	彳－총10획
卵	알	란:	卩－총7획
亂	어지러울	란:	乙－총13획
覽	볼	람	見－총21획

略	간략할	략	
	약할	략	田－총11획
糧	양식	량	米－총18획
慮	생각할	려:	心－총15획
烈	매울	렬	火－총10획
龍	용	룡	龍－총16획
柳	버들	류	木－총9획
輪	바퀴	륜	車－총15획
離	떠날	리:	隹－총19획
妹	누이	매	女－총8획
勉	힘쓸	면:	力－총9획
鳴	울	명	鳥－총14획
模	본뜰	모	木－총15획
妙	묘할	묘:	女－총7획
墓	무덤	묘:	土－총14획
舞	춤출	무:	舛－총14획
拍	칠[拍手]	박	手－총8획
髮	터럭	발	髟－총15획
妨	방해할	방	女－총7획
犯	범할	범:	犬－총5획
範	법	범:	竹－총15획
辯	말씀	변:	辛－총21획
普	넓을	보:	日－총12획

22

複	겹칠	복	衣-총14획
伏	엎드릴	복	人-총 6획
否	아닐	부	:
	막힐	비	口-총 7획
負	질[荷]	부:	貝-총 9획
粉	가루	분:	米-총10획
憤	분할	분:	心-총15획
碑	비석	비	石-총13획
批	비평할	비:	手-총 7획
祕	숨길[祕=秘]	비:	示-총10획
辭	말씀	사	辛-총19획
私	사사	사	禾-총 7획
絲	실	사	糸-총12획
射	쏠	사:	寸-총10획
散	흩을	산:	攴-총12획
傷	다칠	상	人-총13획
象	코끼리	상	豕-총12획
宣	베풀	선	宀-총 9획
舌	혀	설	舌-총 6획
屬	붙일	속	尸-총21획
損	덜	손:	手-총13획
松	소나무	송	木-총 8획

頌	칭송할	송:	
	기릴	송	頁-총13획
秀	빼어날	수	禾-총 7획
叔	아재비	숙	又-총 8획
肅	엄숙할	숙	聿-총13획
崇	높을	숭	山-총11획
氏	각시	씨	
	성씨姓氏	씨	
	나라이름	지	氏-총 4획
額	이마	액	頁-총18획
樣	모양	양	木-총15획
嚴	엄할	엄	口-총20획
與	더불	여:	
	줄	여:	臼-총14획
易	바꿀	역	※'이'만 장음
	쉬울	이:	日-총 8획
域	지경	역	土-총11획
鉛	납	연	金-총13획
延	늘일	연	辶-총 7획
緣	인연	연	糸-총15획
燃	탈	연	火-총16획
營	경영할	영	火-총17획
迎	맞을	영	辶-총 8획

映	비칠	영:	日-총 9획
豫	미리	예:	豕-총16획
優	넉넉할	우	人-총17획
遇	만날	우:	辶-총13획
郵	우편	우	邑-총11획
源	근원	원	水-총13획
援	도울	원:	手-총12획
怨	원망할	원:	心-총 9획
委	맡길	위	女-총 8획
圍	에워쌀	위	口-총12획
慰	위로할	위	心-총15획
威	위엄	위	女-총 9획
危	위태할	위	卩-총 6획
遺	남길	유	辶-총16획
遊	놀	유	辶-총13획
儒	선비	유	人-총16획
乳	젖	유	乙-총 8획
隱	숨을	은	阜-총17획
儀	거동	의	人-총15획
疑	의심할	의	疋-총14획
依	의지할	의	人-총 8획
異	다를	이:	田-총12획
仁	어질	인	人-총 4획

姿	모양	자 :	女－총 9획
姉	손윗누이	자	女－총 8획
資	재물	자	貝－총13획
殘	남을	잔	歹－총12획
雜	섞일	잡	隹－총18획
張	베풀	장	弓－총11획
帳	장막	장	巾－총11획
壯	장할	장 :	士－총 7획
腸	창자	장	肉－총13획
裝	꾸밀	장	衣－총13획
奬	장려할	장 ,	大－총14획
底	밑	저 :	广－총 8획
績	길쌈	적	糸－총17획
賊	도둑	적	貝－총13획
適	맞을	적	辶－총15획
籍	문서	적	竹－총20획
積	쌓을	적	禾－총16획
轉	구를	전 :	車－총18획
錢	돈	전 :	金－총16획
專	오로지	전	寸－총11획
折	꺾을	절	手－총 7획
點	점	점 ,	黑－총17획
占	점령할	점 ,	
	점칠	점	卜－총 5획

整	가지런할	정 :	攴－총16획
靜	고요할	정	靑－총16획
丁	장정	정	
	고무래	정	一－총 2획
帝	임금	제 :	巾－총 9획
條	가지	조	木－총11획
潮	조수潮水	조	
	밀물	조	水－총15획
組	짤	조	糸－총11획
存	있을	존	子－총 6획
鍾	쇠북[鍾＝鐘]	종	金－총17획
從	좇을	종 ,	彳－총11획
座	자리	좌 :	广－총10획
周	두루	주	口－총 8획
朱	붉을	주	木－총 6획
酒	술	주 ,	酉－총10획
證	증거	증	言－총19획
持	가질	지	手－총 9획
誌	기록할	지	言－총14획
智	지혜	지	
	슬기	지	日－총12획
織	짤	직	糸－총18획
盡	다할	진 :	皿－총14획
珍	보배	진	玉－총 9획

陣	진칠	진	阜－총10획
差	다를	차	
	어긋날	치	
	부릴	채	工－총10획
讚	기릴	찬 :	言－총26획
採	캘	채 :	手－총11획
冊	책	책	冂－총 5획
泉	샘	천	水－총 9획
廳	관청	청	广－총25획
聽	들을	청	耳－총22획
招	부를	초	手－총 8획
推	밀	추	
	밀	퇴	手－총11획
縮	줄일	축	糸－총17획
就	나아갈	취 :	尤－총12획
趣	뜻	취 :	走－총15획
層	층[層樓]	층	尸－총15획
針	바늘	침 ,	金－총10획
寢	잘	침 :	宀－총14획
稱	일컬을	칭	禾－총14획
歎	탄식할	탄 :	欠－총15획
彈	탄알	탄 :	弓－총15획
脫	벗을	탈	肉－총11획
探	찾을	탐	手－총11획

擇	가릴	**택**	手-총16획
討	칠[討伐]	**토**	言-총10획
痛	아플	**통**:	疒-총12획
投	던질	**투**	手-총 7획
鬪	싸움	**투**	鬥-총20획
派	갈래	**파**	水-총 9획
判	판단할	**판**	刀-총 7획
篇	책	**편**	竹-총15획
評	평할	**평**:	言-총12획
閉	닫을	**폐**:	門-총11획
胞	세포	**포**,	肉-총 9획
爆	불터질	**폭**	火-총19획
標	표할	**표**	木-총15획
疲	피곤할	**피**	疒-총10획
避	피할	**피**:	辶-총17획
恨	한[怨恨]	**한**:	心-총 9획
閑	한가할	**한**	門-총12획
抗	겨룰	**항**:	手-총 7획
核	씨	**핵**	木-총10획
憲	법	**헌**:	心-총16획
險	험할	**험**:	阜-총16획
革	가죽	**혁**	革-총 9획
顯	나타날	**현**:	頁-총23획

刑	형벌	**형**	刀-총 6획
或	혹	**혹**	戈-총 8획
混	섞을	**혼**:	水-총11획
婚	혼인할	**혼**	女-총11획
紅	붉을	**홍**	糸-총 9획
華	빛날	**화**	艸-총11획
環	고리	**환**,	玉-총17획
歡	기쁠	**환**	欠-총22획
況	상황	**황**:	水-총 8획
灰	재	**회**	火-총 6획
候	기후	**후**:	人-총10획
厚	두터울	**후**:	厂-총 9획
揮	휘두를	**휘**	手-총12획
喜	기쁠	**희**	口-총12획

※ 4급 배정한자는 4급Ⅱ[750자]에 새로운 한자 250자를 더하여 1,000자입니다.
단, 4급에서 한자쓰기 문제는 5급[500자]에서 출제됩니다.

3급Ⅱ 배정한자

架	시렁	**가**:	木-총 9획
佳	아름다울	**가**:	人-총 8획
脚	다리	**각**	肉-총11획

閣	집	**각**	門-총14획
肝	간	**간**	肉-총 7획
懇	간절할	**간**:	心-총17획
刊	새길	**간**	刀-총 5획
幹	줄기	**간**	干-총13획
鑑	거울	**감**	金-총22획
鋼	강철	**강**	金-총16획
剛	굳셀[剛毅]	**강**	刀-총10획
綱	벼리	**강**	糸-총14획
介	낄	**개**:	人-총 4획
槪	대개	**개**:	木-총15획
蓋	덮을	**개**,	艸-총14획
距	상거할	**거**:	足-총12획
乾	하늘	**건**	
	마를	**간/건**	乙-총11획
劍	칼	**검**:	刀-총15획
隔	사이뜰	**격**	阜-총13획
訣	이별할	**결**	言-총11획
謙	겸손할	**겸**	言-총17획
兼	겸할	**겸**	八-총10획
硬	굳을	**경**	石-총12획
徑	길	**경**	
	지름길	**경**	彳-총10획
耕	밭갈[犁田]	**경**	耒-총10획

頃	이랑	경	
	잠깐	경	頁-총11획
桂	계수나무	계:	木-총10획
械	기계	계:	木-총11획
契	맺을	계:	大-총9획
溪	시내	계	水-총13획
啓	열	계:	口-총11획
鼓	북	고	鼓-총13획
姑	시어미	고	女-총8획
稿	원고	고	
	볏짚	고	禾-총15획
谷	골	곡	谷-총7획
哭	울	곡	口-총10획
恭	공손할	공	心-총10획
恐	두려울	공:	心-총10획
貢	바칠	공:	貝-총10획
供	이바지할	공:	人-총8획
誇	자랑할	과:	言-총13획
寡	적을	과:	宀-총14획
冠	갓	관	宀-총9획
貫	꿸	관,	貝-총11획
寬	너그러울	관	宀-총15획
慣	익숙할	관	心-총14획
館	집	관	食-총17획

狂	미칠	광	犬-총7획
怪	괴이할	괴:	心-총8획
壞	무너질	괴:	土-총19획
較	견줄	교	
	비교할	교	車-총13획
巧	공교할	교	工-총5획
丘	언덕	구	一-총5획
久	오랠	구:	ノ-총3획
拘	잡을	구	手-총8획
菊	국화	국	艹-총12획
弓	활	궁	弓-총3획
拳	주먹	권:	手-총10획
鬼	귀신	귀:	鬼-총10획
菌	버섯	균	艹-총12획
克	이길	극	儿-총7획
琴	거문고	금	玉-총12획
錦	비단	금:	金-총16획
禽	새	금	内-총13획
及	미칠	급	又-총4획
畿	경기京畿	기	田-총15획
其	그	기	八-총8획
企	꾀할	기	人-총6획
騎	말탈	기	馬-총18획
祈	빌[祈願]	기	示-총9획

緊	긴할	긴	糸-총14획
諾	허락할	낙	言-총16획
娘	계집	낭	女-총10획
耐	견딜	내:	而-총9획
寧	편안便安	녕	宀-총14획
奴	종[奴僕]	노	女-총5획
腦	골	뇌	
	뇌수腦髓	뇌	肉-총13획
泥	진흙	니	水-총8획
茶	차	다	
	차	차	艹-총10획
但	다만	단:	人-총7획
丹	붉을	단	丶-총4획
旦	아침	단	日-총5획
淡	맑을	담	水-총11획
踏	밟을	답	足-총15획
唐	당나라	당	
	당황할	당	口-총10획
糖	엿	당	米-총16획
臺	대[돈대]	대	至-총14획
貸	빌릴	대:	
	꿀[꾸이다]	대:	貝-총12획
渡	건널	도	水-총12획
途	길[行中]	도:	辶-총11획

倒	넘어질	도:	人-총10획	聯	연이을	련	耳-총17획	臨 임할 림 臣-총17획

倒	넘어질	도:	人-총10획
桃	복숭아	도	木-총10획
陶	질그릇	도	阜-총11획
刀	칼	도	刀-총 2획
突	갑자기	돌	穴-총 9획
凍	얼	동:	冫-총10획
絡	얽을	락	
	이을	락	糸-총12획
欄	난간	란	木-총21획
蘭	난초	란	艸-총21획
浪	물결	랑:	水-총10획
郞	사내	랑	邑-총10획
廊	사랑채	랑	
	행랑	랑	广-총13획
梁	들보	량	
	돌다리	량	木-총11획
涼	서늘할	량	冫-총11획
勵	힘쓸	려:	力-총17획
曆	책력	력	日-총16획
戀	그리워할	련:	
	그릴	련:	心-총23획
鍊	쇠불릴	련:	
	단련할	련:	金-총17획
蓮	연꽃	련	艸-총15획

聯	연이을	련	耳-총17획
裂	찢어질	렬	衣-총12획
嶺	고개	령	山-총17획
靈	신령	령	雨-총24획
露	이슬	로:	雨-총20획
爐	화로	로	火-총20획
祿	녹[俸祿]	록	示-총13획
弄	희롱할	롱:	廾-총 7획
雷	우레	뢰	雨-총13획
賴	의뢰할	뢰:	貝-총16획
樓	다락	루	木-총15획
漏	샐	루:	水-총14획
累	여러	루:	
	자주	루:	糸-총11획
倫	인륜	륜	人-총10획
栗	밤	률	木-총10획
率	비율	률	
	거느릴	솔	玄-총11획
隆	높을	륭	阜-총12획
陵	언덕	릉	阜-총11획
履	밟을	리:	尸-총15획
吏	벼슬아치	리:	
	관리官吏	리	口-총 6획
裏	속[裡]	리:	衣-총13획

臨	임할	림	臣-총17획
磨	갈	마	石-총16획
麻	삼	마	麻-총11획
漠	넓을	막	水-총14획
莫	없을	막	艸-총11획
幕	장막	막	巾-총14획
晩	늦을	만:	日-총11획
妄	망령될	망:	女-총 6획
梅	매화	매	木-총11획
媒	중매	매	女-총12획
麥	보리	맥	麥-총11획
孟	맏	맹:	子-총 8획
盟	맹세	맹	皿-총13획
猛	사나울	맹:	犬-총11획
盲	소경	맹	
	눈멀	맹	目-총 8획
免	면할	면:	儿-총 7획
綿	솜	면	糸-총14획
眠	잘	면	目-총10획
滅	멸할	멸	
	꺼질	멸	水-총13획
銘	새길	명	金-총14획
慕	그릴	모:	心-총15획
謀	꾀	모	言-총16획

貌	모양	모	豸-총14획
睦	화목할	목	目-총13획
沒	빠질	몰	水-총7획
夢	꿈	몽	夕-총14획
蒙	어두울	몽	艸-총14획
茂	무성할	무:	艸-총9획
貿	무역할	무:	貝-총12획
墨	먹	묵	土-총15획
默	잠잠할	묵	黑-총16획
紋	무늬	문	糸-총10획
勿	말[禁]	물	勹-총4획
尾	꼬리	미:	尸-총7획
微	작을	미	彳-총13획
薄	엷을	박	艸-총17획
迫	핍박할	박	辶-총9획
般	가지	반	
	일반	반	舟-총10획
飯	밥	반	食-총13획
盤	소반	반	皿-총15획
拔	뽑을	발	手-총8획
芳	꽃다울	방	艸-총8획
輩	무리	배:	車-총15획
排	밀칠	배	手-총11획
培	북돋울	배:	土-총11획

伯	맏	백	人-총7획
繁	번성할	번	糸-총17획
凡	무릇	범	几-총3획
碧	푸를	벽	石-총14획
丙	남녘	병:	一-총5획
補	기울	보:	衣-총12획
譜	족보	보:	言-총19획
腹	배	복	肉-총13획
逢	만날	봉	辶-총11획
鳳	봉새	봉:	鳥-총14획
峯	봉우리	봉	山-총10획
封	봉할	봉	寸-총9획
覆	덮을	부	
	다시	복	
	뒤집힐	복	襾-총18획
扶	도울	부	手-총7획
浮	뜰	부	水-총10획
簿	문서	부:	竹-총19획
賦	부세	부:	貝-총14획
付	부칠	부:	人-총5획
符	부호	부	竹-총11획
附	붙을	부	阜-총8획
腐	썩을	부:	肉-총14획
奔	달릴	분	大-총9획

奮	떨칠	분:	大-총16획
紛	어지러울	분	糸-총10획
拂	떨칠	불	手-총8획
婢	계집종	비:	女-총11획
卑	낮을	비:	十-총8획
肥	살찔	비:	肉-총8획
妃	왕비	비	女-총6획
邪	간사할	사	邑-총7획
蛇	긴뱀	사	虫-총11획
詞	말	사	
	글	사	言-총12획
司	맡을	사	口-총5획
沙	모래	사	水-총7획
斜	비낄	사	斗-총11획
祀	제사	사	示-총8획
削	깎을	삭	刀-총9획
森	수풀	삼	木-총12획
償	갚을	상	人-총17획
像	모양	상	人-총14획
桑	뽕나무	상	木-총10획
霜	서리	상	雨-총17획
尚	오히려	상:	小-총8획
喪	잃을	상:	口-총12획
詳	자세할	상	言-총13획

裳	치마	상	衣-총14획
塞	막힐	색	
	변방	새	土-총13획
索	찾을	색	
	노[새끼줄]	삭	糸-총10획
署	마을[官廳]	서	网-총14획
緖	실마리	서:	糸-총15획
恕	용서할	서:	心-총10획
徐	천천할	서	彳-총10획
惜	아낄	석	心-총11획
釋	풀[解]	석	釆-총20획
旋	돌[廻]	선	方-총11획
禪	선	선	示-총17획
蘇	되살아날	소	艸-총20획
燒	사를	소	火-총16획
疏	소통할	소	疋-총11획
訴	호소할	소	言-총12획
訟	송사할	송:	言-총11획
鎖	쇠사슬	쇄:	金-총18획
刷	인쇄할	쇄:	刀-총8획
衰	쇠할	쇠	
	상복喪服	최	衣-총10획
愁	근심	수	心-총13획

殊	다를	수	歹-총10획
垂	드리울	수	土-총8획
隨	따를	수	阜-총16획
壽	목숨	수	士-총14획
輸	보낼	수	車-총16획
需	쓰일	수	
	쓸	수	雨-총14획
帥	장수	수	巾-총9획
獸	짐승	수	犬-총19획
淑	맑을	숙	水-총11획
熟	익을	숙	火-총15획
瞬	눈깜짝일	순	目-총17획
巡	돌[廻]	순	
	순행할	순	巛-총7획
旬	열흘	순	日-총6획
述	펼	술	辶-총9획
襲	엄습할	습	衣-총22획
濕	젖을	습	水-총17획
拾	주울	습	
	갖은열	십	手-총9획
昇	오를	승	日-총8획
僧	중	승	人-총14획
乘	탈	승	丿-총10획

侍	모실	시:	人-총8획
飾	꾸밀	식	食-총14획
愼	삼갈	신:	心-총13획
審	살필	심	宀-총15획
甚	심할	심:	甘-총9획
雙	두	쌍	
	쌍	쌍	隹-총18획
我	나	아:	戈-총7획
雅	맑을	아	隹-총12획
亞	버금	아	二-총8획
芽	싹	아	艸-총8획
牙	어금니	아	牙-총4획
阿	언덕	아	阜-총8획
顔	낯	안:	頁-총18획
岸	언덕	안:	山-총8획
巖	바위	암	山-총23획
央	가운데	앙	大-총5획
仰	우러를	앙:	人-총6획
哀	슬플	애	口-총9획
若	같을	약	
	반야般若	야	艸-총9획
揚	날릴	양	手-총12획
讓	사양할	양:	言-총24획

 급수별 배정한자 29

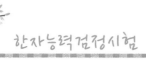

壤	흙덩이	양 :	土-총20획	悟	깨달을	오 :	心-총10획	柔 부드러울 유 木-총9획
御	거느릴	어 :	彳-총11획	獄	옥[囚舍]	옥	犬-총14획	幼 어릴 유 幺-총5획
抑	누를	억	手-총7획	瓦	기와	와 :	瓦-총5획	猶 오히려 유 犬-총12획
憶	생각할	억	心-총16획	緩	느릴	완 :	糸-총15획	潤 불을 윤 : 水-총15획
亦	또	역	亠-총6획	辱	욕될	욕	辰-총10획	乙 새 을 乙-총1획
譯	번역할	역	言-총20획	慾	욕심	욕	心-총15획	淫 음란할 음 水-총11획
役	부릴	역	彳-총7획	欲	하고자할	욕	欠-총11획	已 이미 이 : 己-총3획
驛	역	역	馬-총23획	憂	근심	우	心-총15획	翼 날개 익 羽-총17획
疫	전염병	역	疒-총9획	羽	깃	우 :	羽-총6획	忍 참을 인 心-총7획
沿	물따라갈	연		愚	어리석을	우	心-총13획	逸 편안할 일 辶-총12획
	따를	연 :	水-총8획	宇	집	우 :	宀-총6획	壬 북방 임 : 土-총4획
軟	연할	연 :	車-총11획	偶	짝	우 :	人-총11획	賃 품삯 임 : 貝-총13획
宴	잔치	연 :	宀-총10획	韻	운	운 :	音-총19획	慈 사랑 자 心-총13획
燕	제비	연 :	火-총16획	越	넘을	월	走-총12획	紫 자줏빛 자 糸-총11획
悅	기쁠	열	心-총10획	僞	거짓	위	人-총14획	刺 찌를 자 ※'자'만 장음
染	물들	염 :	木-총9획	胃	밥통	위	肉-총9획	찌를 척
炎	불꽃	염	火-총8획	謂	이를	위	言-총16획	수라 라 刀-총8획
鹽	소금	염	鹵-총24획	幽	그윽할	유	幺-총9획	潛 잠길 잠 水-총15획
影	그림자	영 :	彡-총15획	誘	꾈	유	言-총14획	暫 잠깐 잠 : 日-총15획
譽	기릴	예 :		裕	넉넉할	유 :	衣-총12획	藏 감출 장 : 艸-총18획
	명예	예 :	言-총21획	悠	멀	유	心-총11획	粧 단장할 장 米-총12획
烏	까마귀	오	火-총10획	維	벼리	유	糸-총14획	掌 손바닥 장 : 手-총12획

莊	씩씩할	장	艸－총11획
丈	어른	장:	一－총 3획
臟	오장	장:	肉－총22획
葬	장사지낼	장:	艸－총13획
載	실을	재:	車－총13획
栽	심을	재:	木－총10획
裁	옷마를	재	衣－총12획
著	나타날	저:	※'저'만 장음
	붙을	착	艸－총13획
抵	막을[抗]	저:	手－총 8획
寂	고요할	적	宀－총11획
摘	딸[手收]	적	手－총14획
跡	발자취	적	足－총13획
蹟	자취	적	足－총18획
笛	피리	적	竹－총11획
殿	전각	전:	殳－총13획
漸	점점	점:	水－총14획
貞	곧을	정	貝－총 9획
淨	깨끗할	정	水－총11획
井	우물	정:	二－총 4획
頂	정수리	정	頁－총11획
亭	정자	정	亠－총 9획

廷	조정	정	夊－총 7획
征	칠[征討]	정	彳－총 8획
齊	가지런할	제	齊－총14획
諸	모두	제	
	어조사	저	言－총16획
照	비칠	조:	火－총13획
兆	억조	조	儿－총 6획
租	조세	조	禾－총10획
縱	세로	종	糸－총17획
坐	앉을	좌:	土－총 7획
珠	구슬	주	玉－총10획
株	그루	주	木－총10획
柱	기둥	주	木－총 9획
洲	물가	주	水－총 9획
鑄	쇠불릴	주	金－총22획
奏	아뢸	주:	大－총 9획
宙	집	주:	宀－총 8획
仲	버금	중:	人－총 6획
卽	곧	즉	卩－총 9획
憎	미울	증	心－총15획
曾	일찍	증	曰－총12획
症	증세	증:	疒－총10획

蒸	찔	증	艸－총14획
枝	가지	지	木－총 8획
之	갈	지	丿－총 4획
池	못	지	水－총 6획
振	떨칠	진:	手－총10획
陳	베풀	진:	
	묵을	진	阜－총11획
辰	별	진	
	때	신	辰－총 7획
震	우레	진:	雨－총15획
鎭	진압할	진:	金－총18획
疾	병	질	疒－총10획
秩	차례	질	禾－총10획
執	잡을	집	土－총11획
徵	부를	징	
	화음火音	치	彳－총15획
借	빌	차:	
	빌릴	차	人－총10획
此	이	차	止－총 6획
錯	어긋날	착	金－총16획
贊	도울	찬:	貝－총19획
倉	곳집	창	人－총10획
昌	창성할	창	日－총 8획

蒼	푸를	창	艸-총14획
菜	나물	채:	艸-총12획
債	빚	채:	人-총13획
彩	채색	채:	彡-총11획
策	꾀	책	竹-총12획
妻	아내	처	女-총8획
拓	넓힐	척	
	박을[拓本]	탁	手-총8획
尺	자	척	尸-총4획
戚	친척	척	戈-총11획
踐	밟을	천:	足-총15획
淺	얕을	천:	水-총11획
遷	옮길	천:	辶-총16획
賤	천할	천:	貝-총15획
哲	밝을	철	口-총10획
徹	통할	철	彳-총15획
滯	막힐	체	水-총14획
肖	닮을	초	
	같을	초	肉-총7획
超	뛰어넘을	초	走-총12획
礎	주춧돌	초	石-총18획
觸	닿을	촉	角-총20획

促	재촉할	촉	人-총9획
催	재촉할	최:	人-총13획
追	쫓을	추	
	따를	추	辶-총10획
畜	짐승	축	田-총10획
衝	찌를	충	行-총15획
吹	불[鼓吹]	취:	口-총7획
醉	취할	취:	酉-총15획
側	곁	측	人-총11획
値	값	치	人-총10획
恥	부끄러울	치	心-총10획
稚	어릴	치	禾-총13획
漆	옻	칠	水-총14획
浸	잠길	침:	水-총10획
沈	잠길	침:	
	성姓	심:	水-총7획
奪	빼앗을	탈	大-총14획
塔	탑	탑	土-총13획
湯	끓을	탕:	水-총12획
殆	거의	태	歹-총9획
泰	클	태	水-총10획
澤	못	택	水-총16획

兎	토끼	토	儿-총7획
吐	토할	토,	口-총6획
透	사무칠	투	辶-총11획
版	판목	판	片-총8획
編	엮을	편	糸-총15획
片	조각	편,	片-총4획
偏	치우칠	편	人-총11획
弊	폐단	폐:	
	해질	폐:	廾-총15획
廢	폐할	폐:	
	버릴	폐:	广-총15획
肺	허파	폐:	肉-총8획
浦	개[水邊]	포	水-총10획
捕	잡을	포:	手-총10획
楓	단풍	풍	木-총13획
皮	가죽	피	皮-총5획
被	입을	피:	衣-총10획
彼	저	피:	彳-총8획
畢	마칠	필	田-총11획
荷	멜	하,	艸-총11획
何	어찌	하	人-총7획
賀	하례할	하:	貝-총12획

鶴	학	**학**	鳥-총21획
汗	땀	**한**	水-총 6획
割	벨	**할**	刀-총12획
含	머금을	**함**	口-총 7획
陷	빠질	**함**	阜-총11획
項	항목	**항**	頁-총12획
恒	항상	**항**	心-총 9획
響	울릴	**향**	音-총22획
獻	드릴	**헌**	犬-총20획
玄	검을	**현**	玄-총 5획
懸	달[懸繫]	**현**	心-총20획
穴	굴	**혈**	穴-총 5획
脅	위협할	**협**	肉-총10획
衡	저울대	**형**	行-총16획
慧	슬기로울	**혜**	心-총15획
浩	넓을	**호**	水-총10획
胡	되[狄]	**호**	肉-총 9획
虎	범	**호**	虍-총 8획
豪	호걸	**호**	豕-총14획
惑	미혹할	**혹**	心-총12획
魂	넋	**혼**	鬼-총14획
忽	갑자기	**홀**	心-총 8획

洪	넓을	**홍**	
	큰물	**홍**	水-총 9획
禍	재앙	**화**	示-총14획
還	돌아올	**환**	辶-총17획
換	바꿀	**환**	手-총12획
荒	거칠	**황**	艸-총10획
皇	임금	**황**	白-총 9획
悔	뉘우칠	**회**	心-총10획
懷	품을	**회**	心-총19획
劃	그을	**획**	刀-총14획
獲	얻을	**획**	犬-총17획
橫	가로	**횡**	木-총16획
胸	가슴	**흉**	肉-총10획
戲	놀이	**희**	戈-총17획
稀	드물	**희**	禾-총12획

※ 3급Ⅱ는 4급에 새로운 한자 500자를
더하여 모두 1,500자입니다.
단, 3급Ⅱ에서 한자쓰기 문제는 4급Ⅱ
에서 출제됩니다.

3급 배정한자

却	물리칠	**각**	卩-총 7획
姦	간음할	**간**	女-총 9획

渴	목마를	**갈**	水-총12획
皆	다	**개**	白-총 9획
慨	슬퍼할	**개**	心-총14획
乞	빌	**걸**	乙-총 3획
遣	보낼	**견**	辶-총14획
絹	비단	**견**	糸-총13획
肩	어깨	**견**	肉-총 8획
牽	이끌	**견**	
	끌	**견**	牛-총11획
竟	마침내	**경**	立-총11획
卿	벼슬	**경**	卩-총12획
庚	별	**경**	广-총 8획
繫	맬	**계**	糸-총19획
癸	북방	**계**	
	천간	**계**	癶-총 9획
顧	돌아볼	**고**	頁-총21획
枯	마를	**고**	木-총 9획
坤	땅[따]	**곤**	土-총 8획
郭	둘레	**곽**	
	외성外城	**곽**	邑-총11획
掛	걸[懸掛]	**괘**	手-총11획
愧	부끄러울	**괴**	心-총13획

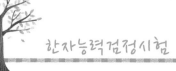

塊	흙덩이	괴	土-총13획	棄	버릴	기	木-총12획	諒	살펴알	량	
郊	들[郊野]	교	邑-총9획	欺	속일	기	欠-총12획		믿을	량	言-총15획
矯	바로잡을	교	矢-총17획	豈	어찌	기	豆-총10획	憐	불쌍히여길	련	心-총15획
狗	개	구	犬-총8획	旣	이미	기	无-총11획	劣	못할	렬	力-총6획
龜	거북	구		飢	주릴[飢=饑]	기	食-총11획	廉	청렴할	렴	广-총13획
	거북	귀		那	어찌	나:	邑-총7획	獵	사냥	렵	犬-총18획
	터질	균	龜-총16획	奈	어찌	내:	大-총8획	零	떨어질	령	
苟	구차할	구		乃	이에	내:	丿-총2획		영[數字]	령	雨-총13획
	진실로	구	艸-총9획	惱	번뇌할	뇌	心-총12획	隸	종[奴隸]	례:	隶-총16획
懼	두려워할	구	心-총21획	畓	논	답	田-총9획	鹿	사슴	록	鹿-총11획
驅	몰	구	馬-총21획	挑	돋울	도	手-총9획	僚	동료	료	人-총14획
俱	함께	구	人-총10획	跳	뛸	도	足-총13획	了	마칠	료:	亅-총2획
厥	그[其]	궐	厂-총12획	稻	벼	도	禾-총15획	淚	눈물	루:	水-총11획
軌	바퀴자국	궤:	車-총9획	塗	칠할	도	土-총13획	屢	여러	루:	尸-총14획
叫	부르짖을	규	口-총5획	篤	도타울	독	竹-총16획	梨	배	리	木-총11획
糾	얽힐	규	糸-총8획	敦	도타울	돈	攴-총12획	隣	이웃	린	阜-총15획
僅	겨우	근:	人-총13획	豚	돼지	돈	豕-총11획	慢	거만할	만:	心-총14획
斤	근[무게단위]	근		鈍	둔할	둔:	金-총12획	漫	흩어질	만:	水-총14획
	날[刃]	근	斤-총4획	屯	진칠	둔	屮-총4획	忙	바쁠	망	心-총6획
謹	삼갈	근:	言-총18획	騰	오를[騰貴]	등	馬-총20획	茫	아득할	망	艸-총10획
肯	즐길	긍:	肉-총8획	濫	넘칠	람:	水-총17획	罔	없을	망	网-총8획
忌	꺼릴	기	心-총7획	掠	노략질	략	手-총11획	忘	잊을	망	心-총7획
幾	몇	기	幺-총12획					埋	묻을	매	土-총10획

34

冥	어두울	명	冖-총10획
慕	모을	모	
	뽑을	모	力-총13획
冒	무릅쓸	모	冂-총 9획
某	아무	모	木-총 9획
侮	업신여길	모	人-총 9획
暮	저물	모	日-총15획
苗	모	묘	艸-총 9획
廟	사당	묘	广-총15획
卯	토끼	묘	卩-총 5획
霧	안개	무	雨-총19획
戊	천간	무	戈-총 5획
眉	눈썹	미	目-총 9획
迷	미혹할	미	辶-총10획
憫	민망할	민	心-총15획
敏	민첩할	민	攴-총11획
蜜	꿀	밀	虫-총14획
泊	머무를	박	
	배댈	박	水-총 8획
返	돌아올	반	
	돌이킬	반	辶-총 8획
叛	배반할	반	又-총 9획

伴	짝	반	人-총 7획
傍	곁	방	人-총12획
邦	나라	방	邑-총 7획
倣	본뜰	방	人-총10획
杯	잔	배	木-총 8획
煩	번거로울	번	火-총13획
飜	번역할	번	飛-총21획
辨	분별할	변	辛-총16획
竝	나란히	병	立-총10획
屛	병풍	병	尸-총11획
卜	점	복	卜-총 2획
蜂	벌	봉	虫-총13획
赴	다다를	부	
	갈[趨]	부	走-총 9획
墳	무덤	분	土-총15획
崩	무너질	붕	山-총11획
朋	벗	붕	月-총 8획
賓	손	빈	貝-총14획
頻	자주	빈	頁-총16획
聘	부를	빙	耳-총13획
似	닮을	사	人-총 7획
巳	뱀	사	己-총 3획

捨	버릴	사	手-총11획
詐	속일	사	言-총12획
斯	이	사	斤-총12획
賜	줄	사	貝-총15획
朔	초하루	삭	月-총10획
嘗	맛볼	상	口-총14획
祥	상서	상	示-총11획
逝	갈	서	辶-총11획
暑	더울	서	日-총13획
誓	맹세할	서	言-총14획
庶	여러	서	广-총11획
敍	펼	서	攴-총11획
昔	예	석	日-총 8획
析	쪼갤	석	木-총 8획
涉	건널	섭	水-총10획
攝	다스릴	섭	
	잡을	섭	手-총21획
蔬	나물	소	艸-총15획
騷	떠들	소	馬-총20획
昭	밝을	소	日-총 9획
召	부를	소	口-총 5획
粟	조	속	米-총12획

誦	욀	송	言-총14획
囚	가둘	수	口-총5획
誰	누구	수	言-총15획
遂	드디어	수	辶-총13획
須	모름지기	수	頁-총12획
雖	비록	수	隹-총17획
睡	졸음	수	目-총13획
搜	찾을	수	手-총13획
孰	누구	숙	子-총11획
循	돌[轉]	순	彳-총12획
殉	따라죽을	순	歹-총10획
脣	입술	순	肉-총11획
戌	개	술	戈-총6획
矢	화살	시	矢-총5획
辛	매울	신	辛-총7획
晨	새벽	신	日-총11획
伸	펼	신	人-총7획
尋	찾을	심	寸-총12획
餓	주릴	아	食-총16획
岳	큰산	악	山-총8획
雁	기러기[雁=鴈]	안	隹-총12획
謁	뵐	알	言-총16획

押	누를	압	手-총8획
殃	재앙	앙	歹-총9획
涯	물가	애	水-총11획
厄	액	액	厂-총4획
耶	어조사	야	耳-총9획
也	이끼	야	
	어조사	야	乙-총3획
躍	뛸	약	足-총21획
楊	버들	양	木-총13획
於	어조사	어	
	탄식할	오	方-총8획
焉	어찌	언	火-총11획
余	나	여	人-총7획
予	나	여	亅-총4획
汝	너	여:	水-총6획
輿	수레	여:	車-총17획
閱	볼[閱覽]	열	門-총15획
詠	읊을	영:	言-총12획
泳	헤엄칠	영:	水-총8획
銳	날카로울	예:	金-총15획
傲	거만할	오:	人-총13획
吾	나	오	口-총7획

汚	더러울	오:	水-총6획
嗚	슬플	오	口-총13획
娛	즐길	오:	女-총10획
擁	낄	옹:	手-총16획
翁	늙은이	옹	羽-총10획
臥	누울	와:	臣-총8획
曰	가로	왈	曰-총4획
畏	두려워할	외:	田-총9획
遙	멀	요	辶-총14획
腰	허리	요	肉-총13획
搖	흔들	요	手-총13획
庸	떳떳할	용	广-총11획
尤	더욱	우	尢-총4획
又	또	우:	又-총2획
于	어조사	우	二-총3획
云	이를	운	二-총4획
緯	씨	위	糸-총15획
違	어긋날	위	辶-총13획
愈	나을	유	心-총13획
酉	닭	유	酉-총7획
惟	생각할	유	心-총11획
唯	오직	유	口-총11획

閏	윤달	윤:	門-총12획
吟	읊을	음	口-총7획
泣	울	읍	水-총8획
凝	엉길	응:	冫-총16획
宜	마땅할	의	宀-총8획
矣	어조사	의	矢-총7획
而	말이을	이	而-총6획
夷	오랑캐	이	大-총6획
寅	범[虎]	인	
	동방	인	宀-총11획
姻	혼인	인	女-총9획
恣	방자할	자:	
	마음대로	자	心-총10획
玆	이	자	玄-총10획
爵	벼슬	작	爪-총18획
酌	술부을	작	
	잔질할	작	酉-총10획
墻	담	장	土-총16획
哉	어조사	재	口-총9획
宰	재상	재:	宀-총10획
滴	물방울	적	水-총14획
竊	훔칠	절	穴-총22획

蝶	나비	접	虫-총15획
訂	바로잡을	정	言-총9획
堤	둑	제	土-총12획
燥	마를	조	火-총17획
弔	조상할	조:	弓-총4획
拙	졸할	졸	手-총8획
佐	도울	좌:	人-총7획
舟	배	주	舟-총6획
遵	좇을	준:	辶-총16획
俊	준걸	준:	人-총9획
贈	줄	증	貝-총19획
只	다만	지	口-총5획
遲	더딜	지	
	늦을	지	辶-총16획
姪	조카	질	女-총9획
懲	징계할	징	心-총19획
且	또	차:	一-총5획
捉	잡을	착	手-총10획
慙	부끄러울	참	心-총15획
慘	참혹할	참	心-총14획
暢	화창할	창:	日-총14획
斥	물리칠	척	斤-총5획

薦	천거할	천:	艸-총17획
添	더할	첨	水-총11획
尖	뾰족할	첨	小-총6획
妾	첩	첩	女-총8획
晴	갤	청	日-총12획
遞	갈릴	체	辶-총14획
替	바꿀	체	曰-총12획
逮	잡을	체	辶-총12획
秒	분초	초	禾-총9획
抄	뽑을	초	手-총7획
燭	촛불	촉	火-총17획
聰	귀밝을	총	耳-총17획
抽	뽑을	추	手-총8획
醜	추할	추	酉-총17획
丑	소	축	一-총4획
逐	쫓을	축	辶-총11획
臭	냄새	취:	自-총10획
枕	베개	침:	木-총8획
墮	떨어질	타:	土-총15획
妥	온당할	타:	女-총7획
托	맡길	탁	手-총6획
濯	씻을	탁	水-총17획

濁	흐릴	**탁**	水-총16획
誕	낳을	**탄:**	
	거짓	**탄:**	言-총14획
貪	탐낼	**탐**	貝-총11획
怠	게으를	**태**	心-총9획
罷	마칠	**파:**	罓-총15획
播	뿌릴	**파** ‣	手-총15획
頗	자못	**파**	頁-총14획
把	잡을	**파:**	手-총7획
販	팔[販賣]	**판**	貝-총11획
貝	조개	**패:**	貝-총7획
遍	두루	**편**	辶-총13획
蔽	덮을	**폐:**	艸-총16획
幣	화폐	**폐:**	巾-총15획
飽	배부를	**포:**	食-총14획
抱	안을	**포:**	手-총8획
幅	폭	**폭**	巾-총12획
漂	떠다닐	**표**	水-총14획
匹	짝	**필**	匚-총4획
旱	가물	**한:**	日-총7획
咸	다[모두]	**함**	口-총9획
巷	거리	**항:**	己-총9획

該	갖출[備]	**해**	
	마땅[該當]	**해**	言-총13획
亥	돼지	**해**	亠-총6획
奚	어찌	**해**	大-총10획
享	누릴	**향:**	亠-총8획
軒	집	**헌**	車-총10획
縣	고을	**현:**	糸-총16획
絃	줄	**현**	糸-총11획
嫌	싫어할	**혐**	女-총13획
螢	반딧불	**형**	虫-총16획
亨	형통할	**형**	亠-총7획
兮	어조사	**혜**	八-총4획
互	서로	**호:**	二-총4획
乎	어조사	**호**	丿-총5획
毫	터럭	**호**	毛-총11획
昏	어두울	**혼**	日-총8획
鴻	기러기	**홍**	鳥-총17획
弘	클	**홍**	弓-총5획
禾	벼	**화**	禾-총5획
穫	거둘	**확**	禾-총19획
擴	넓힐	**확**	手-총18획
丸	둥글	**환**	丶-총3획

曉	새벽	**효:**	日-총16획
侯	제후	**후**	人-총9획
毀	헐	**훼:**	殳-총13획
輝	빛날	**휘**	車-총15획
携	이끌	**휴**	手-총13획

※ 3급은 3급Ⅱ에 새로운 한자 317자를 더하여 모두 1,817자입니다.
단, 3급에서 한자쓰기 문제는 4급에서 출제됩니다.

: 표는 첫 음절에서 길게 발음되는 한자이며, ‣ 표는 첫 음절에서 길게, 또는 짧게 발음되는 한자입니다.

이상 급수별 배정한자 1급 3,500자 중 2급 2,355자를 제외한 1,145자

✎ 한자는 서체에 따라 글자 모양이 달라져 보이나 모두 정자로 인정됩니다.

[참고 漢字]

示=礻		靑=青	
神(神) 祈(祈)		淸(清) 請(請)	
祝(祝) 祖(祖)		晴(晴) 情(情)	
糸=糹		會=食	
線(線) 經(經)		飮(飲) 飯(飯)	
續(續) 紙(紙)		餘(餘) 飽(飽)	
辶=辶		八=ソ	
送(送) 運(運)		尊(尊) 說(説)	
遂(遂) 遵(遵)		曾(曽) 墜(墜)	

시험에 꼭! 출제되는 꾸러미

3급

상대자 · 반대자

두 개의 글자가 서로 상대, 또는 반대되는 뜻을 가진 한자를 말합니다.

더할	가 5급	加 ↔ 減	4급	덜	감	가감
옳을	가 5급	可 ↔ 否	4급	아닐	부	가부
방패	간 4급	干 ↔ 滿	4급	찰	만	간만
달	감 4급	甘 ↔ 苦	6급	쓸	고	감고
강할	강 6급	強 ↔ 弱	6급	약할	약	강약
열	개 6급	開 ↔ 閉	4급	닫을	폐	개폐
갈	거 5급	去 ↔ 來	7급	올	래	거래
가벼울	경 5급	輕 ↔ 重	7급	무거울	중	경중
경사	경 4급	慶 ↔ 弔	3급	조상할	조	경조
서울	경 6급	京 ↔ 鄕	4급	시골	향	경향
지날	경 4급	經 ↔ 緯	3급	씨	위	경위
높을	고 6급	高 ↔ 卑	3급	낮을	비	고비
높을	고 6급	高 ↔ 低	4급	낮을	저	고저
높을	고 6급	高 ↔ 下	7급	아래	하	고하
시어미	고 3급	姑 ↔ 婦	4급	며느리	부	고부

쓸	고 6급	苦 ↔ 樂	6급	즐길	락	고락
굽을	곡 5급	曲 ↔ 直	7급	곧을	직	곡직
공	공 6급	功 ↔ 過	5급	지날	과	공과
이바지할공	3급	供 ↔ 需	3급	쓰일	수	공수
칠	공 4급	攻 ↔ 防	4급	막을	방	공방
벼슬	관 4급	官 ↔ 民	8급	백성	민	관민
빛	광 6급	光 ↔ 陰	4급	그늘	음	광음
임금	군 4급	君 ↔ 民	8급	백성	민	군민
굽힐	굴 4급	屈 ↔ 伸	3급	펼	신	굴신
귀할	귀 5급	貴 ↔ 賤	3급	천할	천	귀천
부지런할	근 4급	勤 ↔ 慢	3급	거만할	만	근만
부지런할	근 4급	勤 ↔ 怠	3급	게으를	태	근태
이제	금 6급	今 ↔ 昔	3급	예	석	금석
미칠	급 3급	及 ↔ 落	5급	떨어질	락	급락
일어날	기 4급	起 ↔ 結	5급	맺을	결	기결

일어날	기 4II	起 ↔ 伏	4급	엎드릴	복	기복
일어날	기 4II	起 ↔ 臥	3급	누울	와	기와
일어날	기 4II	起 ↔ 陷	3II	빠질	함	기함
길할	길 5급	吉 ↔ 凶	5II	흉할	흉	길흉
어려울	난 4II	難 ↔ 易	4급	쉬울	이	난이
많을	다 6급	多 ↔ 寡	3급	적을	과	다과
끊을	단 4II	斷 ↔ 續	4II	이을	속	단속
홑	단 4II	單 ↔ 複	4급	겹칠	복	단복
마땅	당 5II	當 ↔ 落	5급	떨어질	락	당락
마땅	당 5II	當 ↔ 否	4급	아닐	부	당부
움직일	동 7II	動 ↔ 靜	4급	고요할	정	동정
움직일	동 7II	動 ↔ 止	5급	그칠	지	동지
머리	두 6급	頭 ↔ 尾	3II	꼬리	미	두미
얻을	득 4II	得 ↔ 失	6급	잃을	실	득실
찰	랭 5급	冷 ↔ 熱	5급	더울	열	냉열
찰	랭 5급	冷 ↔ 溫	6급	따뜻할	온	냉온
찰	랭 5급	冷 ↔ 暖	4II	따뜻할	난	냉난
일할	로 5II	勞 ↔ 使	6급	부릴	사	노사
벼슬아치	리 3II	吏 ↔ 民	8급	백성	민	이민
팔	매 5급	賣 ↔ 買	5급	살	매	매매
밝을	명 6II	明 ↔ 滅	3II	멸할	멸	명멸
밝을	명 6II	明 ↔ 暗	4II	어두울	암	명암

글월	문 7급	文 ↔ 武	4II	호반	무	문무
글월	문 7급	文 ↔ 言	6급	말씀	언	문언
아름다울	미 6급	美 ↔ 醜	3급	추할	추	미추
배	복 3II	腹 ↔ 背	4II	등	배	복배
지아비	부 7급	夫 ↔ 婦	4II	며느리	부	부부
지아비	부 7급	夫 ↔ 妻	3II	아내	처	부처
가난할	빈 4II	貧 ↔ 富	4II	부자	부	빈부
선비	사 5II	士 ↔ 民	8급	백성	민	사민
스승	사 4II	師 ↔ 弟	8급	아우	제	사제
초하루	삭 3급	朔 ↔ 望	5II	바랄	망	삭망
상줄	상 5급	賞 ↔ 罰	4II	벌할	벌	상벌
착할	선 5급	善 ↔ 惡	5II	악할	악	선악
성할	성 4II	盛 ↔ 衰	3II	쇠할	쇠	성쇠
이룰	성 6II	成 ↔ 敗	5급	패할	패	성패
소통할	소 3II	疏 ↔ 密	4II	빽빽할	밀	소밀
덜	손 4급	損 ↔ 得	4II	얻을	득	손득
덜	손 4급	損 ↔ 益	4II	더할	익	손익
보낼	송 4II	送 ↔ 受	4II	받을	수	송수
보낼	송 4II	送 ↔ 迎	4급	맞을	영	송영
거둘	수 4II	收 ↔ 支	4II	지탱할	지	수지
머리	수 5II	首 ↔ 尾	3II	꼬리	미	수미
받을	수 4II	受 ↔ 與	4급	줄	여	수여

쓰일	수 3II	需 ↔ 給 5급	줄	급	수급
아재비	숙 4급	叔 ↔ 姪 3급	조카	질	숙질
순할	순 5II	順 ↔ 逆 4II	거스를	역	순역
오를	승 3II	昇 ↔ 降 4급	내릴	강	승강
이길	승 6급	勝 ↔ 負 4급	질	부	승부
이길	승 6급	勝 ↔ 敗 5급	패할	패	승패
탈	승 3II	乘 ↔ 降 4급	내릴	강	승강
탈	승 3II	乘 ↔ 除 4II	덜	제	승제
비로소	시 6II	始 ↔ 末 5급	끝	말	시말
비로소	시 6II	始 ↔ 終 5급	마칠	종	시종
이	시 4II	是 ↔ 非 4II	아닐	비	시비
새	신 6II	新 ↔ 古 6급	예	고	신고
새	신 6II	新 ↔ 舊 5II	예	구	신구
신하	신 5II	臣 ↔ 民 8급	백성	민	신민
펼	신 3급	伸 ↔ 縮 4급	줄일	축	신축
깊을	심 4II	深 ↔ 淺 3II	얕을	천	심천
사랑	애 6급	愛 ↔ 憎 3II	미울	증	애증
슬플	애 3급	哀 ↔ 樂 6II	즐길	락	애락
슬플	애 3급	哀 ↔ 歡 4급	기쁠	환	애환
더불	여 4급	與 ↔ 野 6급	들	야	여야
영화	영 4II	榮 ↔ 辱 3II	욕될	욕	영욕

느릴	완 3II	緩 ↔ 急 6II	급할	급	완급
갈	왕 4II	往 ↔ 來 7급	올	래	왕래
갈	왕 4II	往 ↔ 復 4II	회복할	복	왕복
쓸	용 6II	用 ↔ 捨 3급	버릴	사	용사
넉넉할	우 4급	優 ↔ 劣 3급	못할	렬	우열
은혜	은 4II	恩 ↔ 怨 4급	원망할	원	은원
그늘	음 4II	陰 ↔ 陽 6급	볕	양	음양
맡길	임 5II	任 ↔ 免 3II	면할	면	임면
긴	장 8급	長 ↔ 短 6II	짧을	단	장단
긴	장 8급	長 ↔ 幼 3II	어릴	유	장유
장수	장 4II	將 ↔ 兵 5II	병사	병	장병
장수	장 4II	將 ↔ 士 5II	선비	사	장사
장수	장 4II	將 ↔ 卒 5II	마칠	졸	장졸
밭	전 4II	田 ↔ 畓 3급	논	답	전답
바를	정 7II	正 ↔ 僞 3급	거짓	위	정위
이를	조 4II	早 ↔ 晚 3II	늦을	만	조만
높을	존 4II	尊 ↔ 卑 3II	낮을	비	존비
높을	존 4II	尊 ↔ 侍 3II	모실	시	존시
있을	존 4급	存 ↔ 亡 5급	망할	망	존망
있을	존 4급	存 ↔ 滅 3II	멸할	멸	존멸
있을	존 4급	存 ↔ 沒 3II	빠질	몰	존몰

있을	존 4급	存 ↔ 無 5급	없을	무	존무
있을	존 4급	存 ↔ 廢 3Ⅱ	폐할	폐	존폐
낮	주 6급	晝 ↔ 夜 6급	밤	야	주야
주인	주 7급	主 ↔ 客 5급	손	객	주객
주인	주 7급	主 ↔ 賓 3급	손	빈	주빈
주인	주 7급	主 ↔ 從 4급	좇을	종	주종
무리	중 4Ⅱ	衆 ↔ 寡 3Ⅱ	적을	과	중과
더할	증 4Ⅱ	增 ↔ 減 4Ⅱ	덜	감	증감
더할	증 4Ⅱ	增 ↔ 損 4급	덜	손	증손
지혜	지 4급	智 ↔ 愚 3Ⅱ	어리석을	우	지우
나아갈	진 4Ⅱ	進 ↔ 退 4Ⅱ	물러날	퇴	진퇴
참	진 4Ⅱ	眞 ↔ 假 4Ⅱ	거짓	가	진가
참	진 4Ⅱ	眞 ↔ 僞 3Ⅱ	거짓	위	진위
모을	집 6Ⅱ	集 ↔ 配 4Ⅱ	나눌	배	집배
모을	집 6Ⅱ	集 ↔ 散 4급	흩을	산	집산
도울	찬 3Ⅱ	贊 ↔ 反 6급	돌이킬	반	찬반
더할	첨 3급	添 ↔ 減 4Ⅱ	덜	감	첨감
갤	청 3급	晴 ↔ 陰 4Ⅱ	그늘	음	청음
맑을	청 6급	淸 ↔ 濁 3급	흐릴	탁	청탁
가질	취 4Ⅱ	取 ↔ 捨 3급	버릴	사	취사
폐할	폐 3Ⅱ	廢 ↔ 置 4Ⅱ	둘	치	폐치

폐할	폐 3Ⅱ	廢 ↔ 立 7Ⅱ	설	립	폐립
겉	표 6Ⅱ	表 ↔ 裏 3Ⅱ	속	리	표리
저	피 3Ⅱ	彼 ↔ 我 3Ⅱ	나	아	피아
찰	한 5급	寒 ↔ 暖 4Ⅱ	따뜻할	난	한란
찰	한 5급	寒 ↔ 暑 3급	더울	서	한서
찰	한 5급	寒 ↔ 熱 5급	더울	열	한열
찰	한 5급	寒 ↔ 溫 6급	따뜻할	온	한온
한가할	한 4급	閑 ↔ 忙 3급	바쁠	망	한망
빌	허 4Ⅱ	虛 ↔ 實 5Ⅱ	열매	실	허실
어질	현 4Ⅱ	賢 ↔ 愚 3Ⅱ	어리석을	우	현우
부를	호 4Ⅱ	呼 ↔ 吸 4Ⅱ	마실	흡	호흡
좋을	호 4Ⅱ	好 ↔ 惡 5Ⅱ	미워할	오	호오
어두울	혼 3급	昏 ↔ 明 6급	밝을	명	혼명
재앙	화 3Ⅱ	禍 ↔ 福 5Ⅱ	복	복	화복
임금	황 3Ⅱ	皇 ↔ 民 8급	백성	민	황민
두터울	후 4급	厚 ↔ 薄 3Ⅱ	엷을	박	후박
가슴	흉 3Ⅱ	胸 ↔ 背 4Ⅱ	등	배	흉배
검을	흑 5급	黑 ↔ 白 8급	흰	백	흑백
일	흥 4Ⅱ	興 ↔ 亡 5급	망할	망	흥망
일	흥 4Ⅱ	興 ↔ 敗 5급	패할	패	흥패
기쁠	희 4급	喜 ↔ 怒 4Ⅱ	성낼	노	희로
기쁠	희 4급	喜 ↔ 悲 4Ⅱ	슬플	비	희비

상대어 · 반대어

서로 상대, 또는 반대되는 뜻을 가진 한자어를 말합니다.

가공 架空 ↔ 實在 실재

가중 加重 ↔ 輕減 경감

감소 減少 ↔ 增加 증가

감퇴 減退 ↔ 增進 증진

개별 個別 ↔ 全體 전체

고정 固定 ↔ 流動 유동

교외 郊外 ↔ 都心 도심

권리 權利 ↔ 義務 의무

긍정 肯定 ↔ 否定 부정

낭비 浪費 ↔ 儉素 검소

낭비 浪費 ↔ 儉約 검약

내용 內容 ↔ 外觀 외관

내용 內容 ↔ 形式 형식

단순 單純 ↔ 複雜 복잡

단축 短縮 ↔ 延長 연장

대화 對話 ↔ 獨白 독백

만조 滿潮 ↔ 干潮 간조

모방 模倣 ↔ 獨創 독창

모방 模倣 ↔ 創造 창조

물질 物質 ↔ 精神 정신

밀집 密集 ↔ 散在 산재

반항 反抗 ↔ 服從 복종

방심 放心 ↔ 操心 조심

백발 白髮 ↔ 紅顔 홍안

보편 普遍 ↔ 特殊 특수

부유 富裕 ↔ 貧窮 빈궁

비관 悲觀 ↔ 樂觀 낙관

비번 非番 ↔ 當番 당번

비속 卑俗 ↔ 高尙 고상

비속 卑俗 ↔ 高雅 고아

사후 死後 ↔ 生前 생전

상대 相對 ↔ 絶對 절대

상승 上昇 ↔ 下降 하강

생식 生食 ↔ 火食 화식

손실 損失 ↔ 所得 소득

수동 受動 ↔ 自動 자동

수신 受信 ↔ 發信 발신

승낙 承諾 ↔ 拒否 거부

승낙 承諾 ↔ 拒絶 거절

악평 惡評 ↔ 好評 호평

완행 緩行 ↔ 急行 급행

우수 偶數 ↔ 奇數 기수

우호 友好 ↔ 敵對 적대

유보 留保 ↔ 決定 결정

원인 原因 ↔ 結果 결과

은폐 隱蔽 ↔ 公開 공개

은혜 恩惠 ↔ 怨恨 원한

이단 異端 ↔ 正統 정통

이성 理性 ↔ 感性 감성

인조 人造 ↔ 天然 천연

입체 立體 ↔ 平面 평면

자연 自然 ↔ 人爲 인위

저항 抵抗 ↔ 屈服 굴복

저항 抵抗 ↔ 投降 투항

진화 進化 ↔ 退化 퇴화

추상 抽象 ↔ 具體 구체

파괴 破壞 ↔ 建設 건설

편파 偏頗 ↔ 公平 공평

폐쇄 閉鎖 ↔ 開放 개방

한랭 寒冷 ↔ 溫暖 온난

허위 虛僞 ↔ 眞實 진실

혁신 革新 ↔ 保守 보수

확대 擴大 ↔ 縮小 축소

유의자

두 개의 글자가 서로 뜻이 비슷하고 대등한 뜻을 가진 한자를 말합니다.

값	가 5ǁ	價 - 値 3ǁ	값	치	가치
거리	가 4ǁ	街 - 道 7ǁ	길	도	가도
노래	가 7급	歌 - 謠 4ǁ	노래	요	가요
깨달을	각 4급	覺 - 悟 3ǁ	깨달을	오	각오
볼	감 4ǁ	監 - 觀 5ǁ	볼	관	감관
강할	강 6급	強 - 健 5급	굳셀	건	강건
벼리	강 3ǁ	綱 - 維 3ǁ	벼리	유	강유
굳셀	건 5급	健 - 剛 3ǁ	굳셀	강	건강
검사할	검 4ǁ	檢 - 閱 3급	볼	열	검열
굳을	견 4급	堅 - 強 6급	강할	강	견강
굳을	견 4급	堅 - 剛 3ǁ	굳셀	강	견강
굳을	견 4급	堅 - 硬 3ǁ	굳을	경	견경
굳을	견 4급	堅 - 固 5급	굳을	고	견고
이끌	견 3급	牽 - 引 4ǁ	끌	인	견인
이별할	결 3ǁ	訣 - 別 6급	다를	별	결별
기울	경 4급	傾 - 斜 3ǁ	비낄	사	경사
지경	경 4ǁ	境 - 界 6급	지경	계	경계
지경	경 4ǁ	境 - 域 4급	지경	역	경역
섬돌	계 4급	階 - 層 4급	층	층	계층
이을	계 4급	繼 - 續 4ǁ	이을	속	계속
이을	계 4급	繼 - 承 4ǁ	이을	승	계승
생각할	고 5급	考 - 慮 4급	생각할	려	고려
외로울	고 4급	孤 - 獨 5ǁ	홀로	독	고독
공손할	공 3ǁ	恭 - 敬 5ǁ	공경	경	공경
빌	공 7ǁ	空 - 虛 4ǁ	빌	허	공허
이바지할	공 3ǁ	供 - 給 5급	줄	급	공급
장인	공 7ǁ	工 - 造 4ǁ	지을	조	공조
칠	공 4급	攻 - 擊 4급	칠	격	공격
칠	공 4급	攻 - 伐 4ǁ	칠	벌	공벌
칠	공 4급	攻 - 討 4급	칠	토	공토
과목	과 6ǁ	科 - 目 6급	눈	목	과목
실과	과 6ǁ	果 - 敢 4급	감히	감	과감
실과	과 6ǁ	果 - 實 5ǁ	열매	실	과실
적을	과 3ǁ	寡 - 少 7급	적을	소	과소
꿸	관 3ǁ	貫 - 徹 3ǁ	통할	철	관철
꿸	관 3ǁ	貫 - 通 6급	통할	통	관통
볼	관 5ǁ	觀 - 覽 4급	볼	람	관람
볼	관 5ǁ	觀 - 視 4ǁ	볼	시	관시
볼	관 5ǁ	觀 - 察 4ǁ	살필	찰	관찰
괴이할	괴 3ǁ	怪 - 異 4급	다를	이	괴이
다리	교 5급	橋 - 脚 3ǁ	다리	각	교각
다리	교 5급	橋 - 梁 3ǁ	들보	량	교량

44

구분할	구 6급	區 – 別 6급	다를	별	구별
구원할	구 5급	救 – 援 4급	도울	원	구원
얽을	구 4급	構 – 造 4II	지을	조	구조
연구할	구 4II	究 – 考 5급	생각할	고	구고
무리	군 4급	群 – 黨 4II	무리	당	군당
무리	군 4급	群 – 衆 4II	무리	중	군중
권할	권 4급	勸 – 勵 3II	힘쓸	려	권려
귀신	귀 3II	鬼 – 神 6II	귀신	신	귀신
법	규 5급	規 – 範 4급	법	범	규범
법	규 5급	規 – 度 6급	헤아릴	탁	규탁
급할	급 6II	急 – 迫 3II	핍박할	박	급박
급할	급 6II	急 – 速 6급	빠를	속	급속
급할	급 6II	急 – 促 3II	재촉할	촉	급촉
줄	급 5급	給 – 賜 3급	줄	사	급사
줄	급 5급	給 – 與 4급	줄	여	급여
벼리	기 4급	紀 – 綱 3II	벼리	강	기강
생각	념 5II	念 – 慮 4급	생각할	려	염려
끊을	단 4II	斷 – 決 5II	결단할	결	단결
끊을	단 4II	斷 – 切 5II	끊을	절	단절
끊을	단 4II	斷 – 絶 4II	끊을	절	단절
홑	단 4II	單 – 獨 5II	홀로	독	단독
말씀	담 5급	談 – 說 5II	말씀	설	담설
말씀	담 5급	談 – 言 6급	말씀	언	담언
말씀	담 5급	談 – 話 7II	말씀	화	담화
멜	담 4II	擔 – 任 5II	맡길	임	담임
건널	도 3II	渡 – 涉 3급	건널	섭	도섭
길	도 7II	道 – 途 3II	길	도	도도
길	도 7II	道 – 塗 3급	칠할	도	도도
길	도 7II	道 – 路 6급	길	로	도로
길	도 7II	道 – 理 6II	다스릴	리	도리
도망할	도 4급	逃 – 亡 5급	망할	망	도망
도망할	도 4급	逃 – 避 4급	피할	피	도피
무리	도 4급	徒 – 黨 4II	무리	당	도당
무리	도 4급	徒 – 輩 3II	무리	배	도배
진칠	둔 3급	屯 – 陣 4급	진칠	진	둔진
노략질할	략 3급	掠 – 奪 3II	빼앗을	탈	약탈
어질	량 5II	良 – 好 4II	좋을	호	양호
그리워할	련 3II	戀 – 慕 3II	그릴	모	연모
이을	련 4II	連 – 續 4II	이을	속	연속
거느릴	령 5급	領 – 率 3II	거느릴	솔	영솔
거느릴	령 5급	領 – 統 4II	거느릴	통	영통
법식	례 6급	例 – 法 5II	법	법	예법
헤아릴	료 5급	料 – 量 5급	헤아릴	량	요량
헤아릴	료 5급	料 – 度 6급	헤아릴	탁	요탁
떠날	리 4급	離 – 別 6급	다를	별	이별
끝	말 5급	末 – 端 4II	끝	단	말단

끝	말 5급	末 - 尾 3II	꼬리	미	말미		도울	부 3II	扶 - 護 4II	도울	호	부호
힘쓸	면 4급	勉 - 勵 3II	힘쓸	려	면려		버금	부 4II	副 - 次 4II	버금	차	부차
멸할	멸 3II	滅 - 亡 5급	망할	망	멸망		나눌	분 6II	分 - 別 6급	다를	별	분별
본뜰	모 4급	模 - 倣 3급	본뜰	방	모방		달릴	분 3II	奔 - 走 4II	달릴	주	분주
본뜰	모 4급	模 - 範 4급	법	범	모범		무덤	분 3급	墳 - 墓 4급	무덤	묘	분묘
터럭	모 4II	毛 - 髮 4급	터럭	발	모발		분할	분 4급	憤 - 怒 4II	성낼	노	분노
무성할	무 3II	茂 - 盛 4II	성할	성	무성		벗	붕 3급	朋 - 友 5II	벗	우	붕우
무역할	무 3II	貿 - 易 4급	바꿀	역	무역		견줄	비 5급	比 - 較 3II	견줄	교	비교
모	방 7II	方 - 道 7II	길	도	방도		비평할	비 4급	批 - 評 4급	평할	평	비평
나눌	배 4II	配 - 分 6II	나눌	분	배분		가난할	빈 4II	貧 - 困 4급	곤할	곤	빈곤
나눌	배 4II	配 - 偶 3II	짝	우	배우		가난할	빈 4II	貧 - 窮 4급	다할	궁	빈궁
나눌	배 4II	配 - 匹 3급	짝	필	배필		손	빈 3급	賓 - 客 5II	손	객	빈객
번성할	번 3II	繁 - 茂 3II	무성할	무	번무		부를	빙 3급	聘 - 召 3급	부를	소	빙소
차례	번 6급	番 - 次 4II	버금	차	번차		생각	사 5급	思 - 考 5급	생각할	고	사고
법	법 5II	法 - 規 5급	법	규	법규		생각	사 5급	思 - 念 5II	생각	념	사념
법	법 5II	法 - 度 6급	법도	도	법도		생각	사 5급	思 - 慮 4급	생각할	려	사려
법	법 5II	法 - 律 4II	법칙	률	법률		생각	사 5급	思 - 慕 3II	그릴	모	사모
법	법 5II	法 - 式 6급	법	식	법식		생각	사 5급	思 - 想 4II	생각	상	사상
법	법 5II	法 - 典 5II	법	전	법전		생각	사 5급	思 - 惟 3급	생각할	유	사유
법	법 5II	法 - 則 5급	법칙	칙	법칙		조사할	사 5급	査 - 閱 3급	볼	열	사열
갚을	보 4II	報 - 告 5II	고할	고	보고		줄	사 3급	賜 - 給 5급	줄	급	사급
갚을	보 4II	報 - 償 3II	갚을	상	보상		집	사 4II	舍 - 屋 5급	집	옥	사옥
도울	부 3II	扶 - 助 4II	도울	조	부조		집	사 4II	舍 - 宅 5II	집	택	사택

깎을	삭 3II	削 – 減	4II	덜	감	삭감	높을	숭 4급	崇 – 尙 3II 오히려	상 숭상
깎을	삭 3II	削 – 除	4II	덜	제	삭제	베풀	시 4II	施 – 設 4II 베풀	설 시설
생각	상 4II	想 – 念	5II	생각	념	상념	시험	시 4II	試 – 驗 4II 시험	험 시험
장사	상 5II	商 – 量	5급	헤아릴	량	상량	납	신 4II	申 – 告 5II 고할	고 신고
풀	석 3II	釋 – 放	6II	놓을	방	석방	살필	심 3II	審 – 査 5급 조사할	사 심사
가릴	선 5급	選 – 擧	5급	들	거	선거	찾을	심 3급	尋 – 訪 4II 찾을	방 심방
가릴	선 5급	選 – 拔	3II	뽑을	발	선발	눈	안 4II	眼 – 目 6급 눈	목 안목
가릴	선 5급	選 – 別	6급	다를	별	선별	편안	안 7II	安 – 康 4II 편안	강 안강
가릴	선 5급	選 – 擇	4급	가릴	택	선택	재앙	앙 3급	殃 – 禍 3II 재앙	화 앙화
착할	선 5급	善 – 良	5II	어질	량	선량	사랑	애 6급	愛 – 戀 3II 그리워할	련 애련
씻을	세 5II	洗 – 濯	3급	씻을	탁	세탁	기를	양 5II	養 – 育 7급 기를	육 양육
인간	세 7II	世 – 界	6II	지경	계	세계	거느릴	어 3II	御 – 領 5급 거느릴	령 어령
본디	소 4II	素 – 朴	6급	성	박	소박	갈	연 4II	硏 – 磨 3II 갈	마 연마
본디	소 4II	素 – 質	5II	바탕	질	소질	볼	열 3급	閱 – 覽 4급 볼	람 열람
사라질	소 6II	消 – 滅	3II	멸할	멸	소멸	근심	우 3II	憂 – 慮 4급 생각할	려 우려
거둘	수 4II	收 – 拾	3II	주울	습	수습	원망할	원 4급	怨 – 恨 4급 한	한 원한
거둘	수 4II	收 – 穫	3급	거둘	확	수확	맡길	위 4급	委 – 任 5II 맡길	임 위임
다를	수 3II	殊 – 異	4급	다를	이	수이	위태할	위 4급	危 – 殆 3II 거의	태 위태
닦을	수 4II	修 – 飾	3II	꾸밀	식	수식	은혜	은 4II	恩 – 惠 4II 은혜	혜 은혜
목숨	수 3II	壽 – 命	7급	목숨	명	수명	소리	음 6II	音 – 聲 4II 소리	성 음성
받을	수 4II	受 – 領	5급	거느릴	령	수령	소리	음 6II	音 – 韻 3II 운	운 음운
보낼	수 3II	輸 – 送	4II	보낼	송	수송	뜻	의 6II	意 – 思 5급 생각	사 의사
높을	숭 4급	崇 – 高	6II	높을	고	숭고	마땅	의 3급	宜 – 當 5II 마땅	당 의당

알	인 4II	認 – 識 5II	알	식	인식		
알	인 4II	認 – 知 5II	알	지	인지		
어질	인 4급	仁 – 慈 3II	사랑	자	인자		
모양	자 4급	姿 – 貌 3II	모양	모	자모		
사랑	자 3II	慈 – 愛 6급	사랑	애	자애		
꾸밀	장 4급	裝 – 飾 3II	꾸밀	식	장식		
장막	장 4급	帳 – 幕 3II	장막	막	장막		
장수	장 4II	將 – 帥 3II	장수	수	장수		
장려할	장 4급	獎 – 勵 3II	힘쓸	려	장려		
재물	재 5II	財 – 貨 4II	재물	화	재화		
재앙	재 5급	災 – 殃 3급	재앙	앙	재앙		
재앙	재 5급	災 – 厄 3급	액	액	재액		
나타날	저 3II	著 – 作 6II	지을	작	저작		
쌓을	저 5급	貯 – 積 4급	쌓을	적	저적		
쌓을	저 5급	貯 – 蓄 4II	모을	축	저축		
법	전 5II	典 – 範 4급	법	범	전범		
싸움	전 6II	戰 – 鬪 4급	싸움	투	전투		
이을	접 4II	接 – 續 4II	이을	속	접속		
깨끗할	정 3II	淨 – 潔 4II	깨끗할	결	정결		
제목	제 6II	題 – 目 6급	눈	목	제목		
지을	제 4II	製 – 造 4II	지을	조	제조		
차례	제 6II	第 – 次 4II	버금	차	제차		
짤	조 4급	組 – 織 4급	짤	직	조직		

높을	존 4II	尊 – 貴 5급	귀할	귀	존귀
높을	존 4II	尊 – 崇 4급	높을	숭	존숭
마칠	종 5급	終 – 結 5II	맺을	결	종결
마칠	종 5급	終 – 端 4II	끝	단	종단
마칠	종 5급	終 – 了 3급	마칠	료	종료
마칠	종 5급	終 – 末 5급	끝	말	종말
마칠	종 5급	終 – 止 5급	그칠	지	종지
붉을	주 4급	朱 – 紅 4급	붉을	홍	주홍
살	주 7급	住 – 居 4급	살	거	주거
준걸	준 3급	俊 – 傑 4급	뛰어날	걸	준걸
가운데	중 8급	中 – 央 3II	가운데	앙	중앙
더할	증 4II	增 – 加 5급	더할	가	증가
줄	증 3급	贈 – 給 5급	줄	급	증급
나아갈	진 4II	進 – 出 7급	날	출	진출
나아갈	진 4II	進 – 就 4급	나아갈	취	진취
보배	진 4급	珍 – 寶 4II	보배	보	진보
부를	징 3II	徵 – 聘 3급	부를	빙	징빙
부를	징 3II	徵 – 收 4II	거둘	수	징수
다를	차 4급	差 – 別 6급	다를	별	차별
다를	차 4급	差 – 異 4급	다를	이	차이
도울	찬 3II	贊 – 助 4II	도울	조	찬조
곳집	창 3II	倉 – 庫 4급	곳집	고	창고
꾸짖을	책 5II	責 – 任 5II	맡길	임	책임

거둘	철 2급	撤 – 收 4Ⅱ	거둘	수	철수
들을	청 4급	聽 – 聞 6Ⅱ	들을	문	청문
맑을	청 6Ⅱ	淸 – 淨 3Ⅱ	깨끗할	정	청정
부를	초 4급	招 – 聘 3급	부를	빙	초빙
헤아릴	측 4Ⅱ	測 – 度 6급	헤아릴	탁	측탁
침노할	침 4Ⅱ	侵 – 掠 3급	노략질	략	침략
떨어질	타 3급	墮 – 落 5급	떨어질	락	타락
헤아릴	탁 6급	度 – 量 5급	헤아릴	량	탁량
찾을	탐 4급	探 – 索 3Ⅱ	찾을	색	탐색
거느릴	통 4Ⅱ	統 – 率 3Ⅱ	거느릴	솔	통솔
거느릴	통 4Ⅱ	統 – 帥 3Ⅱ	장수	수	통수
물러날	퇴 4Ⅱ	退 – 却 3급	물리칠	각	퇴각
싸움	투 4급	鬪 – 爭 5급	다툴	쟁	투쟁
특별할	특 6급	特 – 異 4급	다를	이	특이
팔	판 3급	販 – 賣 5급	팔	매	판매
잡을	포 3Ⅱ	捕 – 獲 3Ⅱ	얻을	획	포획
겉	표 6Ⅱ	表 – 皮 3Ⅱ	가죽	피	표피
가죽	피 3Ⅱ	皮 – 革 4급	가죽	혁	피혁
피곤할	피 4급	疲 – 困 4급	곤할	곤	피곤
피곤할	피 4급	疲 – 勞 5Ⅱ	일할	로	피로
찰	한 5급	寒 – 冷 5급	찰	랭	한랭
나타날	현 4급	顯 – 現 6Ⅱ	나타날	현	현현
어질	현 4Ⅱ	賢 – 良 5Ⅱ	어질	량	현량
은혜	혜 4Ⅱ	惠 – 澤 3Ⅱ	못	택	혜택

터럭	호 3급	毫 – 髮 4급	터럭	발	호발
혼인할	혼 4급	婚 – 姻 3급	혼인	인	혼인
재물	화 4Ⅱ	貨 – 幣 3급	화폐	폐	화폐
화할	화 6Ⅱ	和 – 睦 3Ⅱ	화목할	목	화목
화할	화 6Ⅱ	和 – 協 4Ⅱ	화할	협	화협
굳을	확 4Ⅱ	確 – 固 5급	굳을	고	확고
기쁠	환 4급	歡 – 悅 3Ⅱ	기쁠	열	환열
기쁠	환 4급	歡 – 喜 4급	기쁠	희	환희
임금	황 3Ⅱ	皇 – 王 8급	임금	왕	황왕
임금	황 3Ⅱ	皇 – 帝 4급	임금	제	황제
얻을	획 3Ⅱ	獲 – 得 4Ⅱ	얻을	득	획득
쉴	휴 7급	休 – 息 4Ⅱ	쉴	식	휴식
흉할	흉 5Ⅱ	凶 – 猛 3Ⅱ	사나울	맹	흉맹
흉할	흉 5Ⅱ	凶 – 惡 5Ⅱ	악할	악	흉악
흉할	흉 5Ⅱ	凶 – 暴 4Ⅱ	모질	포	흉포
기쁠	희 4급	喜 – 樂 6Ⅱ	즐길	락	희락
기쁠	희 4급	喜 – 悅 3Ⅱ	기쁠	열	희열
얻을	획 3Ⅱ	獲 – 得 4Ⅱ	얻을	득	획득
쉴	휴 7급	休 – 息 4Ⅱ	쉴	식	휴식
흉할	흉 5Ⅱ	凶 – 猛 3Ⅱ	사나울	맹	흉맹
흉할	흉 5Ⅱ	凶 – 惡 5Ⅱ	악할	악	흉악
흉할	흉 5Ⅱ	凶 – 暴 4Ⅱ	모질	포	흉포
기쁠	희 4급	喜 – 樂 6Ⅱ	즐길	락	희락
기쁠	희 4급	喜 – 悅 3Ⅱ	기쁠	열	희열

목마를	갈 渴 ≠ 竭 다할	갈	모을	모 募 ≠ 慕 그릴	모
슬퍼할	개 慨 ≠ 漑 물댈	개	토끼	묘 卯 ≠ 卵 알	란
보낼	견 遣 ≠ 遺 남길	유	천간	무 戊 ≠ 戌 개	술
벼슬	경 卿 ≠ 鄕 시골	향	눈썹	미 眉 ≠ 尾 꼬리	미
맬	계 繫 ≠ 擊 칠	격	꿀	밀 蜜 ≠ 密 빽빽할	밀
걸	괘 掛 ≠ 卦 점괘	괘	나라	방 邦 ≠ 拜 절	배
부끄러울	괴 愧 ≠ 塊 흙덩이	괴	분별할	변 辨 ≠ 辯 말씀	변
바로잡을	교 矯 ≠ 橋 다리	교	벌	봉 蜂 ≠ 峰 봉우리	봉
개	구 狗 ≠ 拘 잡을	구	무덤	분 墳 ≠ 憤 분할	분
부르짖을	규 叫 ≠ 糾 얽힐	규	손	빈 賓 ≠ 貧 가난할	빈
근	근 斤 ≠ 斥 물리칠	척	뱀	사 巳 ≠ 已 이미	이
몇	기 幾 ≠ 機 틀	기	상서	상 祥 ≠ 詳 자세할	상
버릴	기 棄 ≠ 葉 잎	엽	더울	서 暑 ≠ 署 마을	서
이에	내 乃 ≠ 及 미칠	급	쪼갤	석 析 ≠ 折 꺾을	절
번뇌할	뇌 惱 ≠ 腦 골	뇌	조	속 粟 ≠ 栗 밤	률
돋울	도 挑 ≠ 桃 복숭아	도	욀	송 誦 ≠ 頌 칭송할	송
불쌍히여길	련 憐 ≠ 隣 이웃	린	가둘	수 囚 ≠ 因 인할	인
청렴할	렴 廉 ≠ 兼 겸할	겸	누구	숙 孰 ≠ 熟 익을	숙
거만할	만 慢 ≠ 漫 흩어질	만	입술	순 脣 ≠ 肩 어깨	견
없을	망 罔 ≠ 岡 산등성이	강	화살	시 矢 ≠ 失 잃을	실
잊을	망 忘 ≠ 忌 꺼릴	기	매울	신 辛 ≠ 幸 다행	행
묻을	매 埋 ≠ 理 다스릴	리	버들	양 楊 ≠ 揚 날릴	양

나	여	予 ≠ 矛	창	모
수레	여	輿 ≠ 與	더불	여
슬플	오	嗚 ≠ 鳴	울	명
멀	요	遙 ≠ 搖	흔들	요
닭	유	酉 ≠ 酒	술	주
생각할	유	惟 ≠ 維	벼리	유
윤달	윤	閏 ≠ 潤	불을	윤
엉길	응	凝 ≠ 疑	의심할	의
방자할	자	恣 ≠ 姿	모양	자
둑	제	堤 ≠ 提	끌	제
배	주	舟 ≠ 丹	붉을	단
천거할	천	薦 ≠ 焉	어찌	언
뽑을	초	抄 ≠ 秒	분초	초
쫓을	축	逐 ≠ 遂	드디어	수

베개	침	枕 ≠ 沈	잠길	침
흐릴	탁	濁 ≠ 燭	촛불	촉
마칠	파	罷 ≠ 能	능할	능
화폐	폐	幣 ≠ 弊	폐단	폐
가물	한	旱 ≠ 早	이를	조
어찌	해	奚 ≠ 溪	시내	계
누릴	향	享 ≠ 亨	형통할	형
고을	현	縣 ≠ 懸	달	현
줄	현	絃 ≠ 弦	시위	현
서로	호	互 ≠ 丑	소	축
어조사	호	乎 ≠ 平	평평할	평
터럭	호	毫 ≠ 豪	호걸	호
제후	후	侯 ≠ 候	기후	후

한자성어 · 사자성어 · 고사성어

- 漢字成語란 우리말의 속담이나 격언 등을 한자로 옮겨 쓴 것을 말합니다.
- 四字成語란 우리말 중에서 4음절로 이루어진 한자어 낱말을 이르는 말입니다.
- 故事成語란 옛날부터 전해 내려오는 내력이 있는 일을 표현한 어구로써 옛사람들이 만든 말을 뜻합니다.

● 街談巷說 **가담항설**

길거리에 떠도는 소문.

● 刻骨難忘 **각골난망**

은혜를 입은 고마움이 뼈 속 깊이 새겨져 잊기 어려움.

● 刻舟求劍 **각주구검**

배에서 떨어뜨린 칼을 찾기 위해 칼을 떨어뜨린 뱃전에 표시하여 찾는다는 뜻으로, 어리석고 미련하여 융통성이 없음을 가리킴.

● 感慨無量 **감개무량**

마음속에서 느끼는 감동이나 느낌이 끝이 없음. 또는 그 감동이나 느낌.

● 甲午更張 **갑오경장**

조선 고종 31년(1894) 7월부터 고종 33년(1896) 2월 사이에 추진되었던 개혁 운동. 갑오개혁(甲午改革).

● 擧案齊眉 **거안제미**

'밥상을 눈썹 높이까지 들어 올려 남편에게 바친다.'는 뜻으로, '남편을 깍듯이 공경함'을 이르는 말.

● 乞人憐天 **걸인연천**

'거지가 하늘을 불쌍히 여긴다.'는 뜻으로, '격에 맞지 않는 걱정을 함'을 이르는 말.

● 見利思義 **견리사의**

눈앞에 이익이 보일 때 의리를 먼저 생각함.

● 鷄鳴狗盜 **계명구도**

'닭의 울음소리를 잘 내는 사람과 개의 흉내를 잘 내는 좀도둑'이라는 뜻으로, '작은 재주가 뜻밖에 큰 구실을 함', 또는 '고상한 학문은 없고 천박한 꾀를 써서 남을 속이는 사람'을 이르는 말.

● 告白聖事 **고백성사**

세례 받은 신자가 죄를 뉘우치고 신부(神父)를 통하여 하느님에게 고백하여 용서 받는 일. 告解聖事(고해성사).

● 孤掌難鳴 **고장난명**

'외손뼉은 울릴 수 없다.'는 뜻으로, '혼자서는 일을 이루지 못함' 또는 '맞서는 사람이 없으면 싸움이 되지 않음'을 이르는 말.

● 曲學阿世 **곡학아세**

'학문을 왜곡(歪曲)하여 세속에 아부한다.'는 뜻으로, '의연하게 진실하지 못한 학자의 양심과 태도'를 비판하여 이르는 말.

● 公私多忙 **공사다망**

공적 또는 사적인 일 따위로 매우 바쁨.

● 過恭非禮 **과공비례**

'지나친 공손은 오히려 예의에 벗어남'을 이르는 말.

● 過猶不及 **과유불급**

'지나친 것은 오히려 그 정도에 미치지 못한 것과 같음'을 이르는 말.

● 冠婚喪祭 **관혼상제**

'관례(冠禮), 혼례(婚禮), 상례(喪禮), 제례(祭禮)'를 아울러 이르는 말.

矯角殺牛 **교각살우**

'뿔을 고치려다 소를 죽인다.'는 뜻으로, '작은 일에 힘쓰다가 일을 망친다.'는 말.

九曲肝腸 **구곡간장**

'아홉 번 굽이진 간과 창자'라는 뜻으로, '굽이굽이 사무친 마음속', 또는 '시름이 깊이 서린 마음속'을 이르는 말.

口蜜腹劍 **구밀복검**

'입으로는 달콤한 말을 하면서 뱃속에는 칼을 지녔다.'는 뜻으로, '겉으로는 친절한 체하나 속으로는 해칠 생각을 지님'을 이르는 말.

舊態依然 **구태의연**

변하였거나 발전한 데 없이 예전 모습 그대로임.

群鷄一鶴 **군계일학**

'평범한 사람 가운데의 뛰어난 한 사람'을 일컫는 말.

群雄割據 **군웅할거**

'많은 영웅들이 각지에 자리 잡고 세력을 떨치며 서로 맞서는 상황'을 이르는 말.

勸善懲惡 **권선징악**

'착한 일을 권장하고 악한 짓을 징계한다.'는 뜻으로, '착한 행실을 권장하고 악한 행실을 나무람'을 이르는 말.

龜毛兔角 **귀모토각**

'거북의 털과 토끼의 뿔'이라는 뜻으로, '있을 수 없는 일'을 이르는 말.

克己復禮 **극기복례**

'자신의 사사로움을 극복하고 예를 회복한다.'는 뜻으로, '자기의 욕망·감정을 이겨내고 사회적 법칙인 예의범절을 따름'을 이르는 말.

謹賀新年 **근하신년**

'삼가 새해를 축하한다.'는 뜻으로, 새해의 복을 비는 인사말.

錦上添花 **금상첨화**

'비단 위에 꽃을 더한다.'는 뜻으로, '좋고 아름다운 것 위에 더 좋은 것을 더함'을 이르는 말.

錦衣還鄕 **금의환향**

'비단옷을 입고 고향으로 돌아간다.'는 뜻으로, '출세하여 고향을 찾는 것'을 이르는 말.

起死回生 **기사회생**

'거의 죽을 목숨이 다시 살아난다.'는 뜻으로, '위기에 처한 상황에서 구원하여 사태를 호전시킴', 또는 '큰 은혜를 베푸는 것'을 이르는 말.

金城湯池 **금성탕지**

'쇠로 만든 견고한 성(城)과 그 성을 둘러싸고 뜨겁게 끓고 있는 해자(垓字)'라는 뜻으로, '방비가 견고하여 쉽게 쳐부수기 어려운 성지(城地)'를 이르는 말.

金枝玉葉 **금지옥엽**

'금 가지에 옥 잎사귀'란 뜻으로, '임금의 자손이나 집안', '귀한 자손', 또는 '귀중한 물건'을 이르는 말.

內憂外患 **내우외환**

나라 안팎의 근심과 걱정.

累卵之危 **누란지위**

'포개어 놓은 알처럼 위태로운 상태'라는 뜻으로, '몹시 아슬아슬한 위기', 또는 '몹시 위태로운 형세'를 이르는 말.

多多益善 **다다익선**

많으면 많을수록 더 좋다.

● 單刀直入 **단도직입**

'홀몸으로 칼을 휘두르며 적진(敵陣)으로 거침없이 쳐들어간다.'는 뜻으로, '요점을 바로 풀이해간다.'는 말.

● 大慈大悲 **대자대비**

그지없이 넓고 큰 부처와 보살의 자비.

● 同價紅裳 **동가홍상**

'같은 값이면 다홍치마'라는 뜻으로, '이왕이면 더 좋은 것을 택함'을 이르는 말.

● 同病相憐 **동병상련**

처지가 서로 비슷한 사람끼리 서로 동정(同情)하고 도움.

● 同床異夢 **동상이몽**

'한 침상에 누워 다른 꿈을 꾼다.'는 뜻으로, '서로 같은 처지에 있으면서도 저마다 다른 생각을 하는 것'을 이르는 말.

● 燈下不明 **등하불명**

'등잔 밑이 어둡다.'는 뜻으로, '가까이 있는 것을 오히려 잘 모름'을 이르는 말.

● 莫無可奈 **막무가내**

융통성이 없고 고집이 세어 도무지 어찌할 수 없음.

● 萬頃蒼波 **만경창파**

'만 이랑의 푸른 물결'이라는 뜻으로, '한없이 넓고 넓은 바다'를 이르는 말.

● 晩時之歎 **만시지탄**

'때늦은 시기를 한탄한다.'는 뜻으로, '시기가 지나 기회를 잃고 탄식함', 또는 '기회를 잃고 때늦은 탄식을 하면 아무 소용이 없음'을 이르는 말.

● 晩食當肉 **만식당육**

'배가 고플 때 먹는 것은 무엇을 먹든지 고기 맛과 같음'을 이르는 말.

● 孟母斷機 **맹모단기**

'맹자의 어머니가 베틀의 실을 끊었다.'는 뜻으로, '학문을 중도에서 그만두면 아무 쓸모가 없음'을 이르는 말.

● 面從腹背 **면종복배**

'겉으로는 순종(順從)하는 체하고 속으로는 딴 마음을 먹음'을 이르는 말.

● 名實相符 **명실상부**

'이름과 실상이 서로 꼭 맞음', 또는 '알려진 것과 실제의 상황이나 능력에 차이가 없음'을 이르는 말.

● 目不識丁 **목불식정**

'고무래를 놓고 丁자를 알지 못한다.' 또는 '낫 놓고 기역자도 모른다.'는 뜻으로, '아주 무식함'을 이르는 말.

● 武陵桃源 **무릉도원**

'복숭아꽃 피는 아름다운 곳'이란 말로, '속세를 떠난 별천지'를 뜻함.

● 勿失好機 **물실호기**

좋은 기회를 놓치지 아니함.

● 美辭麗句 **미사여구**

아름다운 말로 꾸민 글귀.

● 博覽強記 **박람강기**

'동서고금의 서적을 널리 읽고, 그 내용을 잘 기억함'을 이르는 말.

● 拔本塞源 **발본색원**

'나무를 뿌리째 뽑고 물의 근원을 없앤다.'는 뜻으로, '폐단(弊端)의 근원을 모조리 뽑아서 없애 버림'을 이르는 말.

發憤忘食 발분망식

'끼니마저 잊을 정도로 어떤 일에 열중하여 노력함'을 이르는 말.

拔山蓋世 발산개세

'힘은 산을 뽑고 기운은 세상을 덮을 만큼 웅대함'을 이르는 말.

傍若無人 방약무인

'곁에 아무도 없는 것처럼 여긴다.'는 뜻으로, '주위에 있는 다른 사람을 의식하지 않고 제멋대로 행동하는 것'을 이르는 말.

背恩忘德 배은망덕

남에게 입은 은덕을 저버리고 배신함.

白骨難忘 백골난망

죽어 백골이 되어도 깊은 은혜를 잊을 수 없다는 말.

百折不屈 백절불굴

백 번 꺾일지언정 결코 굴복하지 않음.

伯仲之勢 백중지세

'형과 아우는 보통 외모나 품성이 비슷하다.'는 뜻으로, '인물·기량·지식 등이 비슷해서 우열을 가릴 수 없음'을 이르는 말. 백중지간(伯仲之間).

普遍妥當 보편타당

특별하지 않고 사리에 맞아 타당함.

夫婦有別 부부유별

'남편과 아내 사이의 도리는 서로 엄격히 지켜야 할 인륜의 구별이 있음'을 이르는 오륜(五倫)의 하나.

不恥下問 불치하문

아랫사람이나 자기보다 못한 사람에게 묻는 것을 부끄러워하지 아니함.

附和雷同 부화뇌동

'우렛소리에 천지 만물이 함께 울린다.'는 뜻으로, '아무런 견식이 없이 남의 의견이나 행동에 동조함'을 이르는 말.

北窓三友 북창삼우

'거문고와 시와 술'을 일컬음.

粉靑沙器 분청사기

조선 시대에 만든 자기의 하나. 분장청회사기.

非夢似夢 비몽사몽

완전히 잠이 들지도, 잠에서 깨어나지도 않은 어렴풋한 상태.

斯文亂賊 사문난적

(성리학에서) 교리를 어지럽히고 사상에 어긋나는 언행을 하는 사람을 이르는 말.

事必歸正 사필귀정

모든 잘잘못은 반드시 바른 길로 돌아옴.

森羅萬象 삼라만상

우주에 있는 온갖 사물과 현상. 만휘군상(萬彙群象).

相扶相助 상부상조

서로서로 도움.

桑田碧海 상전벽해

'뽕나무밭이 변하여 푸른 바다가 된다.'는 말로, '세상일의 변천이 심하여 사물이 바뀜'을 비유하는 말.

塞翁之馬 새옹지마

'북쪽 국경에 사는 늙은이의 말'이라는 뜻으로, '인생에 있어서 길흉화복은 항상 바뀌어 미리 헤아릴 수가 없다.'는 말.

● 雪上加霜 **설상가상**

'눈 위에 서리가 덮인다.'는 뜻으로 '불행이 엎친 데 덮친 격으로 거듭 생김'을 이르는 말.

● 騷人墨客 **소인묵객**

시문(詩文)과 서화(書畫)를 일삼는 사람.

● 束手無策 **속수무책**

'손을 묶은 것처럼 어찌할 방책이 없다.'는 뜻으로, '어찌할 도리가 없어 꼼짝 못하고 있는 형편'을 이르는 말.

● 率先垂範 **솔선수범**

앞장서서 행동하여 몸소 다른 사람의 모범이 됨.

● 手不釋卷 **수불석권**

'손에서 책을 놓지 않는다.'는 뜻으로, '부지런히 학문에 힘씀'을 이르는 말.

● 守株待兔 **수주대토**

'토끼가 나무에 와서 부딪치는 것을 우연히 한 번 목격하고, 다시 그런 일이 일어나기를 바라며 나무를 지키고 있다.'는 고사에서, '노력은 하지도 않고 좋은 일이 다시 생기기를 기다리며 불가능한 일을 바라는 것'을 이르는 말.

● 脣亡齒寒 **순망치한**

'입술이 없으면 이가 시리다.'는 뜻으로, '서로 돕던 사람이 망하면 다른 한쪽 사람도 함께 위험함', 또는 '서로 떨어질 수 없는 밀접한 관계'를 이르는 말.

● 始終一貫 **시종일관**

일 따위를 처음부터 끝까지 한결같이 함.

● 識字憂患 **식자우환**

'글자를 아는 것이 오히려 근심거리가 된다.'는 뜻으로, '너무 많이 알기 때문에 쓸데없는 걱정도 그만큼 많음'을 이르는 말.

● 信賞必罰 **신상필벌**

'공이 있는 자에게는 상을 주고, 죄가 있는 사람에게는 벌을 준다.'는 뜻으로, '상과 벌을 공정하고 엄중하게 하는 일'을 이르는 말.

● 身言書判 **신언서판**

'중국 당나라 때, 관리를 등용하는 시험에서 인물을 평가하는 기준'으로, '몸[體貌]·말씨[言辭]·글씨[筆跡]·판단[文理]'을 이르는 말.

● 神出鬼沒 **신출귀몰**

'귀신처럼 홀연히 나타났다가 홀연히 사라진다.'는 뜻으로, '자유자재로 출몰하여 그 변화를 헤아릴 수 없는 일이나 사람'을 이르는 말.

● 十伐之木 **십벌지목**

'열 번 찍어 안 넘어가는 나무가 없다.'는 뜻으로, '아무리 심지가 굳은 사람이라도 여러 번 말을 하면 결국은 마음을 돌려 따르게 됨'을 이르는 말.

● 我田引水 **아전인수**

'제 논에 물대기'라는 뜻으로, '자기에게 이롭게 되도록 생각하거나 행동함'을 이르는 말.

● 羊頭狗肉 **양두구육**

'양(羊)의 머리를 내걸고 개고기를 판다.'는 뜻으로, '겉모양은 훌륭하나 속은 변변치 않음'을 이르는 말.

● 梁上君子 **양상군자**

'들보 위에 있는 군자(君子)'라는 뜻으로, '도둑'을 미화(美化)하여 이르는 말.

● 焉敢生心 **언감생심**

감히 그런 마음을 품을 수 없음.

● 如履薄氷 **여리박빙**

'살얼음을 밟는 것과 같다.'는 뜻으로, '아슬아슬하고 위험한 일'을 비유하여 이르는 말.

易地思之 역지사지

입장을 바꾸어서 생각해 봄.

緣木求魚 연목구어

'나무에 올라가 고기를 구한다.'는 뜻으로, '목적과 수단이 맞지 않은데도 불가능한 일을 하려함'을 이르는 말.

榮枯盛衰 영고성쇠

'영화롭고 마르고 성하고 쇠한다.'는 뜻으로, '인생이나 사물의 번성함과 쇠락함이 서로 바뀜'을 이르는 말.

吾鼻三尺 오비삼척

'내 코가 석 자'라는 뜻으로, '내 일도 감당 못해 남을 도울 여유가 없음'을 이르는 말.

烏飛梨落 오비이락

'까마귀 날자 배 떨어진다.'는 말로, '일이 공교롭게도 같이 일어나 남의 의심을 사게 됨'을 이르는 말.

傲霜孤節 오상고절

'서릿발이 심한 속에서도 굴하지 않고 외로이 지키는 절개'라는 뜻으로, '국화'를 비유하는 말.

烏合之卒 오합지졸

까마귀 떼처럼 조직도 훈련도 없이 모인 병사(兵士).

曰可曰否 왈가왈부

옳다느니 그르다느니 하고 말함.

外柔內剛 외유내강

겉으로는 부드럽고 순하게 보이나 마음속은 단단하고 굳셈.

欲速不達 욕속부달

'성급하게 서두르면 도리어 일이 성사되기 어려움'을 이르는 말.

龍頭蛇尾 용두사미

'용의 머리에 뱀의 꼬리'라는 뜻으로, '야단스럽게 시작하여 흐지부지 끝남'을 이르는 말.

愚公移山 우공이산

'어리석은 영감이 산을 옮긴다.'는 뜻으로, '무슨 일이든지 꾸준히 노력하면 마침내 이룰 수 있음'을 이르는 말.

優柔不斷 우유부단

어물어물하며 딱 잘라 결단을 내리지 못함.

牛耳讀經 우이독경

'쇠귀에 경 읽기'라는 뜻으로, '아무리 말해봐야 소용없는 일', 또는 '무지한 사람'을 이르는 말.

羽化登仙 우화등선

'사람이 신선이 되어 하늘로 오른다.'는 뜻으로, '번잡한 세상일에서 떠나 즐겁게 지내는 상태', 또는 '술에 취하여 도연(陶然)한 모습'을 이르는 말.

雲泥之差 운니지차

'구름과 진흙의 차이'라는 뜻으로, '서로의 사정이 크게 다름'을 이르는 말.

危機一髮 위기일발

위태로움이 몹시 절박한 순간.

有備無患 유비무환

'준비가 있으면 근심이 없다.'는 뜻으로, '평소에 준비가 철저하면 후에 근심이 없음'을 이르는 말.

唯我獨尊 유아독존

'오직 자기만이 홀로 존귀하다.'는 데서 '이 세상에 자기 혼자만이 잘났다.'고 하는 일.

悠悠自適 유유자적

속세를 떠나 아무 속박 없이 조용하고 편안하게 삶.

● 泥田鬪狗 **이전투구**

'진흙 밭에서 싸우는 개'라는 뜻으로, '저급한 싸움'을 이름.

● 因果應報 **인과응보**

'원인과 결과는 서로의 행위에 응하여 그 갚음이 나타난다.'는 뜻으로, '선한 일에는 좋은 결과가, 악한 일에는 나쁜 결과가 따름'을 이르는 말.

● 仁者無敵 **인자무적**

'어진 사람은 모든 사람을 사랑하므로 적대하는 사람이 없음'을 이르는 말.

● 日久月深 **일구월심**

'날이 오래고 달이 깊어 간다.'는 뜻으로, '세월이 갈수록 더해짐'을 이르는 말.

● 一罰百戒 **일벌백계**

'한 사람을 벌줌으로써 만인에게 경계가 되도록 한다.'는 뜻으로, '타의 경각심을 불러일으키기 위하여 본보기로 무거운 처벌을 하는 일'을 이르는 말.

● 一石二鳥 **일석이조**

'한 개의 돌을 던져 두 마리의 새를 잡는다.'는 뜻으로, '동시에 두 가지 이득을 봄'을 이르는 말.

● 一筆揮之 **일필휘지**

글씨를 단숨에 힘차고 시원하게 죽 써 내림.

● 臨機應變 **임기응변**

그때그때의 사정과 형편을 보아 그에 알맞게 그 자리에서 처리함.

● 臨戰無退 **임전무퇴**

'전쟁에 나아가서 물러서지 않음'을 이르는 세속오계의 하나.

● 立身揚名 **입신양명**

'출세하여 이름을 세상에 떨침'을 이르는 말.

● 姉妹結緣 **자매결연**

한 지역이나 단체가 다른 지역이나 단체와 서로 돕거나 친선 관계를 맺는 일.

● 自我實現 **자아실현**

절대적 자아의 본질을 완전히 실현하는 일.

● 自暴自棄 **자포자기**

자신을 스스로 버려서 돌아보지 않음.

● 轉禍爲福 **전화위복**

'화가 바뀌어 오히려 복이 된다.'는 뜻으로, '궂은 일을 당하였을 때 잘 처리하여서 좋은 일이 되게 하는 것'을 이르는 말.

● 切齒腐心 **절치부심**

몹시 분하여 이를 갈면서 속을 썩임.

● 絶海孤島 **절해고도**

육지에서 아주 멀리 떨어져 있는 외딴섬. 절도(絶島).

● 漸入佳境 **점입가경**

'경치나 문장, 또는 어떤 일의 상황이 갈수록 재미있게 전개됨'을 이르는 말.

● 朝三暮四 **조삼모사**

'아침에 세 개, 저녁에 네 개씩 주겠다.'는 뜻으로, '눈앞에 보이는 차이만 알고 결과가 같은 것을 모르는 것', 또는 '간사한 꾀로 남을 농락함'을 이르는 말.

● 鳥足之血 **조족지혈**

'새 발의 피'라는 뜻으로, '아주 보잘것없음'을 이르는 말.

● 縱橫無盡 **종횡무진**

마음 내키는 대로 자유자재로 행동하여 거침이 없는 상태.

坐井觀天 **좌정관천**

'우물 속에 앉아서 하늘을 본다.'는 뜻으로, '견문이 아주 좁음'을 이르는 말.

走馬看山 **주마간산**

'말을 달리면서 산을 본다.'는 뜻으로, '바빠서 자세히 보지 못하고 건성으로 지나침'을 이르는 말. 수박 겉핥기.

衆寡不敵 **중과부적**

'무리가 적으면 대적할 수 없다.'는 뜻으로, '적은 수로는 많은 적을 대적하지 못함'을 이르는 말.

知己之友 **지기지우**

자기의 속마음과 가치를 잘 알아주는 참다운 친구.

指鹿爲馬 **지록위마**

윗사람을 농락하여 권세를 마음대로 휘두르는 것.

支離滅裂 **지리멸렬**

'이리저리 흩어지고 찢기어 갈피를 잡을 수 없다.'는 뜻으로, '체계가 없이 마구 흩어져 갈피를 잡을 수 없음'을 이르는 말.

至誠感天 **지성감천**

정성이 지극하면 하늘도 감동한다.

千載一遇 **천재일우**

'천 년 동안 단 한 번 만난다.'는 뜻으로, '좀처럼 만나기 어려운 좋은 기회'를 이르는 말. 천세일시(千歲一時). 천재일시(千載一時).

寸鐵殺人 **촌철살인**

'조그만 쇠붙이로 사람을 죽인다.'는 뜻으로, '짧은 경구(警句)나 간단한 말로 사람의 마음을 찔러 듣는 사람을 감동시킴'을 이르는 말.

出將入相 **출장입상**

전시에는 싸움터에 나가서 장군이 되고 평시에는 재상이 되어 정치를 함.

取捨選擇 **취사선택**

쓸 것과 버릴 것을 가림.

他山之石 **타산지석**

'다른 산의 돌이라도 자신의 옥을 가는 데 도움이 된다.'는 뜻으로, '남의 하찮은 언행도 자신의 지식과 인격을 닦는 데 도움이 됨'을 이르는 말.

卓上空論 **탁상공론**

'탁자 위에서만 펼치는 헛된 이론'이라는 뜻으로, '실현성이 없는 허황된 이론'을 이르는 말.

貪官汚吏 **탐관오리**

탐욕이 많고 마음이 깨끗하지 못한 관리(官吏).

太平烟月 **태평연월**

근심이나 걱정이 없는 편안한 세월.

破邪顯正 **파사현정**

'그릇된 것을 깨고 바른 것을 드러냄'을 이르는 말. '부처의 가르침에 어긋나는 사악한 생각을 버리고 올바른 도리를 따름'을 이르는 말.

破顔大笑 **파안대소**

'얼굴이 찢어질 정도로 크게 웃는다.'는 뜻으로, '즐거운 표정으로 한바탕 크게 웃음'을 이르는 말.

破竹之勢 **파죽지세**

'대를 쪼개는 기세'라는 뜻으로, '적을 거침없이 물리치고 쳐들어가는 기세'를 이르는 말.

風樹之歎 **풍수지탄**

'나무는 조용히 있고 싶어도 바람이 멎지 않으니 뜻대로 되지 않는다.'는 뜻으로, '효도를 하려고 해도 부모가 살아계시지 않음', 또는 '효도를 다하지 못한 채 부모를 잃은 자식의 슬픔'을 이르는 말.

● 風前燈火 **풍전등화**

'바람 앞의 등불'이라는 뜻으로, '존망이 달린 매우 위급한 처지', 또는 '매우 급박한 처지에 놓여 있음'을 이르는 말.

● 匹馬單騎 **필마단기**

혼자 한 필의 말을 탐 또는 그렇게 하는 사람.

● 鶴首苦待 **학수고대**

'학처럼 목을 빼고 기다린다.'는 뜻으로, '몹시 기다림'을 뜻하는 말.

● 咸興差使 **함흥차사**

'함흥으로 간 차사'라는 뜻으로, '심부름을 간 사람이 돌아오지 않음', 또는 '회답이 좀처럼 오지 않음'을 이르는 말.

● 虛張聲勢 **허장성세**

'헛되이 과장된 형세로 소리를 낸다.'는 뜻으로, '실력이 없으면서 허세를 부림', 또는 '실제로는 약하지만 강한 것처럼 가장하여 큰소리를 치거나 헛소문과 허세로 떠벌림'을 이르는 말.

● 螢雪之功 **형설지공**

'반딧불과 눈빛에 비추어 글을 읽었다.'는 뜻으로 '갖은 고생을 하며 부지런하고 꾸준히 학문을 닦음'을 이르는 말.

● 浩然之氣 **호연지기**

'하늘과 땅 사이에 가득 찬 넓고 큰 정기(精氣)'라는 뜻으로, '공명정대하여 조금도 부끄러울 바 없는 도덕적 용기', 또는 '잡다한 일에서 벗어난 자유롭고 느긋한 마음'을 이르는 말.

● 昏睡狀態 **혼수상태**

완전히 의식을 잃고 인사불성(人事不省)이 된 상태.

● 昏定晨省 **혼정신성**

저녁이면 부모님의 자리를 보아드리고 아침이면 주무신 자리를 돌보아 살핌.

● 紅爐點雪 **홍로점설**

'벌겋게 단 화로에 떨어지는 한 점 눈'이라는 뜻으로, '풀리지 않던 이치가 눈 녹듯이 문득 깨쳐짐', 또는 '큰 힘 앞에 맥을 못 추는 매우 작은 힘'을 이르는 말.

● 弘益人間 **홍익인간**

'널리 인간 세계를 이롭게 한다.'는 단군의 건국이념.

● 環境保護 **환경보호**

쾌적한 생활을 유지하기 위하여 환경의 오염을 막아 깨끗이 보존하는 일.

● 會者定離 **회자정리**

'만나면 언젠가는 헤어지게 되어 있다.'는 뜻으로, '인생의 무상함'을 이르는 말.

● 橫斷步道 **횡단보도**

사람이 차도를 건너다닐 수 있도록 차도 위에 마련한 길.

● 厚顏無恥 **후안무치**

'얼굴이 두껍고 부끄러움이 없다.'는 뜻으로, '뻔뻔스러워 부끄러움이 없음'을 이르는 말.

● 興亡盛衰 **흥망성쇠**

흥하고 망함과 성하고 쇠함.

약자(略字)

글자의 획수를 줄여서 쓴 글자를 말합니다.

※ 3급 시험에 출제되는 약자는 4급 범위에서 출제됩니다.

仮	假(거짓 가) 4Ⅱ	価	價(값 가) 5Ⅱ	勾	句(글귀 구) 4Ⅱ	旧	舊(예 구) 5Ⅱ
覚	覺(깨달을 각) 4급	鑑	鑑(거울 감) 3Ⅱ	区	區(구분할 구) 6급	国	國(나라 국) 8급
監	監(볼 감) 4Ⅱ	減	減(덜 감) 4Ⅱ	劝/勧	勸(권할 권) 4급	权/権	權(권세 권) 4Ⅱ
慨	慨(슬퍼할 개) 3급	概	槪(대개 개) 3Ⅱ	帰	歸(돌아갈 귀) 4급	既	旣(이미 기) 3급
盖	蓋(덮을 개) 3Ⅱ	个	個(낱 개) 4Ⅱ	弃	棄(버릴 기) 3급	器	器(그릇 기) 4Ⅱ
拠	據(근거 거) 4급	挙/举	擧(들 거) 5급	気	氣(기운 기) 7Ⅱ	緊	緊(긴할 긴) 3Ⅱ
剣	劍(칼 검) 3Ⅱ	倹	儉(검소할 검) 4급	窃/寧	寧(편안 녕) 3Ⅱ	悩	惱(번뇌할 뇌) 3급
検	檢(검사할 검) 4Ⅱ	撃	擊(칠 격) 4급	脳	腦(골 뇌) 3Ⅱ	断	斷(끊을 단) 4Ⅱ
堅	堅(굳을 견) 4급	欠	缺(이지러질 결) 4Ⅱ	単	單(홑 단) 4Ⅱ	団	團(둥글 단) 5Ⅱ
径	徑(길 경) 3Ⅱ	経	經(지날 경) 4Ⅱ	担	擔(멜 담) 4Ⅱ	党	黨(무리 당) 4Ⅱ
軽	輕(가벼울 경) 5급	繋	繫(맬 계) 3급	当	當(마땅 당) 5Ⅱ	台/臺	臺(대 대) 3Ⅱ
継	繼(이을 계) 4급	穀	穀(곡식 곡) 4급	対	對(대할 대) 6Ⅱ	徳	德(큰 덕) 5Ⅱ
寛	寬(너그러울관) 3Ⅱ	舘	館(집 관) 3Ⅱ	図	圖(그림 도) 6급	毒	毒(독 독) 4Ⅱ
観/観	觀(볼 관) 5Ⅱ	関	關(관계할 관) 5Ⅱ	独	獨(홀로 독) 5Ⅱ	読	讀(읽을 독) 6Ⅱ
鉱	鑛(쇳돌 광) 4급	広	廣(넓을 광) 5Ⅱ	灯	燈(등 등) 4Ⅱ	楽	樂(즐길 락) 6Ⅱ
壊	壞(무너질 괴) 3Ⅱ	亀	龜(거북 구) 3급	乱	亂(어지러울란) 4급	濫	濫(넘칠 람) 3급

览	覽(볼 람)4급	来	來(올 래)7급	変	變(변할 변)5Ⅱ	屏	屛(병풍 병)3급
凉	涼(서늘할 량)3Ⅱ	両	兩(두 량)4Ⅱ	並	竝(나란히 병)3급	宝	寶(보배 보)4Ⅱ
励	勵(힘쓸 려)3Ⅱ	麗	麗(고울 려)4Ⅱ	冨	富(부자 부)4Ⅱ	払	拂(떨칠 불)3Ⅱ
恋	戀(그리워할 련)3Ⅱ	联	聯(연이을 련)3Ⅱ	仏	佛(부처 불)4Ⅱ	辞	辭(말씀 사)4급
錬	鍊(쇠불릴 련)3Ⅱ	练	練(익힐 련)5Ⅱ	師	師(스승 사)4Ⅱ	写	寫(베낄 사)5급
猟	獵(사냥 렵)3급	灵霊	靈(신령 령)3Ⅱ	殺	殺(죽일 살)4Ⅱ	嘗	嘗(맛볼 상)3급
礼	禮(예도 례)6급	炉	爐(화로 로)3Ⅱ	桒	桑(뽕나무 상)3Ⅱ	状	狀(형상 상)4Ⅱ
労	勞(일할 로)5Ⅱ	录	錄(기록할 록)4급	叙	敍(펼 서)3급	緒	緖(실마리 서)3Ⅱ
竜	龍(용 룡)4급	涙	淚(눈물 루)3급	釈	釋(풀 석)3Ⅱ	舩	船(배 선)5급
楼	樓(다락 루)3Ⅱ	难	離(떠날 리)4급	禅	禪(선 선)3Ⅱ	摂	攝(다스릴 섭)3급
臨	臨(임할 림)3Ⅱ	満	滿(찰 만)4Ⅱ	声	聲(소리 성)4Ⅱ	岁歳	歲(해 세)5Ⅱ
万	萬(일만 만)8급	売	賣(팔 매)5급	焼	燒(사를 소)3Ⅱ	属	屬(붙일 속)4급
麦	麥(보리 맥)3Ⅱ	皃	貌(모양 모)3Ⅱ	続	續(이을 속)4Ⅱ	搜	搜(찾을 수)3급
梦	夢(꿈 몽)3Ⅱ	庙庙	廟(사당 묘)3급	寿	壽(목숨 수)3Ⅱ	獣	獸(짐승 수)3Ⅱ
墨	墨(먹 묵)3Ⅱ	黙	默(잠잠할 묵)3Ⅱ	随	隨(따를 수)3Ⅱ	帅	帥(장수 수)3Ⅱ
廹	迫(핍박할 박)3Ⅱ	発	發(필 발)6Ⅱ	収	收(거둘 수)4Ⅱ	数	數(셈 수)7급
軰	輩(무리 배)3Ⅱ	拝	拜(절 배)4Ⅱ	粛肅	肅(엄숙할 숙)4급	湿	濕(젖을 습)3Ⅱ
繁	繁(번성할 번)3Ⅱ	辺边	邊(가 변)4Ⅱ	乗	乘(탈 승)3Ⅱ	実	實(열매 실)5Ⅱ

双	雙(두 쌍) 3Ⅱ	亜	亞(버금 아) 3Ⅱ	臓	臟(오장 장) 3Ⅱ	蔵	藏(감출 장) 3Ⅱ
児	兒(아이 아) 5Ⅱ	悪	惡(악할 악) 5Ⅱ	荘	莊(씩씩할 장) 3Ⅱ	壮	壯(장할 장) 4급
岩	巖(바위 암) 3Ⅱ	圧	壓(누를 압) 4Ⅱ	奨	獎(장려할 장) 4급	装	裝(꾸밀 장) 4급
薬	藥(약 약) 6급	壌	壞(흙덩이 양) 3Ⅱ	将	將(장수 장) 4Ⅱ	㦮	哉(어조사 재) 3급
譲	讓(사양할 양) 3Ⅱ	厳	嚴(엄할 엄) 4급	争	爭(다툴 쟁) 5급	転	轉(구를 전) 4급
与	與(더불 여) 4급	余	餘(남을 여) 4급	伝	傳(전할 전) 5Ⅱ	战戦	戰(싸움 전) 6Ⅱ
訳	譯(번역할 역) 3Ⅱ	駅	驛(역 역) 3Ⅱ	銭	錢(돈 전) 4급	窃	竊(훔칠 절) 3급
鉛	鉛(납 연) 4급	研	硏(갈 연) 4Ⅱ	節	節(마디 절) 5Ⅱ	奌点	點(점 점) 4급
塩	鹽(소금 염) 3Ⅱ	営	營(경영할 영) 4급	浄	淨(깨끗할 정) 3Ⅱ	㝎	定(정할 정) 6급
栄	榮(영화 영) 4Ⅱ	誉	譽(기릴 예) 3Ⅱ	静	靜(고요할 정) 4급	斉	齊(가지런할 제) 3Ⅱ
予	豫(미리 예) 4급	芸藝	藝(재주 예) 4Ⅱ	済	濟(건널 제) 4Ⅱ	条	條(가지 조) 4급
温	溫(따뜻할 온) 6급	遥	遙(멀 요) 3급	卆	卒(마칠 졸) 5Ⅱ	縦	縱(세로 종) 3Ⅱ
揺	搖(흔들 요) 3급	謡	謠(노래 요) 4Ⅱ	从従	從(좇을 종) 4급	鋳	鑄(쇠불릴 주) 3Ⅱ
貟	員(인원 원) 4Ⅱ	遠	遠(멀 원) 6급	昼	晝(낮 주) 6급	準	準(준할 준) 4Ⅱ
囲	圍(에워쌀 위) 4급	偽	僞(거짓 위) 3Ⅱ	即	卽(곧 즉) 3Ⅱ	曽	曾(일찍 증) 3Ⅱ
為	爲(하 위) 4Ⅱ	隠隠	隱(숨을 은) 4급	茎	蒸(찔 증) 3Ⅱ	証	證(증거 증) 4급
応	應(응할 응) 4Ⅱ	宜	宜(마땅할 의) 3급	増	增(더할 증) 4Ⅱ	遅	遲(더딜 지) 3급
医	醫(의원 의) 6급	者	者(놈 자) 6급	烝			
残	殘(남을 잔) 4급	雑	雜(섞일 잡) 4급	尽	盡(다할 진) 4급	珎	珍(보배 진) 4급

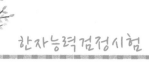
頂	質 (바탕 질) 5Ⅱ	徴	徵 (부를 징) 3Ⅱ		択	擇 (가릴 택) 4급	兎	兔 (토끼 토) 3Ⅱ
賛	贊 (도울 찬) 3Ⅱ	讃	讚 (기릴 찬) 4급		廃	廢 (폐할 폐) 3Ⅱ	学	學 (배울 학) 8급
惨	慘 (참혹할 참) 3급	参	參 (참여할 참) 5Ⅱ		虚	虛 (빌 허) 4Ⅱ	献	獻 (드릴 헌) 3Ⅱ
処	處 (곳 처) 4Ⅱ	浅	淺 (얕을 천) 3Ⅱ		険	險 (험할 험) 4급	験	驗 (시험 험) 4Ⅱ
賎	賤 (천할 천) 3Ⅱ	践	踐 (밟을 천) 3Ⅱ		県	縣 (고을 현) 3급	顕	顯 (나타날 현) 4급
迁	遷 (옮길 천) 3Ⅱ	鉄	鐵 (쇠 철) 5급		賢	賢 (어질 현) 4Ⅱ	蛍	螢 (반딧불 형) 3급
聴	聽 (들을 청) 4급	庁	廳 (관청 청) 4급		恵	惠 (은혜 혜) 4Ⅱ	号	號 (이름 호) 6급
逓	遞 (갈릴 체) 3급	体	體 (몸 체) 6Ⅱ		画	畫 (그림 화) 6급	拡	擴 (넓힐 확) 3급
触	觸 (닿을 촉) 3Ⅱ	聡 聪	聰 (귀밝을 총) 3급		欢 歓	歡 (기쁠 환) 4급	郷	鄕 (시골 향) 4Ⅱ
総 綛	總 (다 총) 4Ⅱ	虫	蟲 (벌레 충) 4Ⅱ		懐	懷 (품을 회) 3Ⅱ	会	會 (모일 회) 6Ⅱ
酔	醉 (취할 취) 3Ⅱ	歯	齒 (이 치) 4Ⅱ		暁	曉 (새벽 효) 3급	効	效 (본받을 효) 5Ⅱ
称	稱 (일컬을 칭) 4급	堕	墮 (떨어질 타) 3급		黒	黑 (검을 흑) 5급	兴	興 (일 흥) 4Ⅱ
弾	彈 (탄알 탄) 4급	沢	澤 (못 택) 3Ⅱ		戯 戱	戲 (놀이 희) 3Ⅱ		

(사) **한국어문회** 주관

한자능력검정시험

3 급

예상문제

(1회 ~ 15회)

- 정답과 해설은 185 ~ 207쪽에 있습니다.

한자능력검정시험

제 01 회

(사) **한국어문회** 주관

합격문항 : 105문항
시험시간 : 60분
정　　답 : 185쪽

예상문제

01~45번

1 다음 밑줄 친 漢字語 또는 제시된 漢字語의 讀音을 쓰시오.

1 그는 벼슬을 받은 이후로 廟堂의 대신에 오를 때까지 재물이나 이익을 불리지 않았다.
　　………………………… [　　　　]

2 마른 갈대 잎은 乾燥한 종이처럼 바람에 사각사각 흔들렸다. …………… [　　　　]

3 산굽이를 돌아설 때마다 아름다운 경치에 陶醉되어 시간 가는 줄을 몰랐다.
　　………………………… [　　　　]

4 왕궁을 나온 태자는 削髮하고 사문의 옷으로 갈아입었다. …………… [　　　　]

5 양보와 安協에도 불구하고 양측은 좀처럼 긴장을 풀지 않았다. ……… [　　　　]

6 조선에서는 콜레라를 알 수 없는 병이라 하여 怪疾이라고 불렀다. ……… [　　　　]

7 작가는 팔순을 맞이하여 미발표 작품들만 모아 展覽하기로 하였다. …… [　　　　]

8 바탕이 미묘하게 살아나는 彩色 방법은 풍경 전체에 색다른 미감을 주었다.
　　………………………… [　　　　]

9 그는 여러 사찰에서 강설과 參禪으로 후학을 교도하는데 힘썼다. ……… [　　　　]

10 부동산업 중에서 서비스업은 타 산업에 비해 영업규모가 零細하다. …… [　　　　]

11 마을에 인접한 丘陵 지대에 100여 기의 고인돌이 있었다. …………… [　　　　]

12 컴퓨터 제품의 소비가 漸增 추세를 보이고 있다. ………………………… [　　　　]

13 노자는 백색의 맑음을 알아 흑색의 混濁함을 지킨다고 말했다. ………… [　　　　]

14 신임 원장에게 諒解를 구하고 그편에 뒷일을 부탁하기로 하였다. ……… [　　　　]

15 한동안 시를 읊으면서 각지를 돌아다니며 吟遊의 여행을 하였다. ……… [　　　　]

16 A사는 안정적 공급을 할 수 있는 기반을 확보함에 따라 동업계의 선두를 維持하고 있다.
　　………………………… [　　　　]

17 장군 앞에 엄숙하게 整列한 군사들은 그의 명령에 귀를 기울였다. ……… [　　　　]

18 금융기관에서 상환 만기에 다다른 債務의 상환을 연장해 주기로 하였다.
　　………………………… [　　　　]

19 바닷가 소나무 숲속에 조용하고 雅淡한 집을 장만하였다. …………… [　　　　]

20 그는 의병을 모아 부대를 조직하고, 각지에서 적군을 擊破하였다. ……… [　　　　]

21 猛禽 [　　　　]　　**22** 雲泥 [　　　　]

23 奏樂 [　　　　]　　**24** 逢辱 [　　　　]

25 豚兒 [　　　　]　　**26** 催促 [　　　　]

27 連鎖 [　　　　]　　**28** 狀啓 [　　　　]

29 季刊 [　　　　]　　**30** 誦詠 [　　　　]

31 衆智 [　　　　]　　**32** 償却 [　　　　]

33 曉星 [　　　　]　　**34** 寬厚 [　　　　]

35 稀宴 [   ]   36 夫餘 [   ]

37 欺罔 [   ]   38 矯導 [   ]

39 還給 [   ]   40 刷掃 [   ]

41 亨通 [   ]   42 候補 [   ]

43 驅除 [   ]   44 管絃 [   ]

45 危殆 [   ]

2 다음 漢字의 訓과 音을 쓰시오.

46~72번

46 恐 [   ]   47 久 [   ]

48 貢 [   ]   49 丈 [   ]

50 較 [   ]   51 朋 [   ]

52 拘 [   ]   53 丹 [   ]

54 唯 [   ]   55 露 [   ]

56 署 [   ]   57 昌 [   ]

58 畓 [   ]   59 菊 [   ]

60 借 [   ]   61 盲 [   ]

62 沿 [   ]   63 囚 [   ]

64 茫 [   ]   65 尤 [   ]

66 濕 [   ]   67 峯 [   ]

68 僚 [   ]   69 苟 [   ]

70 閱 [   ]   71 契 [   ]

72 躍 [   ]

3 다음 제시문에서 밑줄 친 漢字語를 漢字로 고쳐 쓰시오.

73~85번

고슴도치는 겨울을 나기 위해 추위를 느끼면 서로 **접근**[73]하여 모여든다. 그러다가 서로의 가시에 찔리면 다시 뒤로 물러가고, 추위를 느끼면 다가오기를 **반복**[74]하면서 **적절**[75]한 **공간**[76]을 **확보**[77]한다.

이러한 **현상**[78]은 사람들에게도 나타난다.

사람은 누구나 개인적 공간 안에서 살아가고 있기 때문에 서로 남의 공간을 **침범**[79]하지 않으면서도 가깝게 있을 수 있는 거리, 즉 **최적**[80]의 거리를 유지하려고 **노력**[81]한다. 이것은 심리적으로도 적용이 되지만, **물리적**[82]인 거리에 있어서도 마찬가지이다. 사람들이 마치 자신의 신체의 **일부**[83]인 것처럼 주장하는 공간을 **영역**[84]이라고 하고, 그러한 **연구**[85]를 접근학(proxemics)이라고 한다.

73 접근 [   ]   74 반복 [   ]

75 적절 [   ]   76 공간 [   ]

77 확보 [   ]   78 현상 [   ]

79 침범 [   ]   80 최적 [   ]

81 노력 [   ]   82 물리적 [   ]

83 일부 [   ]   84 영역 [   ]

85 연구 [   ]

4 다음 밑줄 친 漢字語를 漢字로 쓰시오.

86~102번

86 사건의 전모는 정확히 밝혀지지 않고 다만 온갖 추측만이 **난무**하였다. … [   ]

87 인류는 여러 목적으로 자연에 인공을 가하여 보다 새로운 **창조**를 마련하고 있다.
   ……………………………… [   ]

88 각 방면의 **부단**한 노력이 쌓이어, 최고의 실력이 되었다. ……………… [   ]

89 인간이 오히려 기계의 부속품이나 물질의 노예로 **전락**해 가는 현상이 빚어지고 있다.
   ……………………………… [   ]

90 논설문은 자신의 주장을 조리 있게 제시하는 것으로, 논리적 **증명**을 생명으로 하는 글이다. ……………………………… [   ]

91 자기 개인의 이익과 **영달**만을 위하는 것은 錦衣玉食을 바라는 지나친 욕심이다.
[   ]

92 알타이 어족은 전통적으로 터키, 몽고, 퉁구스의 세 **어군**으로 이루어져 있다.
[   ]

93 남이 잘못하는 것을 볼 때에 저주할 것이 아니라 **포용심**을 가져야 한다. [   ]

94 거리가 혼잡하다는 텔레비전의 **보도**를 보고 서둘러 가는 것이 상책이라고 생각했다.
[   ]

95 언어와 문자는 역사적 **소산**이기 때문에 그 전통을 존중하지 않을 수 없다.
[   ]

96 "저 별은 우리들 **목동**에게는 시계 구실을 해준답니다." [   ]

97 속담에는 **재치** 있는 표현 속에 비유적인 내용이 담겨 있다. [   ]

98 효율성을 높이기 위하여 **조직**을 개편하였다.
[   ]

99 그는 무정부주의 사상을 **신봉**하는 혁명운동을 재개하였다. [   ]

100 노사 간의 **이해**를 떠나 단결하기로 하였다.
[   ]

101 다른 사람의 글이나 말을 **인용**하는 것은 글의 신뢰도를 높이는 데 유용하다.
[   ]

102 대규모의 부정선거가 자행됨에 따라 **정권**의 독재를 규탄하였다. ……… [   ]

103～107번

5 다음 제시된 漢字와 비슷한 뜻을 가진 漢字를 [ ]안에 넣어 문맥에 어울리는 漢字語를 완성하시오.

103 우리나라는 선진국의 덤핑방지관세로 선진국과 貿[   ]마찰이 있다.

104 그는 부상으로 이번 대표팀 [   ]拔에서 탈락되었다.

105 고인의 그 崇[   ]한 정신을 기리는 추모대회를 가졌다.

106 창덕궁은 많은 [   ]殃을 입으면서도 비교적 잘 보존되어 왔다.

107 그곳은 예로부터 목축이 이루어져 양모・皮[   ]・잡화 등의 거래가 성행하였다.

108～112번

6 다음 漢字語 중 첫소리가 長音인 것을 가려 그 기호(㉮～㉭)를 쓰시오.

보기 ㉮ 音韻 ㉯ 警戒 ㉰ 掌握 ㉱ 役割 ㉲ 臨終
㉳ 威脅 ㉴ 循環 ㉵ 履歷 ㉶ 完全 ㉷ 快活
㉸ 佳緣 ㉹ 克己 ㉺ 厄運 ㉭ 禁煙

108 [   ] 109 [   ]
110 [   ] 111 [   ]
112 [   ]

113～117번

7 다음 빈칸에 뜻이 反對 또는 相對되는 漢字를 써넣어 單語를 完成하시오.

113 한판 싸움으로 雌[   ]을 결정한다는 각오를 세웠다.

114 오장의 [   ]熱을 치료하는 약재.

115 이산가족의 哀[   ]과 염원을 노래하였다.

116 급한 일을 처리한 다음에 [   ]過를 따지기로 하였다.

117 대회가 열리는 날의 晴[   ] 여하를 점쳤다.

8 다음 漢字語의 反意語를 漢字(正字)로 쓰시오.

118~122번

118 [   ] ↔ 巨富　119 喪失 ↔ [   ]

120 [   ] ↔ 遠心　121 異端 ↔ [   ]

122 [   ] ↔ 複雜

9 다음 [   ]안에 알맞은 漢字(正字)를 넣어 뜻에 맞는 四字(故事)成語를 완성하시오.

123~132번

123 [   ]鹿爲馬 : 모순된 것을 끝까지 우겨서 남을 속임.

124 鷄鳴狗[   ] : 비굴하게 남을 속이는 하찮은 재주.

125 伯仲之[   ] : 서로 우열을 가리기 힘든 형세.

126 面[   ]腹背 : 겉으로는 복종하는 체하면서 내심으로는 배반함.

127 昏定晨[   ] : 부모를 잘 섬기고 효성을 다함.

128 紅爐[   ]雪 : 도를 깨달아 의혹이 일시에 없어짐, 또는 사욕이나 의혹이 일시에 꺼져 없어짐.

129 目不[   ]丁 : 낫 놓고 '기역'자도 모르는 까막눈.

130 桑田碧[   ] : 세상일의 변천이 심함.

131 不恥下[   ] : 자기보다 못한 사람에게 묻는 일을 부끄러워하지 아니함.

132 換[   ]奪胎 : 예전의 형식을 바꾸어서 먼저 것보다 잘되게 함. 또는 보다 나은 방향으로 변하여 전혀 딴사람처럼 됨.

10 다음 漢字의 部首를 쓰시오.

133~137번

133 集 - [   ]　134 塞 - [   ]

135 恭 - [   ]　136 頂 - [   ]

137 幕 - [   ]

11 다음 漢字語의 同音異義語를 제시된 뜻에 맞추어 漢字(正字)로 쓰시오.

138~142번

138 收拾 - [   ] : 학업이나 실무 등을 배워 익힘.

139 詞壇 - [   ] : 군대 편성 단위의 하나.

140 奴婢 - [   ] : 노동자를 부린 비용.

141 公募 - [   ] : 공동 모의.

142 放誕 - [   ] : 날아오는 탄알을 막음.

12 다음 漢字語의 뜻을 쓰시오.

143~147번

143 匹敵 : [   ]

144 且置 : [   ]

145 張皇 : [   ]

146 偏頗 : [   ]

147 尋常 : [   ]

13 다음 漢字의 略字를 쓰시오.

148~150번

148 禮 - [   ]　149 龍 - [   ]

150 關 - [   ]

예상문제

합격문항 : 105문항
시험시간 : 60분
정   답 : 186쪽

1 다음 漢字語의 讀音을 쓰시오. 01~45번

01 사상 처음으로 우주 遊泳에 성공하였다.
．．．．．．．．．．．．．．．．．．．．．．．．．． [   ]

02 관직을 역임하면서 견문한 것을 隨筆로 기록
하였다. ．．．．．．．．．．．．．．．．．． [   ]

03 그의 학문과 履歷은 후인에게 존경을 받을 만
하다. ．．．．．．．．．．．．．．．．．．． [   ]

04 학문을 崇尙하는 풍속과 인정이 두텁다.
．．．．．．．．．．．．．．．．．．．．．．．．．． [   ]

05 말단적인 문제에만 執着해서는 큰일을 이룰
수 없다. ．．．．．．．．．．．．．．．．． [   ]

06 원거리 행동반경을 지닌 전략폭격기 編隊의
공습작전으로 전후방 구분이 없어졌다.
．．．．．．．．．．．．．．．．．．．．．．．．．． [   ]

07 재능이 있는 인물은 신분을 莫論하고 발탁하
였다. ．．．．．．．．．．．．．．．．．．． [   ]

08 마치 허깨비의 戲弄에 놀아나는 것만 같았다.
．．．．．．．．．．．．．．．．．．．．．．．．．． [   ]

09 빈곤과 劣惡한 생활환경은 더 내려갈 수 없는
그들의 실상을 보여주었다.
．．．．．．．．．．．．．．．．．．．．．．．．．． [   ]

10 정신적 둔감과 시간적 奔忙을 오히려 다행이
라 여겼다. ．．．．．．．．．．．．．．．． [   ]

11 흉년이 계속되자 도적 떼의 跳梁이 날로 심해
졌다. ．．．．．．．．．．．．．．．．．．． [   ]

12 피로와 飢渴에 시달려서 난민들의 얼굴은 모두
흙빛을 띠고 있었다. ．．．．．．．． [   ]

13 개중에는 잠적하거나 해외로 逃避하는 사람도
있었다. ．．．．．．．．．．．．．．．．． [   ]

14 박식하고 성실한 인물이라 薦擧되어 벼슬을
얻었다. ．．．．．．．．．．．．．．．．． [   ]

15 "모두 한 마음 한 뜻으로 한 배를 타고 彼岸에
도달합시다." ．．．．．．．．．．．．．． [   ]

16 그가 교류한 사람들은 모두 당대의 영특한 俊
傑이었다. ．．．．．．．．．．．．．．． [   ]

17 그녀의 효행은 많은 사람들에게 龜鑑이 되었
다. ．．．．．．．．．．．．．．．．．．．． [   ]

18 언덕에 올라 바람을 맞으니 滯症이 가신 듯이
속이 후련하였다. ．．．．．．．．．．． [   ]

19 그는 잘못된 일을 조목조목 따지며 辨償을 요
구하였다. ．．．．．．．．．．．．．．． [   ]

20 조금도 머뭇거리지 않고 관련자들을 卽決 처
리하였다. ．．．．．．．．．．．．．．． [   ]

21 哀乞 [   ] **22** 畢竟 [   ]

23 基幹 [   ] **24** 囚械 [   ]

25 涯際 [   ] **26** 默契 [   ]

27 等輩 [   ] **28** 懲役 [   ]

29 漏濕 [   ] **30** 喪輿 [   ]

31 紫煙 [   ] **32** 貪廉 [   ]

33 咸池 [   ] **34** 輪郭 [   ]

35 樓閣 [   ] **36** 慙愧 [   ]

37 條項 [   ]　38 銀塊 [   ]

39 晩稻 [   ]　40 驚懼 [   ]

41 抽獎 [   ]　42 雙肩 [   ]

43 弘益 [   ]　44 姪婦 [   ]

45 莊嚴 [   ]

2 다음 漢字의 訓과 音을 쓰시오.

46~72번

46 墳 [   ]　47 兮 [   ]

48 秩 [   ]　49 矢 [   ]

50 侯 [   ]　51 租 [   ]

52 枕 [   ]　53 巡 [   ]

54 宇 [   ]　55 裳 [   ]

56 誰 [   ]　57 株 [   ]

58 沙 [   ]　59 央 [   ]

60 罷 [   ]　61 屢 [   ]

62 壬 [   ]　63 浮 [   ]

64 嫌 [   ]　65 郊 [   ]

66 剛 [   ]　67 旣 [   ]

68 頃 [   ]　69 偏 [   ]

70 徐 [   ]　71 泰 [   ]

72 玆 [   ]

3 다음 漢字語 중 첫 音節이 長音으로 발음되는 것의 번호를 쓰시오.

73~77번

73 ① 護衛　② 隱居　③ 吟誦　④ 支持
　　　　　　　　　　　　　　[   ]

74 ① 減裂　② 阿片　③ 講座　④ 稀釋
　　　　　　　　　　　　　　[   ]

75 ① 就航　② 私席　③ 森林　④ 相衝
　　　　　　　　　　　　　　[   ]

76 ① 元帥　② 獻花　③ 慈悲　④ 財貨
　　　　　　　　　　　　　　[   ]

77 ① 指環　② 强震　③ 裁斷　④ 揭揚
　　　　　　　　　　　　　　[   ]

4 다음 밑줄 친 漢字語를 漢字로 쓰시오.

78~90번

78 올해 5개년 종합 계획을 세우고 오늘부터 **시행**에 들어갔다. ……… [   ]

79 문학은 **허구**적인 상상력을 통하여, 현실을 재구성하고 구체적으로 그려낸다.
　　　　　　　　　　　　　[   ]

80 "아, 이 답답한 사람아, 그런 일은 **촌각**을 다퉈 설랑 대들어야지." ……… [   ]

81 "오래잖아 자네의 협조 **여부**가 내 목숨을 左右하게 될 걸세." ……… [   ]

82 **전제**가 틀리면 결론도 틀려지기 때문에 명제를 신중히 선택하여야 한다.
　　　　　　　　　　　　　[   ]

83 파란만장한 삶을 토대로 전개되는 **흥미**진진한 그의 얘기를 들을 수 있었다.
　　　　　　　　　　　　　[   ]

84 청산리 벽계수야 수이 감을 자랑 마라. … 명월이 **만공산**하니 쉬어 간들 어떠리.
　　　　　　　　　　　　　[   ]

85 이러한 현실은 우리나라 근대사를 **요약**적으로 보여주는 것이기도 하다. … [   ]

86 배우고 받아들인 것이 나의 것으로 살려질 때에 **사상**으로서의 의의를 가지게 된다.
　　　　　　　　　　　　　[   ]

87 정형시는 운율의 형식을 규칙적으로 지킨 시로, **전통**적인 시조가 대표적이다.
...... [   ]

88 제조업과 3차 산업 부문의 **취업** 인구가 증가할 것으로 예측된다. .... [   ]

89 그는 졸업한 뒤에 **전공**을 살릴 수 있는 직업을 갖고 싶어하였다. .... [   ]

90 문화원에서는 주민들을 위한 문화강좌와 역사문화**탐방**을 진행하였다. ... [   ]

91~100번

5 다음 [   ]안에 알맞은 漢字(正字)를 써넣어 四字成語를 완성하시오.

91 錦上添[   ] : 좋은 일 위에 또 좋은 일이 더하여짐.

92 [   ]枯盛衰 : 인생이나 사물의 번성함과 쇠락함이 서로 바뀜.

93 梁上[   ]子 : 도둑.

94 悠悠自[   ] : 속세를 떠나 아무 속박 없이 조용하고 편안하게 삶.

95 [   ]憤忘食 : 끼니까지도 잊을 정도로 일에 열중하여 노력함.

96 縱[   ]無盡 : 자유자재로 행동하여 거침이 없는 상태.

97 森[   ]萬象 : 우주에 있는 온갖 사물과 현상.

98 [   ]顔大笑 : 매우 즐거운 표정으로 활짝 웃음.

99 千篇一[   ] : 개별적 특성이 없이 모두 엇 비슷함.

100 [   ]齒腐心 : 몹시 분하여 이를 갈며 속을 썩임.

101~116번

6 다음 문장에서 밑줄 친 單語는 漢字로, 漢字語는 讀音을 쓰시오.

꿀벌 사회에서는 여왕벌과 수벌이 생식 기능을 **담당**[101]하고, 암컷이지만 생식 **능력**[102]이 없는 일벌은 **동족**[103]을 먹여 살리기 위해서 **平生**토록 일만 한다. 여왕벌이 낳은 알 중에서 **수정**[104]이 되지 않은 알에서는 수벌이 태어나고, 수정이 된 알에서는 암컷이 태어난다. 태어난 암컷은 여왕벌이 분비(分泌)하는 페로몬에 의해 난소 발달이 **抑制**[105]되어 생식 능력이 없는 일벌이 된다. 만약에 일벌이 생식이 **가능**[106]하여 **자손**[107]을 본다고 하는 경우 자손에게는 자신의 **유전자**[108]가 반만 **전달**[109]되는 데 비해, 한 여왕벌에게서 태어난 일벌 **자매**[110]는 유전자의 4분의 3이 같다. 그렇기 때문에 일벌은 자기 자손보다도 일벌 자매와 **혈연**[111]적으로 더 가깝다고 할 수 있다. 그래서 일벌은 자신이 직접 생식을 하기보다는 여왕벌이 낳은 자매를 열심히 키우고 **종족**[112]을 먹여 살리기 위해서 **평생**[113] 동안 일하는 편이 자신의 유전자와 同一한 유전자를 후손들에게 더 많이 전할 수 있다는 것이다. 즉, 일벌과 여왕벌의 分業 **조직**[114]인 꿀벌의 혈족 **보존**[115]이 더 有利하고 **效率**[116]적이라는 것이다.

－「서울대 공통 논술」中－

101 담당 [   ] 102 능력 [   ]

103 동족 [   ] 104 수정 [   ]

105 **抑制** [   ] 106 가능 [   ]

107 자손 [   ] 108 유전자[   ]

109 전달 [   ] 110 자매 [   ]

111 혈연 [   ] 112 종족 [   ]

113 평생 [   ] 114 조직 [   ]

115 보존 [   ] 116 **效率** [   ]

7 다음 漢字를 略字로 쓰시오. 117~121번

117 觀 - [   ]　118 雜 - [   ]

119 辭 - [   ]　120 續 - [   ]

121 圍 - [   ]

8 다음 漢字와 뜻이 反對 또는 相對되는 漢字(正字)를 써서 글 속의 漢字語를 완성하시오. 122~126번

122 합격자를 발표하자, 그야말로 [   ] 悲가 엇갈렸다.

123 4대에 걸쳐 열녀 정신을 지킨 姑[   ]를 기리기 위해 충렬문을 세웠다.

124 대리인이 권한을 부여받아 대신 [   ] 買계약을 체결하였다.

125 깊은 골짜기를 건너거나 起[   ]이 많은 산에 가공삭도를 설치하기로 하였다.

126 공동체 의식은 생산 활동과 [   ] 弔 활동 등을 통해서 두드러진다.

9 다음 漢字語의 反對語 또는 相對語를 쓰되 漢字(正字)로 쓰시오. 127~131번

127 承諾 ↔ [   ]　128 [   ] ↔ 緩行

129 短縮 ↔ [   ]　130 [   ] ↔ 閉鎖

131 容易 ↔ [   ]

10 다음 漢字와 뜻이 같거나 비슷한 漢字(正字)를 [   ]안에 써서, 글 속의 漢字語를 완성하시오. 132~136번

132 시험 [   ] 了를 알리는 종소리가 났다.

133 역사에 대한 認[   ]이 부족하였다.

134 그의 태도는 [   ] 怒를 자아내기에 충분했다.

135 도심지를 동서로 貫[   ]하는 간선 도로를 건설하였다.

136 공청회는 聽[   ]과 유사하면서도 주로 국민의 여론이나 전문가의 의견을 듣기 위한 제도이다.

11 다음 漢字의 部首를 쓰시오. 137~141번

137 鶴 - [   ]　138 亨 - [   ]

139 暢 - [   ]　140 乾 - [   ]

141 乘 - [   ]

12 다음 漢字語의 同音異義語를 漢字(正字)로 쓰되, 주어진 뜻풀이에 맞는 것으로 쓰시오. 142~146번

142 仲兄 - [   ] : 무거운 형벌.

143 刺激 - [   ] : 일정한 신분이나 지위.

144 詳述 - [   ] : 장사하는 재주나 꾀.

145 旅愁 - [   ] : 남은 수효.

146 遞減 - [   ] : 몸으로 감각을 느낌.

13 다음 漢字語의 뜻을 쓰시오. 147~150번

147 全般 : [   ]

148 半徑 : [   ]

149 頂點 : [   ]

150 解禁 : [   ]

한자능력검정시험

제**03**회

(사) 한국어문회 주관

합격문항 : 105문항
시험시간 : 60분
정　　답 : 188쪽

예상문제

01~45번

1 다음 漢字語의 讀音을 쓰시오.

1 그는 巧妙한 묘사와 통속적인 고전양식으로 인기를 얻었다. ………… [　　　]

2 단서를 찾지 못해 搜査에 어려움을 겪고 있다. …………………………… [　　　]

3 전문의에게 진료를 依賴하였다. …………………………… [　　　]

4 출하한 제품에 缺陷이 발생하여 판매를 중단하였다. …………………… [　　　]

5 오랜만에 스승을 拜謁하니 감개가 무량하였다. ………………………… [　　　]

6 '어쩌면 무모한 冒險을 하고 있는 것이 아닐까?'하는 생각이 들었다. ‥ [　　　]

7 자동차 運輸사업의 경영개선을 위한 연구를 발표하였다. ………… [　　　]

8 무분별한 산업화는 자연을 毀損하였다. …………………………… [　　　]

9 관계 기관에서는 철도 부설 예정지를 답사하여 測量하기 시작했다. ‥‥‥ [　　　]

10 바다 북쪽의 여러 부족을 討伐하여 영토를 확장하였다. …………… [　　　]

11 자신의 능력으로는 별 도움이 안 될 것이라고 謙讓하며 자리를 회피하였다.
…………………………… [　　　]

12 나라의 紀綱을 어지럽혔으나 조정에서는 관용을 베풀어 용서했다. ……… [　　　]

13 감독이 선수들을 督勵하였다.
…………………………… [　　　]

14 전동차의 고장으로 직장인들의 遲刻 사태가 벌어졌다. ………… [　　　]

15 생산자와 소비자를 媒介하는 광고의 역할이 확대되고 있다. ………… [　　　]

16 이 연구의 목적은 인간의 普遍적 법칙을 발견하는 데에 있다. ………… [　　　]

17 그는 모든 일가 간에 화목하게 지내 조금도 疏遠함이 없었다. ………… [　　　]

18 누군가의 제재가 없다면 상인들에게 자행되는 그들의 橫暴는 끝나지 않을 것이다.
…………………………… [　　　]

19 그는 작품에서 墮落한 인간 세계를 표현하였다. …………………… [　　　]

20 능선을 따라 泥巖으로 된 바위가 병풍처럼 있었다. …………………… [　　　]

21 葬儀 [　　　]　　22 螢案 [　　　]

23 忽然 [　　　]　　24 飽腹 [　　　]

25 廉恥 [　　　]　　26 菌絲 [　　　]

27 桑海 [　　　]　　28 習慣 [　　　]

29 遷移 [　　　]　　30 枝葉 [　　　]

31 視聽 [　　　]　　32 誘惑 [　　　]

33 乘務 [　　　]　　34 仰祝 [　　　]

35 賜藥 [　　　]　　36 憤敗 [　　　]

37 兔毫 [　　　]　　38 期限 [　　　]

39 納骨 [　　　]　　40 庚戌 [　　　]

41 看護 [   ] 42 含蓄 [   ]

43 漆器 [   ] 44 侵略 [   ]

45 排斥 [   ]

2 다음 漢字의 訓과 音을 쓰시오.   46~72번

46 劃 [   ] 47 奈 [   ]

48 又 [   ] 49 仲 [   ]

50 封 [   ] 51 憶 [   ]

52 俱 [   ] 53 梨 [   ]

54 幼 [   ] 55 浸 [   ]

56 屛 [   ] 57 幽 [   ]

58 洲 [   ] 59 芳 [   ]

60 卯 [   ] 61 桂 [   ]

62 劍 [   ] 63 析 [   ]

64 谷 [   ] 65 乎 [   ]

66 涯 [   ] 67 克 [   ]

68 誕 [   ] 69 井 [   ]

70 攝 [   ] 71 巳 [   ]

72 暫 [   ]

3 다음 밑줄 친 漢字語를 漢字로 쓰시오.   73~102번

73 그는 어렸을 때부터 그림에 **취미**가 많았다.
[   ]

74 누구나 **숙명**에 의해 정해진 삶을 살아갈 뿐이
다. [   ]

75 여행은 그의 일생에 커다란 **전기**를 마련해 주
었다. [   ]

76 한글은 우리 민족만이 가진 가장 소중한 **자산**
이다. [   ]

77 우리 문화의 **우수성**을 인식하고, 창달할 의지
를 가지도록 한다. [   ]

78 작품의 내용과 구조에 **유의**하면서, 작품이 가
지는 아름다움을 감상하였다.
[   ]

79 문화재를 보호하기 위해 박물관 곳곳에 **도난**
경보기를 설치하였다. [   ]

80 수입이 좋은 고학력자의 가정이 자녀에게 많
은 사교육비를 **지출**하는 것으로 나타났다.
[   ]

81 뉴스는 빨라야 하는 동시에 **정확**해야만 독자
의 신뢰를 얻을 수 있다. [   ]

82 국어를 제대로 모르고서 국문학을 이해하거나
창작하는 것은 불가능하다.
[   ]

83 부부는 서로를 이해하고 상대를 **배려**해야 한
다. [   ]

84 세종대왕은 박연을 발탁하여 전래의 **舊樂**을
정리하고, **혁신**하게 하였다.
[   ]

85 구조적인 문제를 해결할 방법론을 **강구**하는
노력이 필요하다. [   ]

86 작품에서 지은이가 말하려고 하는 **핵심**을 주
제라고 한다. [   ]

87 설명문은 자신의 주장을 조리 있게 **제시**하여
독자의 이해와 동조를 구하는 글이다.
[   ]

88 게으르지 않은 자아 **성찰**은 인격 도야에서 반
드시 요구되는 생활 태도이다.
[   ]

89 아무런 노력도 하지 않고 잘 되리라는 생각만
한다면 어두운 미래를 **초래**할 것이다.
[   ]

90 낡은 인습을 버리고 새로운 **제도**를 만들어, 보다 나은 문화생활을 창조하려고 하였다. ·················· [   ]

91 그해 여름에는 모기가 유난히 **극성**을 부렸던 것으로 기억한다. ············· [   ]

92 1억 원의 장학기금으로 마련된 장학금을 매년 **수여**해 왔다. ················· [   ]

93 문학작품을 읽으면서 삶을 이해하고, 풍요롭게 하는 자세를 **견지**해야 한다. ·················· [   ]

94 빛이 볼록 렌즈를 지날 때와 오목 렌즈를 지날 때의 **굴절**을 비교해 보았다. ·················· [   ]

95 일차적인 친족 관계를 활용하여 핵가족의 **고립**과 개인의 소외를 방지하여야 한다. ·················· [   ]

96 자율성은 성숙한 인간이 되기 위하여 추구해야 할 중요한 **지표**이다. ··· [   ]

97 계모와 **전실** 소생의 자녀 사이에 일어나는 미움과 시새움으로 작품을 엮었다. ·················· [   ]

98 단순한 명암이나 **명쾌**한 색채로써 대상을 간명하게 나타냈다. ············· [   ]

99 빈부격차는 불신 **풍조**를 더욱 부추기는 요인이 되었다. ················· [   ]

100 사회생활에 있어서 긍정적인 **복종**은 인간의 생존양식의 일부라고 할 수 있다. ·················· [   ]

101 인터넷에서는 보안을 유지하기 위해 **암호**방식이 적용되고 있다. ········ [   ]

102 "고정관념을 깨고 새로운 **관점**에서 바라보려고 노력해 봐." ················· [   ]

4 다음 漢字語는 뜻이 비슷한 漢字로 짝을 이룬 것이다. 빈칸을 漢字(正字)로 채워 넣으시오.

103~107번

103 난민들은 새로운 희망과 [   ] 흄에 들떠 있었다.

104 그들은 파견된 사신을 거절하고 외교관계를 斷[   ]하였다.

105 그의 음성에는 [   ]恨과 분노가 섞여 있었다.

106 삼국시대의 집자리와 墳[   ]가 분포하는 유적지를 발굴하였다.

107 백성들은 貧[   ]해진 데다가 자연재해에 더는 살아갈 의욕을 잃었다.

5 다음 漢字語 중 첫소리가 長音인 것을 가려 그 기호(㉮~㉲)를 쓰시오.

108~112번

보기 | ㉮ 訴訟 ㉯ 遊泳 ㉰ 罷場 ㉱ 曉鷄 ㉲ 徵兆
㉳ 脫俗 ㉴ 秒速 ㉵ 栽培 ㉶ 首班 ㉷ 賀禮
㉸ 逆攻 ㉹ 容認 ㉺ 浪說 ㉻ 拔群

108 [   ] **109** [   ]

110 [   ] **111** [   ]

112 [   ]

6 다음 漢字와 뜻이 反對 또는 相對되는 漢字를 [   ]안에 써넣어 지문에 어울리는 漢字語를 완성하시오.

113~117번

113 생필품의 균형 있는 需[   ]을 위해 노력하였다.

114 배우들은 관객들과 呼[   ]하며 분위기를 북돋았다.

115 회원들의 투표로 可[   ]를 결정했다.

116 문화는 개성의 차이로서 각기 특성이 있을
    뿐 [   ]劣은 없다.

117 직위의 고하와 신분의 [   ]賤을
    불문하고 오직 재능 위주로 선발하였다.

7 다음 漢字語와 뜻이 反對 또는 相對가 되도록 [ ]안에 漢字(正字)를 써 넣으시오.
118~122번

118 [   ]生 ↔ 消滅

119 洗[   ] ↔ 稚拙

120 [   ]約 ↔ 濫用

121 隆[   ] ↔ 陷沒

122 [   ]譽 ↔ 恥辱

8 다음 빈곳에 알맞은 漢字를 써넣어 四字成語를 完成하시오.
123~132번

123 會者定[   ] : 모든 것이 무상함.

124 金[   ]湯池 : 방어 시설이 잘되
    어 있는 성.

125 [   ]恭非禮 : 지나친 공손은 오히
    려 예의에 벗어남.

126 手不釋[   ] : 늘 글을 읽음.

127 乞人憐[   ] : 불행한 처지에 놓여
    있는 사람이 부질없이 행복한 사람을 동정함.

128 群雄割[   ] : 여러 영웅이 한 지
    방씩 차지하고 위세를 부림.

129 [   ]泥之差 : 서로 간의 차이가
    매우 심함.

130 同[   ]異夢 : 겉으로는 행동을
    같이 하면서도 속으로는 각각 딴생각을 하고
    있음.

131 貪[   ]汚吏 : 행실이 깨끗하지
    못한 관리.

132 公[   ]多忙 : 공적·사적인 일로
    매우 바쁨.

9 다음 漢字의 部首를 쓰시오.
133~137번

133 複 － [   ]　134 式 － [   ]

135 牽 － [   ]　136 鳴 － [   ]

137 般 － [   ]

10 다음 漢字語와 음은 같으나 뜻이 다른 漢字語를 뜻풀이에 맞게 쓰시오.(長短音 관계없이)
138~142번

138 斜徑 － [   ] : 죽을 지경.

139 捉囚 － [   ] : 일을 시작함.

140 傲氣 － [   ] : 잘못 기록함.

141 鄕愁 － [   ] : 화장품의 하나.

142 但只 － [   ] : 집단을 이루고
    있는 일정 구역.

11 다음 漢字語의 뜻을 쓰시오.
143~147번

143 追慕 : [   ]

144 倒置 : [   ]

145 吐露 : [   ]

146 陳腐 : [   ]

147 不得已 : [   ]

12 다음 漢字의 略字를 쓰시오.
148~150번

148 處 － [   ]　149 寫 － [   ]

150 對 － [   ]

예상문제

합격문항 : 105문항
시험시간 : 60분
정　답 : 189쪽

01~45번

1 　다음 漢字語의 讀音을 쓰시오.

01 그의 용기 있고 고상한 태도는 장내 騷亂을 진정시켰다. ···················· [　　　]

02 그는 외직으로 나가 邦畿의 관찰사를 지냈다. ······································ [　　　]

03 정부의 희망은 이내 실현성이 없는 꿈으로 霧散되었다. ···················· [　　　]

04 무선 네트워킹 장비는 서로 互換이 될 수 있도록 제조사들 간에 협력이 필요했다. ························· [　　　]

05 기습을 노렸던 적은 아군 측의 완강한 抵抗에 공격을 단념할 수 밖에 없었다. ····························· [　　　]

06 단절되어 버린 과거와의 脈絡을 이어 내려갈 수 있을 것만 같았다. ······ [　　　]

07 그는 통상 재판에 係累되어 있다. ············· [　　　]

08 학생들은 등록금 인상 凍結을 요구하였다. ······································ [　　　]

09 그는 정처 없이 세상을 漂浪하는 몸이 되었다. ···································· [　　　]

10 정당함을 내세워 즉시 受諾할 것을 요구하였다. ·································· [　　　]

11 그를 마주 대하면 자연스레 畏敬하는 마음이 일어났다. ······················· [　　　]

12 이름이 적혔을 법한 부분이 空欄으로 되어있다. ·································· [　　　]

13 인구가 도시로 집중되면서 환경이 汚染되는 등의 여러 가지 문제들이 나타나고 있다. ·················· [　　　]

14 그는 임금을 謁見하여 몇 가지 계책을 개진하였다. ······························ [　　　]

15 한동안 비밀히 그들의 행동을 廉探한 사실이 발각되었다. ·················· [　　　]

16 계속되는 暴炎으로 빙과류의 수요가 늘었다. ······································ [　　　]

17 조류 독감 발생으로 防疫 조치가 취해졌다. ······································ [　　　]

18 경찰은 음주운전 여부 등 정확한 사고 經緯를 조사하였다. ·················· [　　　]

19 회사가 債券을 발행하여 일반 공중으로부터 영세한 자금을 흡수하였다. ········· [　　　]

20 끊어질 듯 이어지는 애잔한 奚琴의 선율이 연주가 끝난 뒤에도 가슴을 울렸다. ············· [　　　]

21 旱毒 [　　] 　22 焉烏 [　　]

23 肝肺 [　　] 　24 配偶 [　　]

25 避雷 [　　] 　26 貫祿 [　　]

27 踏步 [　　] 　28 信賴 [　　]

29 拜啓 [　　] 　30 濫發 [　　]

31 憤慨 [　　] 　32 巖廊 [　　]

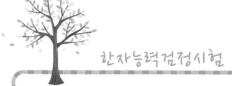
33 庶務 [	]	34 樂團 [	]
35 勸誘 [	]	36 傾倒 [	]
37 憫迫 [	]	38 肩輿 [	]
39 穀倉 [	]	40 讓渡 [	]
41 縣監 [	]	42 劣等 [	]
43 忍辱 [	]	44 熟眠 [	]
45 象牙塔 [	]		

46~72번

2 다음 漢字의 訓과 音을 쓰시오.

46 岸 [	]	47 惑 [	]
48 鳴 [	]	49 凡 [	]
50 燕 [	]	51 殊 [	]
52 鍊 [	]	53 慧 [	]
54 妻 [	]	55 漠 [	]
56 穴 [	]	57 祈 [	]
58 哲 [	]	59 付 [	]
60 汗 [	]	61 但 [	]
62 茶 [	]	63 伴 [	]
64 茂 [	]	65 枯 [	]
66 幣 [	]	67 栽 [	]
68 蒸 [	]	69 亭 [	]
70 狗 [	]	71 蔬 [	]
72 愈 [	]		

73~102번

3 다음 제시문의 밑줄 친 漢字語를 漢字(正字)로 쓰시오.

최근[73] 몇 년 사이에 북한에서는 연이은 **흉작**[74]과 자연 **재해**[75] 등으로 **식량**[76] 부족 **사태**[77]에 **직면**[78]하

고 있다는 소식이 계속 전해지고 있다. 이러한 사태는 북한의 주민을 굶주리게 하고, 우리에게 북한의 **체제**[79]가 붕괴될지도 모른다는 우려와 기대를 낳게 하였다. 최근에는 두만강변에 살던 일가족 등 17명이 **집단**[80]으로 북한을 **탈출**[81]해 온 사건이 우리의 **관심**[82]을 모으고 있다. 우리는 죽음을 무릅쓰고 광대한 중국 **대륙**[83]을 휘돌아 여기까지 온 그들을 따뜻하게 맞아들였으며, **정부**[84]에서도 그들이 행복한 삶을 살 수 있도록 **재정**[85]적 **지원**[86]을 하고 있다. 그러나 사회 일각에서는 우리 정부가 북한을 탈출해 오는 사람들을 도와주기에 앞서 현재 우리 사회 내부에 존재하는 가난하고 헐벗은 사람들에 대한 복지정책의 **수준**[87]을 더욱 높여야 한다는 **주장**[88]도 일고 있다.

- 서강대학교 논술고사 중 -

73 최근 [	]	74 흉작 [	]
75 재해 [	]	76 식량 [	]
77 사태 [	]	78 직면 [	]
79 체제 [	]	80 집단 [	]
81 탈출 [	]	82 관심 [	]
83 대륙 [	]	84 정부 [	]
85 재정 [	]	86 지원 [	]
87 수준 [	]	88 주장 [	]

농사 **기술**[89]이 **향상**[90]됨에 따라 농업 생산량이 크게 **증가**[91]하였다.

| 89 기술 [|] | 90 향상 [|] |
| 91 증가 [|] | | |

노조원 대부분이 **노사**[92] 간의 대표 **협상**[93] 결과를 **거부**[94]했다.

92 노사 [   ]   93 협상 [   ]

94 거부 [   ]

> 휴전 **회담**⁹⁵ 회의에서 양군 접촉선 **설정**⁹⁶에 관하여
> **최종**⁹⁷적인 협정에 **도달**⁹⁸했다.

95 회담 [   ]   96 설정 [   ]

97 최종 [   ]   98 도달 [   ]

> 국내외 우주개발 **환경**⁹⁹과 국가의 **전략**¹⁰⁰적, 공공
> 적 수요를 **고려**¹⁰¹하여 세 차례의 계획 **수정**¹⁰²이 있
> 었다.

99 환경 [   ]   100 전략 [   ]

101 고려 [   ]   102 수정 [   ]

103~107번

4 다음 漢字語와 흡은 같으나 뜻이 다른 漢字語를 뜻풀이에 맞게 쓰시오.

103 弔旗 − [   ] : 이른 시기. 이른
　　　　　　　　　　　　　때.

104 沙果 − [   ] : 잘못에 대하여 용서
　　　　　　　　　　　　　를 빎.

105 許久 − [   ] : 사실이 아닌 것을
　　　　　　　　　　　　　사실처럼 얽어
　　　　　　　　　　　　　만듦.

106 懷古 − [   ] : 지나간 일을 돌이켜
　　　　　　　　　　　　　생각함.

107 鑑賞 − [   ] : 하찮은 일에도 쓸쓸
　　　　　　　　　　　　　하고 슬퍼져서 마
　　　　　　　　　　　　　음이 상함.

108~110번

5 다음 漢字를 略字로 쓰시오.

108 彈 −[   ]   109 應 −[   ]

110 兒 −[   ]

111~120번

6 다음 빈칸에 알맞은 漢字(正字)를 써넣어, 제시된 뜻풀이에 어울리는 四字成語를 완성하시오.

111 [   ]蛇添足 : 쓸데없는 군짓을 하
여 도리어 잘못되게 함.

112 泰山北[   ] : 세상 사람들로부터
존경받는 사람.

113 身言書[   ] : 인물을 선발하는 데
표준으로 삼던 조건.

114 [   ]忍自重 : 마음속에 감추어 참
고 견디면서 몸가짐을 신중하게 행동함.

115 [   ]長補短 : 장점이나 넉넉한 것
으로 단점이나 부족한 것을 보충함.

116 咸興[   ]使 : 심부름을 가서 오
지 아니하거나 늦게 온 사람.

117 [   ]夢似夢 : 잠이 들지도 깨어나
지도 않은 어렴풋한 상태.

118 晚食[   ]肉 : 배가 고플 때는 무
엇을 먹든지 고기 맛과 같음.

119 拔山蓋[   ] : 힘은 산을 뽑을 만
큼 매우 세고 기개는 세상을 덮을 만큼 웅대함.

120 相扶相[   ] : 서로서로 도움.

121~125번

7 다음 漢字語 중에서 첫소리가 길게 발음되는 것을 골라 그 번호를 쓰시오.

121 ①能率　②還穀　③確認　④遵法
　　　　　　　　　　　　　　　　[   ]

122 ①聯盟　②弔旗　③黨員　④接境
　　　　　　　　　　　　　　　　[   ]

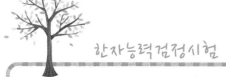

123 ① 貴賤　② 單幕　③ 優勢　④ 該博

　　　……………………………… [　　]

124 ① 傳送　② 營養　③ 壯士　④ 周圍

　　　……………………………… [　　]

125 ① 諸君　② 衰落　③ 架橋　④ 靈驗

　　　……………………………… [　　]

8 ———126~130번

다음 漢字와 뜻이 反對 또는 相對되는 漢字를 [　]안에 써넣어 지문에 어울리는 漢字語를 완성하시오.

126 피난민들 사이에 밀고 밀치는 맹렬한
昇 [　　　]이가 벌어졌다.

127 그는 밝은 식견과 굳은 절개로 이해와
禍 [　　　]의 길에 초연하였다.

128 조합원들에게 투표를 통해서 贊 [　　]
을 묻기로 하였다.

129 서울의 인왕산은 호랑이들의 [　　] 沒
로 유명한 지역이었다.

130 학생부에는 3년간의 학업 성적과 [　　]
怠 상황이 기록되어 있었다.

9 ———131~135번

다음 漢字語와 뜻이 反對 또는 相對가 되도록 [　]안에 漢字(正字)를 써 넣으시오.

131 模倣 ↔ [　　]　**132** [　　] ↔ 損失

133 個別 ↔ [　　]　**134** [　　] ↔ 形式

135 [　　] ↔ 嫌惡

10 ———136~140번

다음 漢字語는 뜻이 비슷한 漢字로 짝을 이룬 것이다. 빈칸을 漢字(正字)로 채워 넣으시오.

136 토지의 형세에 따라서 나라의 [　　]界를
정하였다.

137 광장에 모인 수만 群 [　　]이 새가 날아
가듯이 흩어졌다.

138 그는 작품에서 극한에 놓인 인간의 [　　]
獨한 실존을 형상화했다.

139 반란군의 일부는 산적 徒 [　　]이 되기도
하였다.

140 국민을 기만하던 독재정권은 결국 [　　]
實 앞에 무릎을 꿇고 말았다.

11 ———141~145번

다음 漢字의 部首를 쓰시오.

141 豪 - [　　]　**142** 寡 - [　　]

143 弄 - [　　]　**144** 夷 - [　　]

145 幹 - [　　]

12 ———146~150번

다음 漢字語의 뜻을 간단하게 쓰시오.

146 鴻圖 : [　　]

147 荣根 : [　　]

148 驅除 : [　　]

149 幾微 : [　　]

150 朔風 : [　　]

예상문제

합격문항 : 105문항
시험시간 : 60분
정　　답 : 191쪽

01~45번

1 다음 漢字語의 讀音을 쓰시오.

01 관복에는 벼슬과 품계에 따라 그에 맞는 **胸背**를 달았다. ……………… [　　　]

02 산등성이를 넘자 기울기가 비교적 **緩慢**한 평지가 나왔다. ……………… [　　　]

03 그들의 공연은 연일 **盛況**을 이루었다.
……………………………… [　　　]

04 그는 문장이 뛰어나고 응대를 잘하여 여러 나라에 사신으로 오가면서 **說客**으로 활약했다.
……………………………… [　　　]

05 사건 A가 일어날 **確率**을 p라 하면 사건 A가 일어나지 않을 **確率**은 1-p이다.
……………………………… [　　　]

06 여러 전란을 겪으면서 많은 문화재들이 **燒滅**되었다. ……………… [　　　]

07 그는 율려를 조정하여 시가를 입혀 **雅樂**을 진흥시켰다. ……………… [　　　]

08 그들은 구속되어 대법원에 상고심에 **繫留**된 상태이다. ……………… [　　　]

09 책의 마지막 부분에 **索引**을 붙여놓았다.
……………………………… [　　　]

10 유구한 과거에서 **連綿**하게 이어 오는 사회는 또 미래의 무궁한 세대에게 이어 나아갈 것이다. ……………… [　　　]

11 땅 밑으로 연결된 가스관이 **破裂**돼서 누출 사고가 발생하였다. ……… [　　　]

12 그녀는 **昭明**한 사람으로 집안의 온갖 대소사를 현명하게 처리했다. ……… [　　　]

13 전문가를 **招聘**하여 의견을 듣기로 하였다.
……………………………… [　　　]

14 선생은 **姿貌**가 단정하고 엄숙하여 희로를 얼굴빛에 나타내지 않았다. … [　　　]

15 승승장구하던 그는 대중의 주목을 받지 못하자 **極甚**한 상실감과 굴욕감을 느끼는 듯하였다. ……………… [　　　]

16 그는 정신적 지도자로서 교육과 **啓蒙**에 많은 공헌을 하였다. ……………… [　　　]

17 예로부터 여름의 삼복에는 시원한 정자를 찾아 **納涼**을 즐겼다. ………… [　　　]

18 산봉우리는 **雲霧**에 가려져 천상에 두둥실 떠 있었다. ……………… [　　　]

19 사립 쓰고 낚싯대를 든 **漁翁**이 조각배를 띄우고 앉아 있다. ……………… [　　　]

20 창호 밖으로 **稀微**한 불빛이 새어 나왔다.
……………………………… [　　　]

21 叛亂 [　　　]　**22** 數脈 [　　　]

23 割耕 [　　　]　**24** 疏忽 [　　　]

25 迎賓 [　　　]　**26** 翼贊 [　　　]

27 兩傍 [　　　]　**28** 殆半 [　　　]

29 肥壤 [　　　]　**30** 抑揚 [　　　]

31 誕辰 [　　　]　**32** 脅迫 [　　　]

33 遞減 [　　　]　**34** 抵觸 [　　　]

35 蜂蜜 [   ]　　36 恕諒 [   ]

37 杯盤 [   ]　　38 秒針 [   ]

39 閏朔 [   ]　　40 管掌 [   ]

41 卿相 [   ]　　42 征伐 [   ]

43 逐出 [   ]　　44 獻血 [   ]

45 於此彼[   ]

2 다음 漢字의 訓과 音을 쓰시오.

46~75번

46 森 [   ]　　47 鹿 [   ]

48 輝 [   ]　　49 汝 [   ]

50 瓦 [   ]　　51 遵 [   ]

52 館 [   ]　　53 浴 [   ]

54 仰 [   ]　　55 阿 [   ]

56 眉 [   ]　　57 侮 [   ]

58 磨 [   ]　　59 譜 [   ]

60 宙 [   ]　　61 矣 [   ]

62 寬 [   ]　　63 須 [   ]

64 暑 [   ]　　65 鴻 [   ]

66 凝 [   ]　　67 芽 [   ]

68 畜 [   ]　　69 托 [   ]

70 腦 [   ]　　71 操 [   ]

72 坐 [   ]　　73 軒 [   ]

74 著 [   ]　　75 廢 [   ]

3 다음 밑줄 친 漢字語를 漢字로 쓰시오.

76~91번

76 그곳에는 고풍스레 보이는 **한옥**이 자리하고
　　있었다. ·························· [   ]

77 나는 그의 청탁을 **과감**하게 떼어 버렸다.
　　···································· [   ]

78 그는 개신교에서 가톨릭으로 **개종**하였다.
　　···································· [   ]

79 "귀신도 감복하여 너의 **소원**을 들어줄 것이
　　다." ······························· [   ]

80 고통을 호소하는 환자에게 진통제를 **투여**하
　　였다. ····························· [   ]

81 적의 공세에 대비하여 **증원** 병력을 요구하였
　　다. ································ [   ]

82 그의 말을 **도통** 알아들을 수가 없었다.
　　···································· [   ]

83 김유신은 삼국통일의 **위업**을 이루었다.
　　···································· [   ]

84 그는 학자가 될 **자질**을 타고났다.
　　···································· [   ]

85 인명 **경시** 풍조는 각박한 사회를 만든다.
　　···································· [   ]

86 제도적으로 허용되는 항목을 **열거**하였다.
　　···································· [   ]

87 새로운 기술이 **적용**되면 생산이 늘어날 것으
　　로 기대하고 있다. ············ [   ]

88 그곳은 열악한 시설과 **낙후**된 환경으로 인해
　　명맥만 유지하고 있는 실정이다.
　　···································· [   ]

89 막연하나마 자기의 장래에 대해서 **지향**하는
　　바가 있었다. ··············· [   ]

90 자기의 불우에 대한 울분을 푸는 것으로 **위안**
　　을 삼고자 하였다. ············ [   ]

91 개방화 조치로 우리의 농산물과 외국의 농산
　　물 경쟁이 **불가피**하다. ····· [   ]

4 다음 문장에서 밑줄 친 單語는 漢字로, 漢字語는 讀音을 쓰시오.

92~107번

사색(四色) **당쟁**⁹²의 소용돌이 속에서 임진왜란과 **丙子胡亂**⁹³의 **수난**⁹⁴을 겪고 나자 朝鮮에선 思想的인 變化가 일기 시작했다. 朝鮮 王朝가 국가 根本 **이념**⁹⁵으로 표방(標榜)한 유교의 **관념**⁹⁶적인 이론이 **漸次**⁹⁷로 자취를 감추게 되고 실질적인 思想, 즉 **실학**⁹⁸의 새 바람이 불기 시작했다. **보수파**⁹⁹들의 **공리공론**¹⁰⁰을 과감히 一蹴하고 人生論에 대두(擡頭)되는 모든 思想을 실제 문제에 **결부**¹⁰¹시켜 해결짓자는 실학思想이 發興되고 학파를 形成하는 단계에 이르게 된 것이다. (中略)

실사구시¹⁰²란 말은 **고증**¹⁰³학에서 出發하여 中國 淸朝를 거쳐 우리나라의 영·정조 시대에 그 **사조**¹⁰⁴와 함께 **유입**¹⁰⁵되었는데, 當時의 학자들은 이것을 學問 最高의 道라고 간주(看做)하였다. 그러나 실사구시는 영·정조 시대에 있어서 현실 變革的인 意味를 갖게 되었고, 그것은 복종의 사회로부터 현실 **자각**¹⁰⁶ 時代로 發展하는 自體的 **成熟**¹⁰⁷과 서구(西歐) 文化의 影響으로 말미암아 社會思想에 一帶 變革의 氣運이 始作된 까닭이다.

―「실학사상의 배경」中 ―

92 당쟁 [　　] 93 丙子胡亂 [　　]
94 수난 [　　] 95 이념 [　　]
96 관념 [　　] 97 漸次 [　　]
98 실학 [　　] 99 보수파 [　　]
100 공리공론 [　　] 101 결부 [　　]
102 실사구시 [　　] 103 고증 [　　]
104 사조 [　　] 105 유입 [　　]
106 자각 [　　] 107 成熟 [　　]

5 다음 漢字語와 音은 같으나 뜻이 다른 漢字語를 뜻풀이에 맞게 쓰시오.

108~112번

108 將帥 ―[　　] : 종이나 유리 따위의 수효.
109 起源 ―[　　] : 연대를 계산하는 데에 기준이 되는 해.
110 周圍 ―[　　] : 으뜸가는 자리.
111 腐談 ―[　　] : 의무나 책임을 짐.
112 桑戶 ―[　　] : 상인이 영업할 때에 쓰는 이름.

6 다음 漢字를 略字로 쓰시오.

113~115번

113 覽 ―[　　] 114 錄 ―[　　]
115 聲 ―[　　]

7 다음 漢字語의 뜻을 쓰시오.

116~120번

116 享年 : [　　]
117 瞬間 : [　　]
118 端緒 : [　　]
119 蘇生 : [　　]
120 秋毫 : [　　]

8 다음 漢字語 중에서 첫소리가 길게 발음되는 것을 골라 그 번호를 쓰시오.

121~125번

121 ①應試 ②催淚 ③牧童 ④隱語
[　　]

제**05**회 예상문제　85

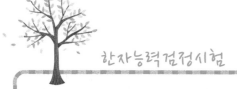
122 ① 督率　② 演技　③ 珍貴　④ 姻戚
.... [　　　　]

123 ① 原盤　② 旅行　③ 橫禍　④ 養護
.... [　　　　]

124 ① 證券　② 浮標　③ 影響　④ 強敵
.... [　　　　]

125 ① 嚴禁　② 姿態　③ 差異　④ 宣布
.... [　　　　]

126~130번

9 다음 漢字와 뜻이 反對 또는 相對되는 漢字를 [　]안에 써넣어 지문에 어울리는 漢字語를 완성하시오.

126 인간관계에서는 선악의 기준에, 예술 활동에서는 [　　　　]醜의 판단에 각각 영향을 끼친다.

127 재판과정에서 정치적·법률적 체제 攻[　　　　]이 치열하게 전개되었다.

128 이번 일에는 [　　　　]益을 논할 만한 것이 없다.

129 색에 대한 冷[　　　　]의 느낌은 명도나 채도보다는 색상에 의해 좌우되는 것이다.

130 오늘날 세계 각국은 국제 [　　　　]支의 균형을 정책과제로 삼고 있다.

131~135번

10 다음 單語의 反義語를 漢字로 쓰시오.

131 抽象 ↔ [　　　] 　132 [　　　] ↔ 理性

133 革新 ↔ [　　　] 　134 [　　　] ↔ 惡評

135 繁忙 ↔ [　　　]

136~140번

11 다음 漢字語는 뜻이 비슷한 漢字로 짝을 이룬 것이다. 빈칸을 漢字(正字)로 채워 넣으시오.

136 이윤의 일부를 [　　　　]積하여 생산에 투입하면 생산의 규모는 더욱 커져서 이윤은 증가한다.

137 그는 잘못된 점을 銳[　　　　]하게 지적하였다.

138 적군은 추위와 굶주림에 지쳐 [　　　　]却하지 않을 수 없었다.

139 인종적 차이와 유전적 영향에 의하여 [　　　　]髮의 색은 흑색이나 갈색에서 금발까지 매우 다양하다.

140 장군은 장계와 함께 승리의 報[　　　　]를 임금께 올렸다.

141~145번

12 다음 漢字의 部首를 쓰시오.

141 庶 - [　　　] 　**142** 蒙 - [　　　]

143 罔 - [　　　] 　**144** 衝 - [　　　]

145 丘 - [　　　]

146~150번

13 다음 成語를 完成할 수 있도록 [　]안에 알맞은 漢字를 써넣으시오.

146 我田[　　　　]水 : 자기에게만 이롭게 되도록 생각하거나 행동함.

147 [　　　　]終一貫 : 처음부터 끝까지 한결 같이 함.

148 浩[　　　　]之氣 : 하늘과 땅 사이에 가득 찬 넓고 큰 원기.

149 [　　　　]身揚名 : 출세하여 이름을 세상에 떨침.

150 感慨無[　　　　] : 마음속에서 느끼는 감동이나 느낌이 끝이 없음.

예상문제

합격문항 : 105문항

시험시간 : 60분

정 답 : 192쪽

1 다음 漢字語의 讀音을 쓰시오.

01~45번

01 마음을 수렴하여 굳게 진정시킨다면 <u>邪念</u>은 저절로 들어오지 못하게 될 것이다.
.... [   ]

02 그의 시는 <u>韻致</u>가 더할 수 없이 맑아서 길이 전할 만하다. .... [   ]

03 궁인 무비도 <u>官婢</u>로서 왕의 사랑을 받았다.
.... [   ]

04 적들은 달콤한 말로 유혹하며 <u>投降</u>할 것을 권하였다. .... [   ]

05 임금이 서쪽으로 <u>播越</u>하자, 백성들은 교외에 나아가 통곡하였다. .... [   ]

06 군졸 몇 명을 성문 밖 가까이에 <u>埋伏</u>하도록 명하였다. .... [   ]

07 현행범은 누구든지 영장 없이 <u>逮捕</u>할 수 있다. .... [   ]

08 금석문을 <u>拓本</u>하여 책으로 발간하였다.
.... [   ]

09 군사들에게 전투 의욕을 <u>鼓吹</u>하였다.
.... [   ]

10 그림 속의 산은 정상이 <u>尖峰</u>이고 기암괴석으로 덮여 있었다. .... [   ]

11 경찰은 흉악범을 <u>懸賞</u> 수배하였다.
.... [   ]

12 그의 주장은 시대에 뒤떨어진 <u>陳腐</u>한 이론에 지나지 않았다. .... [   ]

13 "오동에 달 오르고 <u>楊柳</u>에 바람일제."
.... [   ]

14 그의 예술 <u>槪論</u>은 미학과 예술철학까지 포괄하였다. .... [   ]

15 대중에게 전파되는 <u>振幅</u>도 넓었다.
.... [   ]

16 외적으로 <u>妥當</u>한 연구는 실생활에 일반화 될 수 있다. .... [   ]

17 "오늘 미진한 정을 <u>暢敍</u>하시기 바랍니다."
.... [   ]

18 그들은 자기들의 욕심만을 채우려고 <u>狂奔</u>하였다. .... [   ]

19 교외에는 오래된 주택가와 <u>遺緖</u> 깊은 건물이 많다. .... [   ]

20 해외여행을 하려고 우리 돈을 달러로 <u>換拂</u>하였다. .... [   ]

21 巧辯 [   ] **22** 奴隸 [   ]

23 懇祈 [   ] **24** 暴騰 [   ]

25 容恕 [   ] **26** 省悟 [   ]

27 鍊鋼 [   ] **28** 詐稱 [   ]

29 賦役 [   ] **30** 胸像 [   ]

31 幕府 [   ] **32** 洞徹 [   ]

33 淺薄 [   ] **34** 虎符 [   ]

35 岳父 [   ] **36** 乾坤 [   ]

37 閱覽 [   ] **38** 毀折 [   ]

39 富裕 [   ] **40** 漂船 [   ]

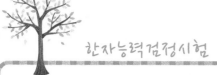

41 疫疾 [   ] 42 浪說 [   ]

43 淚液 [   ] 44 寡默 [   ]

45 羅針盤[   ]

46～72번

2 다음 漢字의 訓과 흡을 쓰시오.

46 唐 [   ] 47 寅 [   ]

48 厥 [   ] 49 余 [   ]

50 慕 [   ] 51 徒 [   ]

52 蛇 [   ] 53 稿 [   ]

54 喪 [   ] 55 架 [   ]

56 紛 [   ] 57 距 [   ]

58 享 [   ] 59 騎 [   ]

60 梅 [   ] 61 廟 [   ]

62 召 [   ] 63 塔 [   ]

64 蒼 [   ] 65 殊 [   ]

66 于 [   ] 67 冠 [   ]

68 抱 [   ] 69 媒 [   ]

70 微 [   ] 71 詳 [   ]

72 耶 [   ]

73～96번

3 다음 제시문의 밑줄 친 漢字語를 漢字(正字)로 쓰시오.

73 양측은 현안을 빠른 시일 내에 **협상**하여 처리하기로 하였다. ················ [   ]

74 한 분야의 개척자로서 40여 년간 **강단**에서 많은 후학을 배출하였다. ····· [   ]

75 많은 독자층을 확보하기 위해 대중의 **취향**과 영합했다. ················ [   ]

76 방 안은 여전히 **암흑**에 침적하였다.
················ [   ]

77 그들은 참았던 **분통**을 터뜨렸다.
················ [   ]

78 군중들은 만세를 부르며 **환성**을 울렸다.
················ [   ]

79 아무리 생각해보아도 별 **묘안**이 떠오르지 않는다. ················ [   ]

80 글 속에는 글쓴이의 지식이나 **경험**이 녹아 있다. ················ [   ]

81 신임 외국 대사가 대통령을 **예방**해 환담을 나누었다. ················ [   ]

82 프로농구가 개막하면서 각 **구단**은 외국인 선수를 기용하였다. ·············· [   ]

83 그 안건은 유엔 총회에서 만장일치로 **채택**되었다. ················ [   ]

84 일간지마다 사회 문제를 **비중** 있게 다루고 있다. ················ [   ]

코미디언들은 사건을 전개시키는 **상황**[85]극인 **촌극**[86]이나 시트콤을 통해 웃음을 전달하기도 한다.

85 상황 [   ] 86 촌극 [   ]

학생의 의사와 **자질**[87]을 조직적으로 관찰하여 진로 **지도**[88]에 반영하기로 하였다.

87 자질 [   ] 88 지도 [   ]

선생께서는 겸손하고 **간략**[89]함을 낙으로 삼으면서 스스로 삼가서 유독 **엄숙**[90]하셨다.

89 간략 [   ] 90 엄숙 [   ]

사회복지 시설에 **적극**[91]적인 **시혜**[92]를 확대하고 있다.

91 적극 [   ]   92 시혜 [   ]

배열[93]된 **규칙**[94]을 알면 다음에 올 모양이나 수를 알 수 있다.

93 배열 [   ]   94 규칙 [   ]

인류의 진보를 위해서 계몽을 통해 무지와 미신을 **타파**[95]할 것을 **주장**[96]하였다.

95 타파 [   ]   96 주장 [   ]

97~101번

4 다음 漢字語와 音은 같으나 뜻이 다른 漢字語를 뜻풀이에 맞게 쓰시오.

97 疑懼 - [   ] : 옛날 그대로 변함이 없음.

98 斜斷 - [   ] : 일의 실마리.

99 嘗味 - [   ] : 좋은 점을 높이 칭찬함.

100 氣像 - [   ] : 잠자리에서 일어남.

101 扶助 - [   ] : 날씨나 건강 상태가 고르지 못함.

102~104번

5 다음 漢字를 略字로 쓰시오.

102 稱 - [   ]   103 邊 - [   ]

104 豫 - [   ]

105~120번

6 다음 문장에서 밑줄 친 單語는 漢字로, 漢字語는 讀音을 쓰시오.

흔히 쓰이는 **수사**[105]적 표현이나 인사말, **구호**[106]나 **표어**[107] 등처럼 오랜 기간 동안 여러 사람들에 의해 버릇처럼 쓰여 굳어지고 정형화된 말을 '상투적인 말' 또는 '버릇 말'이라 하는데 **자체**[108]가 **부정**[109]적인 느낌을 줄 뿐 아니라, '상투적인 말'이 **濫用**[110]될 때에는 말하는 이의 마음이 뒤따르지 않는 일이 잦으며 어떠한 말이라도 본래의 뜻이나 말하는 이의 마음을 옹글게 담지 못한 채 '속이 빈 말'이나 '마음에 없는 말' 또는 '입에 발린 말'로 쓰일 **경우**[111]에는 상투적인 말로 굳어져 쓰이는 일이 많은 부정적 **요소**[112]를 가지고 있다. 그러나 상투적인 **激勵**[113]의 말이나 하나의 **座右銘**[114], 사회적 캠페인의 슬로건 등이 우리의 의식을 일깨워 주고 행동을 바람직한 방향으로 이끌기도 한다. 즉, 상투적인 말은 사회적 **합의**[115]를 갖는다. 이러한 언어 현상이 왜 생기는가, 또한 상투적인 말이 사회에 어떠한 **影響**[116]을 끼치게 되는가를 살펴봄으로써, 그 **배경**[117]에 깔려 있는 우리 사회의 **特徵**[118]을 **이해**[119]하는 실마리를 찾을 수도 있는 **肯定**[120]적인 면이 있다.

105 수사 [   ]   106 구호 [   ]

107 표어 [   ]   108 자체 [   ]

109 부정 [   ]   110 濫用 [   ]

111 경우 [   ]   112 요소 [   ]

113 激勵 [   ]   114 座右銘 [   ]

115 합의 [   ]   116 影響 [   ]

117 배경 [   ]   118 特徵 [   ]

119 이해 [   ]   120 肯定 [   ]

121~125번

7 다음 漢字語 중에서 첫소리가 길게 발음되는 것을 골라 그 번호를 쓰시오.

121 ① 觀測 ② 送信 ③ 難治 ④ 印畫

[   ]

122 ①細胞 ②糧食 ③抑壓 ④表彰
.... [　　　]

123 ①餘波 ②裁判 ③適材 ④費用
.... [　　　]

124 ①頻度 ②筆寫 ③否認 ④陷落
.... [　　　]

125 ①陣法 ②柱聯 ③誤算 ④專攻
.... [　　　]

126~130번

8 다음 漢字와 뜻이 反對 또는 相對되는 漢字를 [　]안에 써넣어 지문에 어울리는 漢字語를 완성하시오.

126 갈등을 빚어온 [　　　]使가 합의안에 서명하였다.

127 진리와 진실은 유무나 [　　　]滅 등의 모든 상대적 대립과 분별을 초월하는 것이다.

128 세계는 미래의 [　　　]怨 관계보다는 지금 당장 자국의 이익을 실현하기 위해 혈안이 되어 있다.

129 그들은 만나기만 하면 티격태격 是 [　　　]가 그치질 않았다.

130 그는 득실이나 [　　　]辱으로 인해 지조를 바꾼 적이 없었다.

131~135번

9 다음 單語의 反義語를 漢字로 쓰시오.

131 上昇 ↔ [　　　] 132 [　　　] ↔ 減退

133 人造 ↔ [　　　] 134 [　　　] ↔ 紅塵

135 劣惡 ↔ [　　　]

136~140번

10 다음 漢字語는 뜻이 비슷한 漢字로 짝을 이룬 것이다. 빈칸을 漢字(正字)로 채워 넣으시오.

136 산간지방의 전형적인 가옥 [　　　]造 형식이다.

137 교육적 효과를 考 [　　　]한 프로그램이다.

138 달을 보고 한 해의 [　　　]康을 기원하였다.

139 도회지 소시민의 삶을 素 [　　　]하게 그렸다.

140 사건을 루 [　　　]하고 정당하게 처리하도록 당부하였다.

141~145번

11 다음 漢字의 部首를 쓰시오.

141 奈 － [　　　]　142 奪 － [　　　]

143 被 － [　　　]　144 輝 － [　　　]

145 麻 － [　　　]

146~150번

12 다음 成語를 完成할 수 있도록 [　]안에 알맞은 漢字를 써넣으시오.

146 白 [　　　] 難忘 : 큰 은혜나 덕을 입었을 때 고마움을 표시하는 말.

147 自我 [　　　] 現 : 잠재되어 있던 자아의 본질을 완전히 실현하는 일.

148 識字憂 [　　　] : 학식이 있는 것이 오히려 근심을 사게 됨.

149 [　　　] 顏無恥 : 뻔뻔스러워 부끄러움이 없음.

150 [　　　] 手無策 : 어찌할 도리가 없어 꼼짝 못함.

한자능력검정시험

제 07 회

(사) 한국어문회 주관

합격문항 : 105문항
시험시간 : 60분
정　　답 : 194쪽

예상문제

01~45번

1 다음 漢字語의 讀音을 쓰시오.

1 깎아지른 절벽이 있는 높은 곳에 원시적 要塞를 구축하였다. ……………… [　　　　]

2 그는 뜻을 세워 일을 처리하는 데 禍福과 이해에 따라 흔들리거나 꺾이지 않았다.
……………………………… [　　　　]

3 협상이 妥結된 데 대하여 양측은 환영과 기대감을 나타냈다. …………… [　　　　]

4 하룻밤을 묵게 된 因緣으로 그곳에 눌러앉고 말았다. …………………… [　　　　]

5 비행기는 이륙할 때 가장 많은 負荷가 걸린다. …………………………… [　　　　]

6 철도와 橋梁의 파괴로 수송에도 혼란을 가져왔다. ………………………… [　　　　]

7 식사를 할 때, 어른이 먼저 드신 뒤에 하게 하는 것은 辭讓의 미덕을 가르치는 것이다.
……………………………… [　　　　]

8 석탄산업이 차츰 斜陽길로 접어들자 폐광이 잇달았다. …………………… [　　　　]

9 제국의 崩壞는 보통 황제들이 영향력을 충분히 발휘하지 못한 데서 기인한다.
……………………………… [　　　　]

10 선원들은 인질로 장기간 抑留 생활을 하다가 무사히 본국으로 귀환하였다.
……………………………… [　　　　]

11 해적들의 출현이 頻繁하여 이에 대비한 방어 시설을 구축하였다. ……… [　　　　]

12 폭발 당시의 물리적 衝擊으로 인해 건물에 금이 갔다. …………………… [　　　　]

13 경제 제일주의에서 비롯된 인간경시·황금만능의 풍조를 慨歎하였다.
……………………………… [　　　　]

14 우리들의 실수를 指摘하며 분발을 촉구했다.
……………………………… [　　　　]

15 자기의 잘못을 다시금 뉘우칠 때마다 그는 悔恨의 눈물을 흘렸다. ……… [　　　　]

16 이번 일은 관계자 이외에 아무도 모르게 隱密하게 추진되었다. ………… [　　　　]

17 그에게서는 죽음을 超越한 도인다운 풍모가 내비치고 있었다. ………… [　　　　]

18 그는 사람으로서는 할 수 없고 해서도 안 되는 禽獸와 같은 일을 저질렀다.
……………………………… [　　　　]

19 멋대로 사원을 지어 濫造에 따른 양적 확대를 경계하였다. ……………… [　　　　]

20 그녀는 상대방의 傲慢한 말투에 개의치 않고 조용히 말했다. …………… [　　　　]

21 豊富 [　　　　]　**22** 謝恩 [　　　　]

23 瓦器 [　　　　]　**24** 蜂蝶 [　　　　]

25 疏漏 [　　　　]　**26** 迷夢 [　　　　]

27 蒸發 [　　　　]　**28** 添削 [　　　　]

29 粟米 [　　　　]　**30** 災厄 [　　　　]

31 廉潔 [　　　　]　**32** 罷宴 [　　　　]

33 肯諾 [　　　　]　**34** 侍從 [　　　　]

35 邪惡 [   ]　　36 看過 [   ]

37 修飾 [   ]　　38 述懷 [   ]

39 痛哭 [   ]　　40 配匹 [   ]

41 欄干 [   ]　　42 藍碧 [   ]

43 歸還 [   ]　　44 替換 [   ]

45 黑鉛 [   ]

2 다음 漢字의 訓과 音을 쓰시오.　　46~72번

46 昔 [   ]　　47 裏 [   ]

48 昏 [   ]　　49 版 [   ]

50 寧 [   ]　　51 鹽 [   ]

52 縱 [   ]　　53 苗 [   ]

54 嘗 [   ]　　55 皆 [   ]

56 嶺 [   ]　　57 云 [   ]

58 妄 [   ]　　59 詞 [   ]

60 何 [   ]　　61 僅 [   ]

62 娛 [   ]　　63 訂 [   ]

64 伯 [   ]　　65 愁 [   ]

66 掛 [   ]　　67 蓮 [   ]

68 胃 [   ]　　69 抄 [   ]

70 司 [   ]　　71 譽 [   ]

72 豈 [   ]

3 다음 제시문의 밑줄 친 漢字語를 漢字(正字)로 쓰시오.　　73~102번

73 비법은 아버지로부터 아들에게 **전수**되었다.
　　……………………… [   ]

74 국민 모두에게는 **납세**의 의무가 있다.
　　………………………… [   ]

75 자치단체는 빈민에 대하여 **구제**사업을 펼쳤다. ……………………… [   ]

76 독자에게 전하는 정보는 **추론** 과정이 논리적으로 정연해야 신뢰를 얻을 수 있다.
　　………………………… [   ]

77 교육으로 나라를 일으켜야 한다는 것은 그의 **확고부동**한 신념이었다. … [   ]

78 현자들은 근검한 생활태도를 지상의 미덕으로 삼았고, 또 고행을 **자초**하기도 하였다.
　　………………………… [   ]

79 가장 확실한 안전보장의 길에 이르는 **수단**과 첩경은 경제의 힘을 키우는 것이다.
　　………………………… [   ]

80 대한민국 임시 정부는 독립운동의 **구심점** 역할을 하였다. ……………… [   ]

81 그는 어려운 **여건** 속에서도 좌절하지 않고 학업에 열중하였다. ………… [   ]

82 국가는 국민의 권리를 보장해 주고 국민 행복의 **증진**에 힘을 쏟아야 한다.
　　………………………… [   ]

83 한 조상의 언어에서 갈라져 나온 것으로 증명된 언어들은 서로 **계통**이 같다.
　　………………………… [   ]

84 자신의 실력이 아닌 간판이나 배경을 **등용**의 수단으로 삼아서는 안 된다.
　　………………………… [   ]

85 우리 기업은 생산성을 높이고 **국제** 경쟁력을 강화해야 한다. …………… [   ]

86 그곳은 새들의 먹이가 많아 각종 철새들이 **군락**을 이룬다. ……………… [   ]

87 전체회의를 열어 총 6개 사업자를 **선정**키로 했다고 밝혔다. ……………… [   ]

88 그는 단식과 복식을 **석권**하며 2관왕에 올라 진한 감동을 남겼다. ……… [   ]

89 우리가 **의의**를 가지고 즐겁게 일할 때, 그 일은 능률적이 될 것이다. … [   ]

90 연극은 등장인물의 수나 시간적, 공간적 배경 등에 많은 **제한**을 받는다.
　　……………………………… [   ]

91 같은 정형시이나 중국의 **漢詩**에 비해, 시조는 글자 수에 상당한 자유를 **허용**한다.
　　……………………………… [   ]

92 그의 품위 있는 행동과 늠름한 **기상**에 눌려 좌중은 숙연해졌다. ………… [   ]

93 그를 대하면 타락하고 **속물**근성에 찌든 인간의 모습을 보는 것 같다.
　　……………………………… [   ]

94 최근엔 그 수가 퍽 **감소**되어 거의 멸종 위기에 있다. ……………………… [   ]

95 우리 시대는 다양성과 가능성이 한데 어울려 있는 **공존**의 시대이다. …… [   ]

96 우리의 전통 문화를 **계승**·발전시켜야 한다는 주장이 크게 일고 있다. … [   ]

97 한자는 시간과 공간을 초월한 문자로 시각성, 조어력, **축약력**의 면에서 우수하다.
　　……………………………… [   ]

> **성리학**[98]적 공부를 현실에 적용하는 방향으로 **수정**[99]되어야 함을 강조하였다.

98 성리학 [   ]　99 수정 [   ]

> **근로**[100] 조건의 **기준**[101]을 정함으로써 근로자의 기본적 생활을 **보장**[102]하고, 향상시키며 균형 있는 국민 경제 발전을 목적으로 한다.

100 근로 [   ]　101 기준 [   ]

102 보장 [   ]

4 　103~107번
다음 漢字語는 뜻이 비슷한 漢字로 짝을 이룬 것이다. 빈칸을 漢字(正字)로 채워 넣으시오.

103 산 아래에 진을 치고 군사들을 休 [   ] 하게 하였다.

104 위부터 [   ]範을 보이면 아래는 자연히 따를 것이다.

105 각 분야의 전문가들이 硏 [   ]에 참여하였다.

106 가슴이 텅 빈 것처럼 空 [   ]하게 느껴졌다.

107 그의 작품에 대하여 예리한 批 [   ]을 하였다.

5 　108~112번
다음 漢字語 中 첫소리가 長音인 것을 가려 그 기호(㉮~㉵)를 쓰시오.

> 보기　㉮ 媒體　㉯ 洗腦　㉰ 受侮　㉱ 陰謀　㉲ 薦擧
> 　　　㉳ 是非　㉴ 廷爭　㉵ 探索　㉶ 吏讀　㉷ 貪慾
> 　　　㉸ 領事　㉹ 凍傷　㉺ 精誠　㉻ 需要

108 [   ]　109 [   ]

110 [   ]　111 [   ]

112 [   ]

6 　113~117번
다음 漢字와 뜻이 反對 또는 相對되는 漢字를 [   ]안에 써넣어 지문에 어울리는 漢字語를 완성하시오.

113 그는 순한 성격인데도 好 [   ]의 감정이 뚜렷하다.

114 자기의 의견을 붙여 [   ]捨의 뜻을 밝혔다.

115 위기가 닥칠 때마다 회사는 [   ]廢의 위기에 처하였다.

116 대표회의에서 임원의 [   ]免을 결정하였다.

117 달의 인력이 지구에 미쳐 조수 干[   ]의 차가 일어난다.

7 118~122번
다음 漢字語의 反意語 또는 相對語를 漢字(正字)로 쓰시오.

118 [   ] ↔ 輕薄   **119** 質疑 ↔ [   ]

120 [   ] ↔ 苦痛   **121** 和睦 ↔ [   ]

122 [   ] ↔ 寬大

8 123~132번
다음 빈곳에 알맞은 漢字를 써넣어 四字成語를 完成하시오.

123 [   ]地思之 : 처지를 바꾸어서 생각하여 봄.

124 愚公[   ]山 : 끊임없이 노력하면 반드시 이루어짐.

125 騷人墨[   ] : 문인이나 시인.

126 鶴首苦[   ] : 간절히 기다림.

127 [   ]井觀天 : 견문이 매우 좁음.

128 一筆[   ]之 : 글씨를 단숨에 죽 내리 씀.

129 欲速不[   ] : 일을 빨리 하려고 하면 도리어 이루지 못함.

130 咸興[   ]使 : 심부름을 가서 오지 아니하거나 늦게 온 사람.

131 莫無[   ]奈 : 달리 어찌할 수 없음.

132 鳥足之[   ] : 매우 적은 분량.

9 133~137번
다음 漢字의 部首를 쓰시오.

133 武 - [   ]   **134** 襲 - [   ]

135 鳴 - [   ]   **136** 解 - [   ]

137 曆 - [   ]

10 138~142번
다음 漢字語와 음은 같으나 뜻이 다른 漢字語를 뜻풀이에 맞게 쓰시오.(長短音 관계없이)

138 其餘 - [   ] : 도움이 되도록 이바지함.

139 卯睡 - [   ] : 묘한 기술이나 수.

140 嘉祥 - [   ] : 사실이라고 가정하여 생각함.

141 遙遠 - [   ] : 일을 하는 데 꼭 필요한 인원.

142 窮途 - [   ] : 활을 쏘는 기술을 닦는 일.

11 143~147번
다음 漢字語의 뜻을 쓰시오.

143 御製 : [   ]

144 遷都 : [   ]

145 顧復 : [   ]

146 丹粧 : [   ]

147 頃刻 : [   ]

12 148~150번
다음 漢字의 略字를 쓰시오.

148 蟲 - [   ]   **149** 擔 - [   ]

150 齒 - [   ]

예상문제

합격문항 : 105문항
시험시간 : 60분
정   답 : 195쪽

01~45번

1 다음 漢字語의 讀音을 쓰시오.

1 한시라도 빨리 弊端을 바로 잡아줄 것을 요구하였다. ·················· [   ]

2 두 사람은 원만한 합의로 서로 提訴를 취하했다. ·················· [   ]

3 고질에 빠진 지 20여년 남짓 因循하여 조금도 개혁함이 없었다. ········· [   ]

4 테러로 민간 항공기가 被擊당하는 사건이 일어났다. ·················· [   ]

5 남도와 북도가 響應하여 안팎으로 협공하기로 하였다. ·················· [   ]

6 욕망을 충족시키기 위하여 제한된 소득의 일부를 지출하는 것을 '需要'라고 한다.
················· [   ]

7 윷놀이의 말 길은 원근과 遲速의 방법으로 승부를 가리는 것이다. ········ [   ]

8 가뭄과 병충해가 돌자 倉粟을 열어 이재민을 구휼하였다. ·········· [   ]

9 문제의 본질을 捕捉하기 위해서는 개념을 명확히 이해하여야 한다. ····· [   ]

10 날씨는 快晴하고 구름이 솜사탕처럼 떠오르고 있었다. ·········· [   ]

11 널길에는 벽사를 상징하는 한 쌍의 怪獸가 그려져 있었다. ········· [   ]

12 결혼식장은 賀客들로 무척 붐볐다.
················· [   ]

13 무채색인 점과 곡선으로 긴장감이 있는 錯視 회화를 그렸다. ·········· [   ]

14 내외의 여러 曾孫으로 벼슬을 지낸 이들은 이루 다 기록할 수 없다. ····· [   ]

15 여러 가지 조건으로 보아 무력으로는 승산이 稀薄하였다. ·········· [   ]

16 그는 스스로 경계하며 獄訟을 잘 처리해 칭송이 자자했다. ········· [   ]

17 지진으로 파괴된 도시를 復舊하는 데 모든 힘을 기울였다. ·········· [   ]

18 벼슬아치의 비행을 조사하여 그 책임을 糾彈하였다. ·················· [   ]

19 문제 해설은 별책 附錄에 들어있다.
················· [   ]

20 호패법을 혁파하여 민심을 收拾하자고 주장하였다. ·················· [   ]

21 尺簡 [   ] 22 徵聘 [   ]

23 貞純 [   ] 24 疾驅 [   ]

25 餓殺 [   ] 26 曆術 [   ]

27 踏襲 [   ] 28 涉獵 [   ]

29 竝設 [   ] 30 掠奪 [   ]

31 醜拙 [   ] 32 鑄貨 [   ]

33 衝突 [   ] 34 桂樹 [   ]

35 茱蔬 [   ] 36 恒習 [   ]

37 斥邪 [   ] 38 鎭壓 [   ]

39 著述 [   ] 40 淫貪 [   ]

41 干拓 [   ] 42 星辰 [   ]

43 敦篤 [   ] 44 抗菌 [   ]

45 烏骨鷄[   ]

46~72번

2 다음 漢字의 訓과 音을 쓰시오.

46 舟 [   ] 47 欲 [   ]

48 稚 [   ] 49 淑 [   ]

50 店 [   ] 51 弓 [   ]

52 哉 [   ] 53 栗 [   ]

54 屯 [   ] 55 斯 [   ]

56 斤 [   ] 57 尾 [   ]

58 廷 [   ] 59 癸 [   ]

60 叫 [   ] 61 穫 [   ]

62 楓 [   ] 63 踐 [   ]

64 亞 [   ] 65 募 [   ]

66 藏 [   ] 67 澤 [   ]

68 粉 [   ] 69 含 [   ]

70 隔 [   ] 71 探 [   ]

72 泊 [   ]

73~89번

3 다음 제시문의 밑줄 친 漢字語를 漢字(正字)로 쓰시오.

여러 가지 **정황**[73]으로 미루어 볼 때 그것이 **최선**[74]이다.

73 정황 [   ] 74 최선 [   ]

개인[75]이나 집단에게 권력 또는 권위를 이양하는 것을 **위임**[76]이라고 한다.

75 개인 [   ] 76 위임 [   ]

컴퓨터 통신 가입자가 **급증**[77]하고 있음에 **착안**[78]하여 일을 모색하였다.

77 급증 [   ] 78 착안 [   ]

일을 성사시킬 수 있었던 데에는 주민들의 **협조**[79]가 **절대**[80]적이었다.

79 협조 [   ] 80 절대 [   ]

시민공원을 **불법**[81]으로 **점거**[82]하는 사태가 발생했다.

81 불법 [   ] 82 검거 [   ]

선수들은 **결선**[83]에 진출하여 **성원**[84]에 보답하겠다고 다짐하였다.

83 결선 [   ] 84 성원 [   ]

교육을 받을 수 있는 기회가 모든 사람에게 **균등**[85]하게 **보장**[86]되어야 한다.

85 균등 [   ] 86 보장 [   ]

'국민안전처'는 **재난**[87]으로부터 국민의 생명과 **재산**[88]을 보호하고 사회 안전망을 구축하기 위해 설립된 국가 재난관리 **전담**[89]기구이다.

87 재난 [   ] 88 재산 [   ]

89 전담 [   ]

4

다음 漢字語와 음은 같으나 뜻이 다른 漢字語를 뜻풀이에 맞게 쓰시오.

90 祈求 － [   ] : 조직이나 기관의 구성 체계.

91 丹粧 － [   ] : 창자가 끊어지는 듯한 슬픔.

92 貸邊 － [   ] : 대신하여 그의 의견이나 태도를 표함.

93 芳詠 － [   ] : 텔레비전으로 방송을 함.

94 碑銘 － [   ] : 제명대로 살지 못하고 죽음.

5

다음 문장에서 밑줄 친 單語는 漢字로, 漢字語는 讀音을 쓰시오.

　茶山의 思想 **체계**[95]에 있어 우선 우리의 **주위**[96]에 오르는 것은 그의 科學的 세계관이다. 그는 하늘은 둥글고, 地球는 네모지고, 움직이지도 않으며, 中國이 世界의 中心이라는 왜곡(歪曲)된 **종래**[97]의 세계관을 **부정**[98]하고, 지구는 둥글고 **자전**[99]하며, 지구상에는 중국 以外의 수많은 國家들이 **분포**[100]되어 있다는 事實을 올바로 **인식**[101]하였다. 이것은 **중화**[102] **사대주의**[103]적 세계관으로부터의 脫皮[104]를 意味하는 것이기도 하다.

　茶山의 이러한 科學的이며 비중국 중심적인 세계관은 실은 그의 自然科學 **기술**[105]에 대한 정확하고 **該博**[106]한 知識을 토대로 하여 形成된 것이었다. 그는 기술을 賤하게 여기고 가벼이 여기던 종래의 **통념**[107]을 **시정**[108]하여 기술이 인간의 사회생활에서 차지하는 비중의 莫重함과 役割[109]의 重大함을 올바로 인식하고, 物質的인 면에서의 기술은

시대가 내려올수록 발전하는 것이라고 **확신**[110]하였다.

　　　　　　　－ 한영우, 「한국의 문화 전통」中 －

95 체계 [   ]　　96 주위 [   ]

97 종래 [   ]　　98 부정 [   ]

99 자전 [   ]　　100 분포 [   ]

101 인식 [   ]　　102 중화 [   ]

103 사대주의[   ]　　104 脫皮 [   ]

105 기술 [   ]　　106 該博 [   ]

107 통념 [   ]　　108 시정 [   ]

109 役割 [   ]　　110 확신 [   ]

6

다음 漢字語의 뜻을 쓰시오.

111 卜居 : [   ]

112 宜當 : [   ]

113 斜徑 : [   ]

114 而立 : [   ]

115 可及的 : [   ]

7

다음 漢字를 略字로 쓰시오.

116 權 － [   ]　117 與 － [   ]

118 點 － [   ]　119 賣 － [   ]

120 譯 － [   ]

8

다음 漢字語 중에서 첫소리가 길게 발음되는 것을 골라 그 번호를 쓰시오.

121 ①亂立　②醫療　③排列　④禮拜
　　　　　　　　　　　　　[   ]

122 ①迷惑 ②留宿 ③從屬 ④見解
················· [   ]

123 ①招請 ②鑛脈 ③判定 ④容認
················· [   ]

124 ①虛禮 ②聯關 ③警報 ④精讀
················· [   ]

125 ①凝集 ②遺言 ③搜査 ④都城
················· [   ]

126~130번

9 다음 漢字와 뜻이 反對 또는 相對되는 漢字를 [ ]안에 써넣어 지문에 어울리는 漢字語를 완성하시오.

126 隱者인 어부는 이 세상의 [   ]濁에 구애받지 않았다.

127 점을 쳐서 吉 [   ]을 판단하였다.

128 자본주의 경제의 고도화는 현저한 [   ]富의 격차와 많은 불평등을 야기시켰다.

129 기존의 문인화에 민간화풍을 흡수한 雅 [   ]이 공존하는 예술적 특징을 띠고 있다.

130 사사로운 정에 얽매이지 않고 賞 [   ]을 엄격하게 하였다.

131~135번

10 다음 單語의 反義語를 漢字로 쓰시오.

131 進化 ↔ [   ] 132 [   ] ↔ 增加

133 受信 ↔ [   ] 134 [   ] ↔ 敵對

135 廢止 ↔ [   ]

136~140번

11 다음 漢字語는 뜻이 비슷한 漢字로 짝을 이룬 것이다. 빈칸을 漢字(正字)로 채워 넣으시오.

136 만장일치로 결의안을 [   ]擇 하였다.

137 부정 선거를 監[   ]하는 자원 봉사자로 나섰다.

138 요구가 [   ]徹될 때까지 물러서지 않기로 하였다.

139 프로그램을 개발하여 試[   ]에 성공하였다.

140 침구류는 뜨거운 물로 [   ]濯하면 집 먼지 진드기도 죽고 항원도 제거된다.

141~145번

12 다음 漢字의 部首를 쓰시오.

141 率 – [   ] 142 孟 – [   ]

143 吏 – [   ] 144 奔 – [   ]

145 幾 – [   ]

146~150번

13 다음 成語를 完成할 수 있도록 [ ]안에 알맞은 漢字를 써넣으시오.

146 吾[   ]三尺 : 자기 사정이 급하여 남을 돌볼 겨를이 없음.

147 [   ]柔內剛 : 겉으로는 부드럽게 보이나 속은 곧고 굳셈.

148 謹賀[   ]年 : 삼가 새해를 축하함.

149 羽化[   ]仙 : 날개가 돋아 하늘로 올라가 신선이 됨.

150 [   ]出鬼沒 : 그 움직임을 쉽게 알 수 없을 정도로 자유자재로 나타나고 사라짐.

(사) 한국어문회 주관

제**09**회

한자능력검정시험

합격문항 : 105문항
시험시간 : 60분
정   답 : 197쪽

예상문제

01~45번

1 다음 漢字語의 讀音을 쓰시오.

01 '불을 밝혀 밤새도록 공부한다.'는 뜻에서 서재 이름을 '惜陰재'라고 하였다.
················ [   ]

02 악천후로 훈련을 잠시 猶豫한다고 발표하였다. ················ [   ]

03 경제 상황이 좋지 않아 사업을 緊縮하기로 하였다. ················ [   ]

04 양측이 尖銳하게 대립하였다.
················ [   ]

05 재건 사업을 벌이기 위하여 비전투요원을 派遣하였다. ················ [   ]

06 스스로 반성하고 있으니, 以往의 잘못은 용서하기로 하였다. ················ [   ]

07 그는 어려서부터 聰慧한 데가 있었다.
················ [   ]

08 이 영화는 짜임새 있는 編輯으로 시각적 효과가 뛰어나다. ················ [   ]

09 오늘의 佳緣은 실로 우연한 일이 아니다.
················ [   ]

10 그는 군사정변이 일어나면서 家宅 연금되었다. ················ [   ]

11 교섭이 屢次 거듭되고 있지만 타결을 맺지 못하고 있다. ················ [   ]

12 회원국 외무장관으로 구성된 閣僚회의가 열렸다. ················ [   ]

13 般若는 산스크리트어 프라즈냐(prajnā)의 음역어이다. ················ [   ]

14 그의 압도적인 君臨 앞에 누구도 감히 나서는 자가 없었다. ················ [   ]

15 "인륜을 저버린 패륜아에게 어찌 參酌이 있을 수 있겠는가?" ················ [   ]

16 그림 속의 어옹은 片舟 위에서 단잠에 빠져있다. ················ [   ]

17 경제 성장은 체제 경쟁의 優劣을 가늠하는 지표가 되었다. ················ [   ]

18 그는 빵을 훔치다가 竊盜 혐의로 구속되었다.
················ [   ]

19 쥐불놀이는 전염병을 옮기는 들쥐를 驅逐하기도 한다. ················ [   ]

20 선수들은 경기 규칙을 준수할 것을 宣誓하였다. ················ [   ]

21 陵辱 [   ] 22 懷疑 [   ]

23 旬報 [   ] 24 東夷 [   ]

25 挑戰 [   ] 26 羽蓋 [   ]

27 千兩 [   ] 28 翼廊 [   ]

29 燕寢 [   ] 30 陶印 [   ]

31 巷謠 [   ] 32 避亂 [   ]

33 麥芽 [   ] 34 運賃 [   ]

35 了解 [   ] 36 嶺雲 [   ]

37 默珠 [   ] 38 侵恣 [   ]

39 唐突 [   ] 40 睡眠 [   ]

41 叔姪 [   ]   42 拾遺 [   ]

43 叫賣 [   ]   44 官爵 [   ]

45 巡航 [   ]

46~72번

2 다음 漢字의 訓과 音을 쓰시오.

46 驛 [   ]   47 肖 [   ]

48 吐 [   ]   49 墻 [   ]

50 憐 [   ]   51 隨 [   ]

52 欺 [   ]   53 販 [   ]

54 偶 [   ]   55 塗 [   ]

56 爐 [   ]   57 丑 [   ]

58 醉 [   ]   59 燥 [   ]

60 鈍 [   ]   61 洪 [   ]

62 械 [   ]   63 庸 [   ]

64 贈 [   ]   65 臟 [   ]

66 殿 [   ]   67 糖 [   ]

68 襲 [   ]   69 影 [   ]

70 惠 [   ]   71 舞 [   ]

72 絃 [   ]

73~94번

3 다음 제시문의 밑줄 친 漢字語를 漢字(正字)로 쓰시오.

만인 구제를 목표로 **이타**[73]의 가르침을 **실천**[74]하였다.

73 이타 [   ]   74 실천 [   ]

재미있는 대사를 **응용**[75]·편집하여 **제작**[76]하였다.

75 응용 [   ]   76 제작 [   ]

서양에서 **최초**[77]로 번역된 우리 **소설**[78]이 '춘향전'이었다.

77 최초 [   ]   78 소설 [   ]

그는 **냉정**[79]함을 잃지 않는 침착함과 **원만**[80]한 성품을 지녔다.

79 냉정 [   ]   80 원만 [   ]

교육 **제도**[81]를 **정비**[82]하여 새로운 관료를 선발하였다.

81 제도 [   ]   82 정비 [   ]

그 사건은 일정한 **구조적**[83]인 **단계**[84]를 거치면서 진행되었다.

83 구조적 [   ]   84 단계 [   ]

그는 **변화**[85]의 기미를 잘 살펴 **권도**[86], 즉 임시변통의 수단을 잘 취하였다.

85 변화 [   ]   86 권도 [   ]

경기[87]가 침체에서 벗어나 **회복**[88]할 조짐을 보이고 있다.

87 경기 [   ]   88 회복 [   ]

우주나 **해저**[89]를 돌아다니며 보고 듣고 감지한 것을 전해 주는 **탐사**[90]로봇을 개발하였다.

89 해저 [   ]   90 탐사 [   ]

모든 국민은 인간으로서의 **존엄**[91]과 가치를 가지며, 행복을 **추구**[92]할 권리를 가진다.

91 존엄 [   ]　　92 추구 [   ]

조사에 착수하기 전에 먼저 조사 **범위**[93]와 연구 **방침**[94]을 정하였다.

93 범위 [   ]　　94 방침 [   ]

4　95~110번

다음 문장에서 밑줄 친 單語는 漢字로, 漢字語는 讀音을 쓰시오.

나는 **천체**[95] 현상으로부터 물체가 태양과 몇 개의 **행성**[96]을 향하도록 하는 힘인 **중력**[97]을 이끌어 냈다. 그리고 이 힘으로부터 역시 수학적인 **속성**[98]을 갖는 **명제**[99]들을 **동원**[100]하여 행성, 혜성, 달 및 해양의 운동을 연역하였다. 이 모든 것이 **역학**[101]의 **원리**[102]들에서 **추론**[103]되었듯이 나는 자연계에서 나타나는 나머지 현상들도 우리들이 그렇게 추론해 낼 수 있기를 바라마지 않는데, 그 이유는 여러 가지를 **고려**[104]할 때 그것들이 모두 어떤 힘들에 **의존**[105]하고 있다고 생각하기 때문이다.　　― 뉴턴

우리들은 우리의 능력이 미치는 데까지 부지런히 실험과 관찰에 **沒頭**[106]하며, 많은 시간을 **割愛**[107]하여 기계론의 역사를 이룩하는 데 이바지하겠습니다. 사물의 형태와 질은 역학의 원리로 가장 잘 설명될 수 있으며, 자연의 **諸般**[108] **양상**[109]은 운동, 모양, 구조 등이 물리학적 속성과 그것들을 여러 가지로 **조합**[110]함으로써 생겨난다는 것이 확실하다고 우리들은 느끼고 있습니다.　　― 올던버그

95 천체 [   ]　　96 행성 [   ]

97 중력 [   ]　　98 속성 [   ]

99 명제 [   ]　　100 동원 [   ]

101 역학 [   ]　　102 원리 [   ]

103 추론 [   ]　　104 고려 [   ]

105 의존 [   ]　　106 沒頭 [   ]

107 割愛 [   ]　　108 諸般 [   ]

109 양상 [   ]　　110 조합 [   ]

5　111~115번

다음 뜻풀이에 알맞은 漢字語를 漢字(正字)로 쓰시오.

111 [   ] : 그러함과 그렇지 아니함.

112 [   ] : 시끄러운 세상을 피하여 숨어서 삶.

113 [   ] : 항복하도록 권고함.

114 [   ] : 국가 통치의 기본 방침.

115 [   ] : 자기의 주장을 선전하며 돌아다님.

6　116~120번

다음 漢字語와 흠은 같으나 뜻이 다른 漢字語를 뜻풀이에 맞게 쓰시오.

116 衆智 － [   ] : 가운뎃손가락.

117 救護 － [   ] : 요구나 주장 따위를 표현한 문구.

118 轉乘 － [   ] : 문화, 풍속, 제도 등을 이어받아 계승함.

119 幼稚 － [   ] : 젖니.

120 凍傷 － [   ] : 셋째 등급에 해당하는 상.

7　121~125번

다음 漢字語 중에서 첫소리가 길게 발음되는 것을 골라 그 번호를 쓰시오.

121 ① 參拜　② 血管　③ 敢行　④ 齊唱
.... [   ]

122 ①敬老 ②銀杏 ③爭訟 ④沈降
·· [   ]

123 ①移民 ②遺書 ③矯飾 ④完快
·· [   ]

124 ①參考 ②誇示 ③漂白 ④抑揚
·· [   ]

125 ①租稅 ②仁慈 ③詩碑 ④負擔
·· [   ]

8 126~130번
다음 漢字와 뜻이 反對 또는 相對되는 漢字를 [   ]안에 써넣어 지문에 어울리는 漢字語를 완성하시오.

126 장렬히 전몰한 將[   ]들의 넋을 기렸다.

127 건조지역에서는 강우 시에만 흐르는 斷[   ]하천을 이루는 계곡이 많다.

128 인간관계로서 부자, 형제, [   ]妻 사이의 사랑과 공경이 있어야 함을 강조하였다.

129 정치의 득실이나 사회의 明[   ]은 자연히 백성들의 노래에 나타나게 된다.

130 필요를 충족시키는 수단의 [   ]易에 따라 저마다 약간씩 다른 풍속을 갖게 되었다.

9 131~135번
다음 單語의 反義語를 漢字로 쓰시오.

131 留保 ↔ [   ]   132 [   ] ↔ 隱蔽

133 反抗 ↔ [   ]   134 [   ] ↔ 紅顔

135 高尙 ↔ [   ]

10 136~140번
다음 [   ]에 類義字를 적어 單語를 完成하시오.

136 전체의 합계를 개수로 나눈 것이 [   ]均이다.

137 저항운동을 하며 逃[   ] 생활을 하였다.

138 일을 무사히 끝냈다는 [   ]悅에 들떠 있다.

139 최첨단의 施[   ]과 기술을 자랑한다.

140 정상은 [   ]斜가 급해서 오르기가 힘들다.

11 141~145번
다음 漢字의 部首를 쓰시오.

141 亦 - [   ]   142 畏 - [   ]

143 奮 - [   ]   144 琴 - [   ]

145 雙 - [   ]

12 146~150번
다음 成語를 完成할 수 있도록 [   ]안에 알맞은 漢字를 써넣으시오.

146 [   ]地思之 : 처지를 바꾸어서 생각하여 봄.

147 龜毛免[   ] : 있을 수 없는 일.

148 十[   ]之木 : 열 번 찍어 안 넘어가는 나무가 없음.

149 傍若[   ]人 : 아무 거리낌 없이 함부로 말하고 행동하는 태도가 있음.

150 傲霜[   ]節 : 서릿발 속에서도 굴하지 아니하고 외로이 지키는 절개.

한자능력검정시험

제 10 회

(사) **한국어문화** 주관

예상문제

합격문항 : 105문항
시험시간 : 60분
정　　답 : 198쪽

1 다음 漢字語의 讀音을 쓰시오.

01~45번

1 아버지는 훈련을 마친 아들을 깊은 **抱擁**으로 반겼다. ················· [　　　　]

2 바깥소식이라고는 **越牆**을 해서 드나드는 아이들에게 듣는 것이 전부였다.
················· [　　　　]

3 전쟁의 **慘狀**을 여과 없이 보여주었다.
················· [　　　　]

4 외세의 오랜 **壓迫**과 억압에도 굴하지 않은 강인한 민족성을 지녔다. ····· [　　　　]

5 그것이 터무니없는 착각이란 것을 깨달은 뒤에도 그의 사념은 고집스러운 **飛躍**을 거듭했다. ················· [　　　　]

6 도시계획에 의한 도로 **擴張**으로 문화재를 시외로 옮기기로 하였다. ····· [　　　　]

7 물건을 구입하거나 큰돈을 들일 일이 있을 때 **割賦**로 셈하는 경우가 많다.
················· [　　　　]

8 임금의 자리를 세습이 아니라 덕 있는 사람에게 물려주는 것을 '**禪讓**'이라고 한다.
················· [　　　　]

9 폭풍우 속에서 벼락이 떨어지더니 동네 전체가 **斷電**되었다. ················· [　　　　]

10 입학원서에 자격증 사본을 **添附**하였다.
················· [　　　　]

11 시끄럽던 소리는 밤이 되면서 어둠 속으로 **沈潛**하였다. ················· [　　　　]

12 그가 지닌 묘사력은 셰익스피어에 **匹敵**할 만큼 탁월하였다. ················· [　　　　]

13 그는 유학의 발전에 공헌하였으며, **吏讀**를 정리하고 집대성하였다. ······ [　　　　]

14 서른의 나이에 벌써 **老衰** 현상이라니, 어처구니가 없다는 생각이 들었다.
················· [　　　　]

15 생태계의 변화와 **濫獲**으로 인해 개체수가 급격히 줄어들었다. ············ [　　　　]

16 늙은 부부는 회혼례에서 자손들의 **獻壽**와 친지들의 축하를 받았다. ····· [　　　　]

17 숙소가 지하철역과 **隣接**해 있어서 교통이 편리하다. ················· [　　　　]

18 담당자의 실수로 그의 이름이 인명부에서 **漏籍**되었다. ················· [　　　　]

19 관현악 **伴奏**에 맞추어 시조를 노래하였다.
················· [　　　　]

20 고객들이 금융기관에서 **換錢**을 하였다.
················· [　　　　]

21 幽趣 [　　　　]　　**22** 栽培 [　　　　]

23 壞裂 [　　　　]　　**24** 卜占 [　　　　]

25 殉葬 [　　　　]　　**26** 胡蝶 [　　　　]

27 供需 [　　　　]　　**28** 軌跡 [　　　　]

29 泣請 [　　　　]　　**30** 刻銘 [　　　　]

31 餘滴 [　　　　]　　**32** 硬直 [　　　　]

33 船載 [　　　　]　　**34** 掃除 [　　　　]

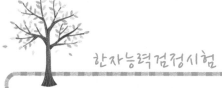

35 且置 [   ]   36 免許 [   ]

37 降等 [   ]   38 肺臟 [   ]

39 垂楊 [   ]   40 徵兆 [   ]

41 棄權 [   ]   42 炎涼 [   ]

43 庶政 [   ]   44 臨終 [   ]

45 碧桃 [   ]

46~72번

2 다음 漢字의 訓과 音을 쓰시오.

46 妾 [   ]   47 康 [   ]

48 拔 [   ]   49 乃 [   ]

50 脣 [   ]   51 催 [   ]

52 泥 [   ]   53 悅 [   ]

54 搖 [   ]   55 愚 [   ]

56 桑 [   ]   57 溪 [   ]

58 御 [   ]   59 予 [   ]

60 肥 [   ]   61 値 [   ]

62 粧 [   ]   63 乞 [   ]

64 酉 [   ]   65 謂 [   ]

66 諒 [   ]   67 崩 [   ]

68 暮 [   ]   69 營 [   ]

70 埋 [   ]   71 蘭 [   ]

72 企 [   ]

73~89번

3 다음 제시문의 밑줄 친 漢字語를 漢字(正字)로 쓰시오.

지도 체제 간의 모순과 갈등을 **해결**[73]하고 **통일**[74]된 의견을 모으기 위해 노력하였다.

73 해결 [   ]   74 통일 [   ]

공정한 여론을 **반영**[75]하는 것이 **언론**[76]의 중요한 기능이다.

75 반영 [   ]   76 언론 [   ]

사고를 **미연**[77]에 **방지**[78]하려면 대비를 철저히 해야 한다.

77 미연 [   ]   78 방지 [   ]

직선제 **개헌**[79]이 **여야**[80] 합의로 이루어졌다.

79 개헌 [   ]   80 여야 [   ]

안전한 **항해**[81]를 하기 위해 화물의 무게를 규정대로 **감량**[82]하기로 하였다.

81 항해 [   ]   82 감량 [   ]

목표 없는 **사격**[83]은 공연히 탄약의 **손실**[84]만 가져왔다.

83 사격 [   ]   84 손실 [   ]

상당히 고도로 **조직**[85]화된 문명이었다는 사실을 보여준 확실한 **증거**[86]를 찾았다.

85 조직 [   ]   86 증거 [   ]

전쟁으로 **교역**[87]이 중단됨으로써 주민들의 생계가 어려워져 그 불만이 **항쟁**[88]의 **요인**[89]으로 작용하였다.

87 교역 [   ]   88 항쟁 [   ]

89 요인 [   ]

90~105번

4 다음 문장에서 밑줄 친 單語를 漢字로 쓰시오.

홍익인간이라는 우리 國祖 **단군**⁹⁰의 理想이 이것이라고 믿는다. 또 우리 民族의 재주와 **정신**⁹¹과 過去의 단련이 이 **사명**⁹²을 **달성**⁹³하기에 넉넉하고 우리 國土의 **위치**⁹⁴와 其他의 지리적 **조건**⁹⁵이 그러하며, 또 1차·2차 세계대전을 치른 인류의 요구가 그러하며, 이러한 時代에 새로 나라를 고쳐 세우는 우리가 서있는 時期가 그러하다고 믿는다. 우리 민족이 **주연**⁹⁶배우로 세계의 무대에 **등장**⁹⁷할 날이 눈앞에 보이지 아니하는가. 이 일을 하기 위하여 우리가 할 일은 思想의 自由를 **확보**⁹⁸하는 政治 **양식**⁹⁹의 건립과 國民 敎育의 **완비**¹⁰⁰이다. 내가 위에서 自由의 나라를 **강조**¹⁰¹하고 교육의 중요성을 말하는 것도 이 때문이다. **최고**¹⁰² 文化 **건설**¹⁰³의 사명을 다할 民族은 一言以蔽之하면 모두 聖人을 만드는 데 있다. 대한 사람이라면 간 데마다 **신용**¹⁰⁴을 받고 **대접**¹⁰⁵을 받아야 한다.

– 김구 「나의 소원」 中 –

90 단군[   ] 91 정신[   ]
92 사명[   ] 93 달성[   ]
94 위치[   ] 95 조건[   ]
96 주연[   ] 97 등장[   ]
98 확보[   ] 99 양식[   ]
100 완비[   ] 101 강조[   ]
102 최고[   ] 103 건설[   ]
104 신용[   ] 105 대접[   ]

106~110번

5 다음 [   ]에 類義字를 적어 單語를 完成하시오.

106 정신분석은 작품을 해석하는 방식으로 批[   ]이론에 폭넓게 응용되어왔다.

107 근본을 상실한 末[   ]만 추구하면 폐단이 되고 만다.

108 맑고 청명한 날씨가 繼[   ] 되었다.

109 그가 사귄 사람들은 모두 당대의 俊[   ]이었다.

110 "언제 [   ]蓄해서 그 돈을 다 모으겠어?"

111~115번

6 다음 漢字語와 音은 같으나 뜻이 다른 漢字語를 뜻풀이에 맞게 쓰시오.

111 構造 – [   ] : 어려운 처지에 빠진 사람을 구하여 줌.

112 踏査 – [   ] : 회답을 함.

113 盛大 – [   ] : 소리를 내는 기관.

114 油脂 – [   ] : 살아서 이루지 못하고 남긴 뜻.

115 獸畜 – [   ] : 부피나 규모가 줄어듦.

116~120번

7 다음 漢字의 部首를 쓰시오.

116 丸 – [   ] 117 臺 – [   ]
118 豚 – [   ] 119 魚 – [   ]
120 只 – [   ]

121~125번

8 다음 漢字語 중에서 첫소리가 길게 발음되는 것을 골라 그 번호를 쓰시오.

121 ①隱蔽 ②路上 ③恒速 ④逸品
[   ]

122 ① 和暢   ② 吸着   ③ 勸奬   ④ 倫理

　　　　·····································[　　　]

123 ① 倒産   ② 指標   ③ 靈魂   ④ 儒敎

　　　　·····································[　　　]

124 ① 情緖   ② 漫畵   ③ 腦裏   ④ 崇拜

　　　　·····································[　　　]

125 ① 巖石   ② 辛味   ③ 常識   ④ 讚揚

　　　　·····································[　　　]

9 다음 漢字와 뜻이 反對 또는 相對되는 漢字를 [　]안에 써넣어 지문에 어울리는 漢字語를 완성하시오.

126~130번

126 그가 생각하기에 인간의 [　　　]憎은 이념을 뛰어넘는 것이었다.

127 지형의 高[　　　]와 기복을 도면상에 등고선으로 표현하였다.

128 상류 계층의 주택은 신분과 남녀, [　　　]幼를 구별한 공간 배치구조를 하였다.

129 소리는 공기의 疏[　　　] 현상으로 전달되는데, 이를 '음파'라고 한다.

130 육지와 섬을 잇는 [　　　]復 4차선 도로를 개통하였다.

10 다음 單語의 反義語를 漢字로 쓰시오.

131~135번

131 偏頗 ↔ [　　　]   132 [　　　] ↔ 郊外

133 肯定 ↔ [　　　]   134 [　　　] ↔ 受動

135 現象 ↔ [　　　]

11 다음 成語를 完成할 수 있도록 [　]안에 알맞은 漢字를 써넣으시오.

136~145번

136 曰可曰 [　　　] : 일에 대하여 옳거니 옳지 아니하거니 하고 말함.

137 擧 [　　　] 齊眉 : 남편을 깍듯이 공경함.

138 [　　　] 枝玉葉 : 귀한 자손.

139 冠婚喪 [　　　] : 관례, 혼례, 상례, 제례.

140 支 [　　　] 滅裂 : 이리저리 흩어지고 찢기어 갈피를 잡을 수 없음.

141 一 [　　　] 塗地 : 여지없이 패하여 다시 일어날 수 없게 되는 지경에 이름.

142 [　　　] 己及人 : 자기 마음을 미루어 남에게도 그렇게 대하거나 행동함.

143 群 [　　　] 一鶴 : 많은 사람 가운데서 뛰어난 인물.

144 百 [　　　] 不屈 : 어떠한 난관에도 결코 굽히지 않음.

145 如履薄 [　　　] : 아슬아슬하고 위험한 일.

12 다음 漢字語의 뜻을 쓰세요.

146~150번

146 燕息 : [　　　　　　　　　]
147 謹啓 : [　　　　　　　　　]
148 栗房 : [　　　　　　　　　]
149 那邊 : [　　　　　　　　　]
150 於焉間 : [　　　　　　　　　]

예상문제

합격문항 : 105문항
시험시간 : 60분
정　　답 : 200쪽

01~45번

1 다음 漢字語의 讀音을 쓰시오.

01 총애가 隆崇하여 임금이 타던 말을 하사받았다. ……………………… [　　　　]

02 그들이 비밀 거래를 했다는 嫌疑를 포착하였다. ……………………… [　　　　]

03 회사의 모든 거래를 帳簿에 기입하였다.
……………………… [　　　　]

04 아름다움과 디자인의 혁신을 이루어 최상의 품질을 지켜나가고 있는 것이 성공의 祕決이다. ……………………… [　　　　]

05 오래 전부터 우리나라에서는 막걸리를 증류시켜 燒酒를 만들었다. ……… [　　　　]

06 가난을 행복으로 승화시키며 허례허식을 排擊하였다. ……………………… [　　　　]

07 지금은 이 개천을 覆蓋하여 도로로 사용하고 있다. ……………………… [　　　　]

08 귀는 소리를 듣는 것 말고도 몸의 均衡을 잡아주는 역할을 한다. ……… [　　　　]

09 사용료의 延滯가 있을 때에는 계약을 해지하거나 소송을 제기할 수 있다.
……………………… [　　　　]

10 그림에 기교가 나타나지 않도록 稚拙한 맛을 살려 천진함을 강조하였다.
……………………… [　　　　]

11 당 대회는 새로운 綱領을 채택했다.
……………………… [　　　　]

12 그는 어릴 때 온갖 설움과 驅迫을 받던 일을 떠올리며 눈물을 글썽였다.
……………………… [　　　　]

13 주변 세력의 도전과 침략으로 커다란 위기에 逢着했다. ……………… [　　　　]

14 어쨌든 困厄은 모면하고 볼일이었다.
……………………… [　　　　]

15 문서에는 토지 분쟁과 그에 따른 배상을 誓約한 내용이 담겨 있다. ……… [　　　　]

16 그는 작품 속에 민족음악의 旋律과 리듬을 많이 도입하였다. ………… [　　　　]

17 "만약 하늘이 사문을 洞燭한다면 끝내 이대로 놔두지는 않으리라." ……… [　　　　]

18 검도는 기본적으로 부드럽고 柔軟한 움직임과 안정된 자세가 요구된다. … [　　　　]

19 갯벌은 태풍이나 해일의 영향을 감소시키는 緩衝 역할도 한다. ………… [　　　　]

20 소설은 주인공의 透徹한 역사의식을 보여주고 있다. ……………………… [　　　　]

21 訴訟 [　　　] **22** 謙愼 [　　　]

23 淡墨 [　　　] **24** 荷役 [　　　]

25 淨域 [　　　] **26** 遍歷 [　　　]

27 貧賤 [　　　] **28** 賃貸 [　　　]

29 曉鷄 [　　　] **30** 琴韻 [　　　]

31 捕獲 [　　　] **32** 超遷 [　　　]

33 素絹 [　　　] **34** 姑息 [　　　]

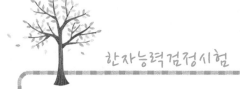
35 耐煩 [   ]   36 妙策 [   ]

37 棄却 [   ]   38 逐朔 [   ]

39 雅趣 [   ]   40 隷屬 [   ]

41 鬼哭 [   ]   42 徵兵 [   ]

43 需給 [   ]   44 貿易 [   ]

45 洗濯 [   ]

46~72번

2 다음 漢字의 訓과 音을 쓰시오.

46 瓢 [   ]   47 笛 [   ]

48 牽 [   ]   49 螢 [   ]

50 邦 [   ]   51 揮 [   ]

52 量 [   ]   53 靈 [   ]

54 興 [   ]   55 盟 [   ]

56 玄 [   ]   57 零 [   ]

58 遙 [   ]   59 戀 [   ]

60 也 [   ]   61 脫 [   ]

62 潤 [   ]   63 姦 [   ]

64 祿 [   ]   65 冒 [   ]

66 狂 [   ]   67 觸 [   ]

68 設 [   ]   69 蘇 [   ]

70 臥 [   ]   71 竊 [   ]

72 濫 [   ]

73~77번

3 다음 文章에서 밑줄 친 單語를 漢字로 쓰시오.

한글은 세종대왕이 愚民의 문맹**퇴치**[73] 방편으로 만들었으나, 그 학습만으로 완전히 글을 알게 되었다고는 할 수 없다. 表音문자의 表意化는 학습의 **부담감**[74]만을 주는 한편, 한자의 한글화는 뜻의 **이해**[75]를 모호(模糊)하게 할 뿐 아니라 개별 한자가

지닌 음의 장단이 가려져 결국 국어의 정확한 사용까지를 방해한다. 따라서 우리글은 한자를 적절히 섞어 文面의 **입체화**[76]를 기함으로써 발음이 분명하고 뜻이 정확하게 파악되며, 읽기 속도를 **가속화**[77]하는 국어 생활이 가능하게 된다.

73 퇴치 [   ]   74 부담감 [   ]

75 이해 [   ]   76 입체화 [   ]

77 가속화 [   ]

78~97번

4 다음 제시문의 밑줄 친 漢字語를 漢字(正字)로 쓰시오.

뜻이 활달하여 書史를 **박람**[78]하여 **관통**[79]하지 못한 것이 없었다.

78 박람 [   ]   79 관통 [   ]

입사 **응시**[80] **자격**[81]에 제한이 없다.

80 응시 [   ]   81 자격 [   ]

산수유 열매는 피로회복, 식욕**증진**[82] 등에 **효험**[83]이 있는 한약재로 알려졌다.

82 증진 [   ]   83 효험 [   ]

그는 문학적 **주제**[84]를 다루는 데 있어서 탁월한 **기지**[85]를 발휘하였다.

84 주제 [   ]   85 기지 [   ]

장신구를 보니 귀인의 **위엄**[86]에 찬 당당한 **자태**[87]를 짐작하고도 남음직하다.

86 위엄 [   ]   87 자태 [   ]

노동자들에게 **편익**⁸⁸을 주고 **직조**⁸⁹ 등의 수공업을 통해 산업진흥을 꾀하였다.

88 편익 [   ]   **89** 직조 [   ]

베토벤은 듣는 이에게 무한한 **환희**⁹⁰를 안겨주는 **걸작**⁹¹을 탄생시켰다.

90 환희 [   ]   **91** 걸작 [   ]

분단의 **여파**⁹²로 동족**상잔**⁹³의 아픔도 겪었다.

92 여파 [   ]   **93** 상잔 [   ]

전통미⁹⁴에 의해 생성되었던 우상을 파괴하는 **통쾌**⁹⁵함을 대중에게 안겨주었다.

94 전통미 [   ]   **95** 통쾌 [   ]

점차 상황이 **호전**⁹⁶될 것이라고 **예측**⁹⁷했다.

96 호전 [   ]   **97** 예측 [   ]

---

5 다음 漢字語 중 첫소리가 長音인 것을 가려 그 기호(㉮ ~ ㉲)를 쓰시오.

98～102번

보기
㉮ 汚染 ㉯ 災殃 ㉰ 遵守 ㉱ 偏頗 ㉲ 遲刻
㉳ 尖銳 ㉴ 薦擧 ㉵ 昭詳 ㉶ 苟且 ㉷ 猛烈
㉸ 販賣 ㉹ 漫評 ㉺ 聰氣 ㉻ 秋毫

98 [   ]   **99** [   ]

100 [   ]   **101** [   ]

102 [   ]

---

6 다음 漢字를 略字로 쓰시오.

103～105번

103 醫 － [   ]   **104** 廳 － [   ]

105 黨 － [   ]

---

7 다음의 뜻을 가진 2音節의 單語를 반드시 漢字로 쓰시오.

106～110번

106 [   ] : 수확이 줄어듦.

107 [   ] : 죄인이 귀양살이를 하는 곳.

108 [   ] : 집의 헐어진 곳을 고쳐 짓는 것.

109 [   ] : 어둠과 밝음. 이승과 저승.

110 [   ] : 정밀하게 잘 골라 뽑음.

---

8 다음 漢字와 뜻이 反對 또는 相對되는 漢字를 [   ]안에 써넣어 지문에 어울리는 漢字語를 완성하시오.

111～115번

111 속도의 緩 [   ]을 조절하다.

112 수출입의 균형을 맞춰 외국환에 대한 [   ]拂이 한쪽에 편중되는 것을 방지하였다.

113 그의 일생은 유달리 [   ]枯의 기복이 심했다.

114 계약에 대한 청약을 받고 諾 [   ]의 통지를 발송했다.

115 사건의 [   ]緯를 조사하였다.

---

9 다음 漢字語와 音은 같으나 뜻이 다른 漢字語를 뜻풀이에 맞게 쓰시오.

116～120번

116 扶桑 － [   ] : 본상에 딸린 상금이나 상품.

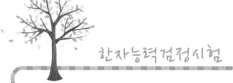
117 失跡 － [   ] : 실제로 이룬 업적이
나 공적.

118 祭器 － [   ] : 의견이나 문제를 내
어놓음.

119 鉛粉 － [   ] : 서로 관계를 맺게
되는 인연.

120 慢調 － [   ] : 밀물이 가장 높은
해면까지 꽉 차게
들어오는 현상.

121~125번

10 다음 漢字語의 뜻을 쓰세요.

121 架空 : [   ]

122 返濟 : [   ]

123 咸池 : [   ]

124 故舊 : [   ]

125 權稱 : [   ]

126~130번

11 다음 單語의 反義語를 漢字로 쓰시오.

126 干涉 ↔ [   ]   127 死後 ↔ [   ]

128 生食 ↔ [   ]   129 遠隔 ↔ [   ]

130 固定 ↔ [   ]

131~135번

12 다음 [   ]에 類義字를 적어 單語를 完成
하시오.

131 병아리들은 절구통을 奔[   ]하게
맴돌았다.

132 눈에서는 칼날보다 더 예리한 [   ]
彩가 발산되고 있었다.

133 사람들 사이에 茂[   ]한 추측이
나돌았다.

134 잘못된 습관으로 인해 삐뚤어진 척추를
矯[   ]하였다.

135 평등이 지나치면 자유가 抑[   ]
된다.

136~140번

13 다음 漢字의 部首를 쓰시오.

136 龜 － [   ]   137 宴 － [   ]

138 須 － [   ]   139 封 － [   ]

140 夢 － [   ]

141~150번

14 다음 成語를 完成할 수 있도록 [   ]안에
알맞은 漢字를 써넣으시오.

141 塗 [   ] 之苦 : 진구렁에 빠지고
숯불에 타는 괴로움.

142 累 [   ] 之危 : 몹시 아슬아슬한
위기.

143 風 [   ] 之歎 : 효도를 다하지 못
한 채 어버이를 여읜 자식의 슬픔.

144 [   ] 學阿世 : 바른 길에서 벗어
난 학문으로 세상 사람에게 아첨함.

145 身言書 [   ] : 인물을 선택하는
데 표준으로 삼던 조건.

146 懸 [   ] 口辯 : 물이 거침없이 흐
르듯 잘하는 말.

147 割肉 [   ] 腹 : 친족의 재물을 빼
앗는 짓.

148 [   ] 臭萬年 : 더러운 이름을 후
세에 오래도록 남김.

149 龍 [   ] 鳳湯 : 맛이 매우 좋은
음식.

150 首丘 [   ] 心 : 고향을 그리워하
는 마음.

예상문제

합격문항 : 105문항
시험시간 : 60분
정   답 : 201쪽

01~45번

1 다음 漢字語의 讀音을 쓰시오.

01 학문을 농사짓는 것에 비유하여 勉勵를 강조하였다. ……………… [   ]

02 이익을 다투다가 두 사람 간에 龜裂이 생겼다. ……………… [   ]

03 종전의 실험에서 미리 정한 荷重을 초과하였다. ……………… [   ]

04 완만하게 傾斜진 언덕 위에 하얀 집. ……………………… [   ]

05 그는 매사에 대담하면서도 추세를 헤아리는 餘裕가 있었다. ………… [   ]

06 토양에 적합한 양잠, 絹織 등을 생산하였다. ……………………… [   ]

07 차림새만 보고 사람을 薄待해서는 안 된다. ……………………… [   ]

08 그는 전투에서 크게 부상을 당한 후 逝去하였다. ……………… [   ]

09 그곳은 삶의 새로운 경향을 만들어가는 유행의 尖端 입지를 갖추고 있었다. ……………………… [   ]

10 왕권 강화는 사병 제도의 革罷로 이어졌다. ……………………… [   ]

11 지도층의 비리에 언론과 시민 단체는 猛烈히 비난하였다. …… [   ]

12 사고지점을 搜索하여 많은 유품과 기체의 잔해를 발견했다. …… [   ]

13 몽고의 침입에 대비하여 강화로 遷都하였다. ……………………… [   ]

14 관련 법규에 違背되는 제품의 수입은 통관 보류된다. ……………… [   ]

15 불우한 사람들을 위해 해마다 巨額을 희사하였다. ……………… [   ]

16 수백 마일을 이동하기 위해 携帶하기 불편한 물건은 간편한 것으로 대체하였다. ……………………… [   ]

17 인공위성을 통해 拳鬪 경기를 중계 방송하였다. ……………… [   ]

18 내용이 중복되는 것은 煩雜하여 삭제했다. ……………………… [   ]

19 인도의 기후 특성 때문에 우기인 석 달 동안은 바깥출입을 삼가는 것을 戒律로 정하였다. ……………………… [   ]

20 손은 그대로 둔 채 발의 跳躍을 주로 한 율동적인 춤을 선보였다. ……… [   ]

21 紋樣 [   ] **22** 卵翼 [   ]

23 塗炭 [   ] **24** 卑近 [   ]

25 完遂 [   ] **26** 急騰 [   ]

27 追更 [   ] **28** 隔離 [   ]

29 凝縮 [   ] **30** 履跡 [   ]

31 偏頗 [   ] **32** 差押 [   ]

33 貫珠 [   ] **34** 把守 [   ]

35 專攻 [   ] 36 吸收 [   ]

37 荒涼 [   ] 38 燕息 [   ]

39 推薦 [   ] 40 包攝 [   ]

41 透過 [   ] 42 叔行 [   ]

43 帳籍 [   ] 44 遲延 [   ]

45 沒廉恥 [   ]

2 다음 漢字의 訓과 音을 쓰시오.   46~72번

46 貞 [   ] 47 遺 [   ]

48 豫 [   ] 49 覽 [   ]

50 飢 [   ] 51 繫 [   ]

52 浦 [   ] 53 坤 [   ]

54 慮 [   ] 55 顧 [   ]

56 條 [   ] 57 審 [   ]

58 湯 [   ] 59 底 [   ]

60 宮 [   ] 61 霜 [   ]

62 般 [   ] 63 烏 [   ]

64 謠 [   ] 65 輪 [   ]

66 振 [   ] 67 譯 [   ]

68 殘 [   ] 69 閏 [   ]

70 威 [   ] 71 委 [   ]

72 濯 [   ]

3 다음 제시문의 밑줄 친 漢字語를 漢字(正字)로 쓰시오.   73~81번

방문객들은 박물관 내의 전통 **가옥**73에서 **투숙**74하였다.

73 가옥 [   ] 74 투숙 [   ]

'훈민정음'은 한글이 **창제**75・반포되었을 당시의 공식 **명칭**76이다.

75 창제 [   ] 76 명칭 [   ]

그 소설은 은인을 **궁지**77에서 구하고 **은혜**78를 갚는다는 내용이다.

77 궁지 [   ] 78 은혜 [   ]

이것은 **고장**79을 **검출**80했을 때 **점등**81하여 승무원에게 알리는 장치이다.

79 고장 [   ] 80 검출 [   ]

81 점등 [   ]

4 다음 밑줄 친 낱말은 漢字로, 漢字語는 讀音으로 고쳐 쓰세요.   82~102번

언어의 **습득**82은 **인종**83이나 **지능**84과 **관계**85없이 누구에게나 비슷한 **수준**86으로 이루어진다.

이렇게 하나의 언어를 일단 배우고 난 뒤에는 그것을 **일상**87 생활에서 **자유자재**88로 **驅使**89할 수 있다. 마치 자전거나 스케이트를 한번 배우고 나면 그 뒤에는 별 다른 **신경**90을 쓰지 않고 탈 수 있는 것과 같다. 우리가 국어 시간에 말하기나 글쓰기 공부를 열심히 하고는 있지만 그 목적은 우리의 언어 능력을 좀더 **고차원적**91인 단계로 **伸張**92시키기 위한 것이지 우리말을 처음부터 다시 배우기 위한 것은 아니다. 실제로, **정규**93 학교에서 국어 공부를 하지 않은 사람이라 하더라도 시장에 가서 물건을 사거나 길을 물어볼 때, 자기 나라 말을 몰

라서 **고생**[94]하는 사람은 없다는 점을 생각해 본다면, 우리가 말을 일단 배운 뒤에는 특별한 **노력**[95]을 기울이지 않더라도 그것을 驅使할 수 있다는 사실을 알 수가 있을 것이다.

우리는 언어를 이처럼 쉽게 배우고 또 사용하고 있지만, 언어 사용과 **關聯**[96]하여 **판단**[97]을 내리는 과정의 **내면**[98]을 살펴보면 그것이 그리 **단순**[99]하지 않다는 사실을 알 수 있다. **지극**[100]히 간단한 언어 표현에 관한 문법성을 판단하기 위해서만도 엄청난 양의 **사고**[101] 과정이 **요구**[102]되는 것이기 때문이다.

— 「고등 교과서」中 —

82 습득 [   ]   83 인종 [   ]

84 지능 [   ]   85 관계 [   ]

86 수준 [   ]   87 일상 [   ]

88 자유자재 [   ]   89 驅使 [   ]

90 신경 [   ]   91 고차원적 [   ]

92 伸張 [   ]   93 정규 [   ]

94 고생 [   ]   95 노력 [   ]

96 關聯 [   ]   97 판단 [   ]

98 내면 [   ]   99 단순 [   ]

100 지극 [   ]   101 사고 [   ]

102 요구 [   ]

103~105번

5 다음 漢字를 略字로 쓰시오.

103 獨 – [   ]   104 滿 – [   ]

105 屬 – [   ]

106~110번

6 다음 漢字語 中 첫소리가 長音인 것을 가려 그 기호(㉮~㉻)를 쓰시오.

보기 ㉮ 詐欺 ㉯ 庶民 ㉰ 騷客 ㉱ 侍從 ㉲ 濕式
      ㉳ 凍氷 ㉴ 資源 ㉵ 祈願 ㉶ 而立 ㉷ 霧散
      ㉸ 謁見 ㉹ 輿論 ㉺ 頂上 ㉻ 陰德

106 [   ]   107 [   ]

108 [   ]   109 [   ]

110 [   ]

111~115번

7 다음 漢字語의 뜻을 쓰시오.

111 戚姪 : [   ]

112 此際 : [   ]

113 礎盤 : [   ]

114 與奪 : [   ]

115 茶飯事 : [   ]

116~120번

8 다음 漢字와 뜻이 反對 또는 相對되는 漢字를 [   ]안에 써넣어 지문에 어울리는 漢字語를 완성하시오.

116 그들은 교우가 친밀하여 여러 차례 시문을 贈[   ]했다.

117 산법 가운데 곱하고 나누는 법을 乘[   ]법이라고 한다.

118 가로등에 불이 켜지자 明[   ]이 한결 또렷해졌다.

119 약을 먹어도 회복되는 動[   ]이 보이지 않는다.

120 그 집의 음식 맛은 京[   ] 각지에 알려져 있다.

9 다음 漢字語의 反意語를 漢字(正字)로 쓰시오.

121~125번

121 非番 ↔ [   ] 122 權利 ↔ [   ]

123 悲觀 ↔ [   ] 124 自然 ↔ [   ]

125 任意 ↔ [   ]

10 다음 漢字와 뜻이 같거나 비슷한 漢字를 [   ]안에 넣어 漢字語를 완성하세요.

126~130번

126 권리와 의무는 承 [   ]를 통하여 다음 사람에게 이전이 가능하다.

127 64괘에서 건괘는 남자를 상징하며 [   ] 剛을 덕으로 한다.

128 가격이 갑자기 낮아져 판매업자가 큰 [   ] 擊을 입었다.

129 옛날에 倉 [   ]로 사용된 건물에 지금은 쇼핑몰과 레스토랑이 들어섰다.

130 작품 속에는 다양한 階 [   ]의 목소리가 공존하였다.

11 다음 漢字語와 흠은 같으나 뜻이 다른 漢字語를 뜻풀이에 맞게 쓰시오.

131~135번

131 通貨 - [   ] : 전화로 말을 주고 받음.

132 辛苦 - [   ] : 행정 관청에 사실을 진술·보고함.

133 戰警 - [   ] : 앞쪽에 보이는 경치.

134 房門 - [   ] : 찾아가서 만나거나 봄.

135 鏡像 - [   ] : 조금 다침.

12 다음 漢字의 部首를 쓰세요.

136~140번

136 辭 - [   ] 137 嘗 - [   ]

138 弊 - [   ] 139 豈 - [   ]

140 互 - [   ]

13 다음 [   ]안에 알맞은 漢字를 써넣어 漢字成語를 완성하세요.

141~150번

141 [   ] 甲移乙 : 남에게서 당한 노여움을 애꿎은 다른 사람에게 화풀이함.

142 萬 [   ] 無惜 : 만 번 죽어도 아까울 것이 없음.

143 勿失好 [   ] : 좋은 기회를 놓치지 아니함.

144 壽則 [   ] 辱 : 오래 살수록 그만큼 욕됨이 많음.

145 十目所 [   ] : 세상 사람을 속일 수 없음.

146 [   ] 寡不敵 : 적은 수효로 많은 수효를 대적하지 못함.

147 塞翁之 [   ] : 인생의 길흉화복은 예측하기가 어려움.

148 因果 [   ] 報 : 원인에 따라 그에 따른 결과를 받음.

149 率 [   ] 垂範 : 남보다 앞장서서 다른 사람의 본보기가 됨.

150 [   ] 己之友 : 자기의 속마음을 참되게 알아주는 친구.

(사) **한국어문회** 주관

예상문제

제 **13** 회

합격문항 : 105문항
시험시간 : 60분
정　　답 : 203쪽

01~45번

1 다음 漢字語의 讀音을 쓰시오.

01 화물을 선박으로 輸送하기로 하였다.
　　…………………………… [　　　]

02 경제활동을 促進하기 위해 도입된 제도이다.
　　…………………………… [　　　]

03 역모자들은 왕의 羽翼들을 제거하려고 하였다. ………………………… [　　　]

04 매사를 신중히 하고 勤愼을 게을리 하지 않았다. ………………………… [　　　]

05 몸과 마음을 弓矢 하나에 의지하듯 최대한의 경건한 자세로 과녁판에 겨누었다.
　　…………………………… [　　　]

06 재화나 서비스가 생산에서 소비로 해마다 되풀이 되어 유동하는 상태를 '경제循環'이라고 한다. …………………… [　　　]

07 그는 수군을 統帥하여 해상으로부터의 침입에 대처하였다. …………… [　　　]

08 장생도는 불로장생을 祈願하는 그림이다.
　　…………………………… [　　　]

09 그는 섬세하고 조용한 성품으로 스승에 대한 恭敬이 극진하였다. ……… [　　　]

10 전쟁은 물적 자원뿐만 아니라 인간성까지도 荒廢하게 만든다. …… [　　　]

11 탐욕이 많은 관리를 엄중히 懲罰하여 뒷사람이 경계하게 하였다. …… [　　　]

12 풍속을 엄격하게 단속하고 淫亂한 행동을 하지 못하도록 하였다. …… [　　　]

13 강한 지진으로 많은 시설물이 땅속에 陷沒되었다. ………………………… [　　　]

14 해마다 농사력에 맞추어 慣例로서 행해지는 행사이다. ………………… [　　　]

15 주민들에게 의리를 지키고 綱常에 힘쓰라고 깨우쳤다. ………………… [　　　]

16 천둥소리에 천지가 振動을 했다.
　　…………………………… [　　　]

17 농민 반란으로 군웅의 割據를 이끌었다.
　　…………………………… [　　　]

18 이웃 나라와 사귀고 먼 곳의 사람을 懷柔하며, 국경을 공고히 하였다.
　　…………………………… [　　　]

19 임금 인상과 3D업종 忌避로 인하여 심각한 인력난에 시달리고 있다. ……[　　　]

20 토벌대는 마을을 燒夷하는 등의 조치를 실행하였다. …………………… [　　　]

21 空拳 [　　　]　**22** 冥想 [　　　]

23 吉祥 [　　　]　**24** 減免 [　　　]

25 吟詠 [　　　]　**26** 對照 [　　　]

27 銳敏 [　　　]　**28** 腐索 [　　　]

29 惜敗 [　　　]　**30** 果糖 [　　　]

31 逐鹿 [　　　]　**32** 刺傷 [　　　]

33 腸液 [　　　]　**34** 雷震 [　　　]

35 越獄 [　　　]　**36** 飽滿 [　　　]

37 憐憫 [　　　]　**38** 煩惱 [　　　]

39 懇親 [   ]   40 釋尊 [   ]

41 醜聞 [   ]   42 災禍 [   ]

43 皮幣 [   ]   44 鈍濁 [   ]

45 細腰 [   ]

2 다음 漢字의 訓과 音을 쓰시오.   46~72번

46 堤 [   ]   47 貝 [   ]

48 僧 [   ]   49 謀 [   ]

50 隷 [   ]   51 鳳 [   ]

52 臭 [   ]   53 症 [   ]

54 慾 [   ]   55 雛 [   ]

56 戊 [   ]   57 禾 [   ]

58 亥 [   ]   59 晨 [   ]

60 娘 [   ]   61 寂 [   ]

62 赴 [   ]   63 賓 [   ]

64 辰 [   ]   65 途 [   ]

66 孰 [   ]   67 倫 [   ]

68 宰 [   ]   69 側 [   ]

70 旦 [   ]   71 雁 [   ]

72 蹟 [   ]

3 다음 밑줄 친 漢字語를 漢字로 쓰시오.   73~102번

73 실명이 확인되지 않으면 예금**통장**을 개설할
수 없다. ·················· [   ]

74 서울 지역 **일원**에 오존주의보가 내렸다.
····························· [   ]

75 우리나라에서는 서울말을 **표준어**로 삼아 왔
다. ························ [   ]

76 그는 여러 번의 회장 추천을 **고사**하였다.
····························· [   ]

77 우리나라는 수산 자원 개발의 **여지**가 많다.
····························· [   ]

78 백 리를 떨어지면 **풍속**이 다르다는 말이 있다.
····························· [   ]

79 식물원의 **규모**는 생각보다 훨씬 방대하였다.
····························· [   ]

80 국한 **혼용**이야말로 가장 이상적인 문자 혼용
이다. ····················· [   ]

81 경찰은 불법 시위 군중에게 **해산**할 것을 명령
하였다. ··············· [   ]

82 지구의 자전과 **공전**에 따라 주야와 4계절이
생긴다. ··············· [   ]

83 그는 재판을 받을 때에도 변호사 선임을 **거부**
하였다. ··············· [   ]

84 각 계층 간의 조화가 전제되어야 전체 사회의
안정된 생활을 **영위**할 수 있다.
····························· [   ]

85 우리는 이런 불리한 여건을 **좌시**하고 있을 수
없다. ····················· [   ]

86 당국은 시위대의 **제안**을 일부 수용하기로 하
였다. ··············· [   ]

87 교양이 부족하여 **비평**에 대한 이해가 부족하
다. ······················· [   ]

88 조상의 문화**유산**을 찾아보고 민족애를 키우는
계기가 되었다. ········ [   ]

89 조선 불교는 산 속에서 은거한 승려들에 의해
명맥을 이어갔다. ········ [   ]

90 우리 민족은 슬기롭게도 **오도**된 역사의 흐름
을 극복하고자 하였다. ····· [   ]

91 잔꾀와 아첨이 고위를 차지하는 지름길로 **인정**되어서는 안 된다. ……… [   ]

92 그의 시어는 생각과 느낌을 더욱 **구체적**이고 감각적으로 느끼게 한다. … [   ]

93 국가를 법률학적·사회학적 측면에 의하여 **고찰**할 것을 주장하였다. ……… [   ]

94 단풍으로 물든 가을산은 호수에 비추어 **장관**을 이루었다. ………………… [   ]

95 "네가 무엇보다도 **순진**하고 구김살이 없는 사람으로 장성하기를 바랄 뿐이다." …………………………… [   ]

96 선생님께서는 내가 **음정**이 틀리게 노래를 하면 놓치지 않고 주의를 주셨다. …………………………… [   ]

97 해맞이에서 느낀 것은 생명력이 가득 차서 넘치는 **숭엄**한 감격이었다. … [   ]

98 그동안 도움을 주신 분들에게 **보답**하기 위해 작은 선물을 준비하였다. … [   ]

99 국가와 사회의 발전에 **기여**한 공로를 치하하였다. ………………… [   ]

100 자연의 **순리**대로 살아가는 방법을 터득하고자 하였다. ………………… [   ]

101 동료들과 **보조**를 맞추어 행진하였다. …………………………… [   ]

102 신의를 전제로 한 격의 없는 **토론**을 하였다. …………………………… [   ]

103~107번

4 빈칸에 訓이 같은 漢字를 써넣어 單語를 完成하시오.

103 그의 위선은 여지없이 [   ]露되었다.

104 지식과 기술을 갖춘 熟[   ]된 기능 인력을 길렀다.

105 천리마는 몸에 줄무늬가 있고 [   ] 紅색 갈기가 있으며 눈은 황금과 같았다.

106 생산 규모의 확대는 노동력에 대한 수요를 增[   ]시켰다.

107 가족들의 돈독한 신의와 [   ]睦을 강조하였다.

108~112번

5 다음 漢字語 중 첫소리가 長音인 것을 가려 그 기호(㉮~㉶)를 쓰시오.

보기
㉮ 採擇 ㉯ 筆寫 ㉰ 粟米 ㉱ 著述 ㉲ 贈職
㉳ 聰明 ㉴ 就寢 ㉵ 屢次 ㉶ 守備 ㉷ 秀麗
㉸ 張皇 ㉹ 旋回 ㉺ 誓約 ㉻ 將來

108 [   ]   109 [   ]
110 [   ]   111 [   ]
112 [   ]

113~117번

6 다음 漢字語의 反意語를 漢字(正字)로 쓰시오.

113 緩慢 ↔ [   ]   114 [   ] ↔ 許可
115 稱讚 ↔ [   ]   116 [   ] ↔ 富裕
117 抵抗 ↔ [   ]

118~122번

7 다음 漢字와 뜻이 反對 또는 相對되는 漢字를 [   ]안에 써넣어 지문에 어울리는 漢字語를 완성하시오.

118 항상 서로 떨어질 수 없는 불가분의 관계에 있는 것을 [   ]影으로 비유하기도 한다.

119 승무는 인간의 喜[   ]를 높은 차원에서 극복하였다.

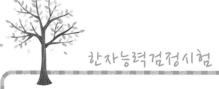
120 답안을 채점하며 及[   ] 여부를
결정하였다.

121 풍수설은 산수자연에 대하여 順[
     ]의 관점에서 파악하는 것이다.

122 양자의 장단점은 논리적으로는 [
     ]裏의 관계에 있었다.

8 다음 빈곳에 알맞은 漢字를 써넣어 四字成語를 完成하시오.

123～132번

123 [   ]木求魚 : 도저히 불가능한
일을 굳이 하려 함.

124 出將入[   ] : 문무를 다 갖추어
장수와 재상의 벼슬을 모두 지냄.

125 脣[   ]齒寒 : 이해관계가 밀접
한 사이에 한쪽이 망하면 다른 한쪽도 영향
을 받아 온전하기 어려움.

126 臨戰無[   ] : 전쟁에 나아가서
물러서지 않음.

127 自[   ]自棄 : 절망에 빠져 자신
을 스스로 포기하고 돌아보지 아니함.

128 北[   ]三友 : 거문고, 술, 시.

129 [   ]蜜腹劍 : 말로는 친한 듯하
나 속으로는 해칠 생각이 있음.

130 守株[   ]兔 : 한 가지 일에만
얽매여 발전을 모르는 어리석은 사람.

131 烏合之[   ] : 임시로 모여들어
서 규율이 없고 무질서한 군중 또는 군졸.

132 博覽[   ]記 : 책을 널리 많이
읽고 기억을 잘함.

9 다음 漢字의 部首를 쓰시오.

133～137번

133 烏 －[   ]   134 實 －[   ]

135 民 －[   ]   136 版 －[   ]

137 惑 －[   ]

10 다음 漢字語와 音은 같으나 뜻이 다른 漢字語를 뜻풀이에 맞게 쓰시오.(長短音 관계없이)

138～142번

138 狗盜 －[   ] : (그림에서) 모양,
색깔, 위치 따위
의 짜임새.

139 疏遠 －[   ] : 바라고 원함.

140 隨伴 －[   ] : 행정부의 가장 높
은 자리에 있는
사람.

141 須知 －[   ] : 수입과 지출.

142 蔬食 －[   ] : 사정을 알리는 말
이나 글.

11 다음 漢字語의 뜻을 쓰시오.

143～147번

143 諸般 : [   ]

144 瓦當 : [   ]

145 被選 : [   ]

146 斥候 : [   ]

147 納涼 : [   ]

12 다음 漢字의 略字를 쓰시오.

148～150번

148 變 －[   ]   149 區 －[   ]

150 燈 －[   ]

예상문제

합격문항 : 105문항
시험시간 : 60분
정   답 : 204쪽

1 다음 漢字語의 讀音을 쓰시오.

01~45번

1 가짜 세금 계산서로 세금을 **脫漏**한 기업인이 적발되었다. ················ [   ]

2 파란색은 음료가 내세우고자 하는 **渴症** 해소의 차갑고 시원한 이미지를 함축하고 있다.
················ [   ]

3 털이 길고 부드러우며 윤기가 있고 **觸感**이 매끄럽다. ················ [   ]

4 승자가 패자를 **慰勞**하는 모습이 아름답다.
················ [   ]

5 현재 우리 팀이 **薄氷**의 우위를 지켜 가고 있다. ················ [   ]

6 생산규모를 확대함으로써 비용이 절약되고 생산량이 **遞增**하는 경향이 있다.
················ [   ]

7 대원군은 임금의 친아버지에게 봉하던 **爵位**이다. ················ [   ]

8 최근 도난 사고가 **頻繁**하게 발생하고 있다.
················ [   ]

9 이번 여행은 평생 잊지 못할 **追憶**이 될 것이다. ················ [   ]

10 지진이 잦은 지역에서는 **耐震**할 수 있도록 건물의 기초 공사를 튼튼히 해야 한다.
················ [   ]

11 그의 묘사력은 셰익스피어에 **匹敵**할 만큼 탁월하였다. ················ [   ]

12 "성현이 가르친 바른길을 두고 좌도에 **迷惑**되지 마라." ················ [   ]

13 인륜의 도는 억지로 행하는 것이 아니라 자연의 **攝理**와 같이 행하는 것이어야 한다.
················ [   ]

14 피의 **循環**이 정지한 것처럼 몸이 그대로 석고처럼 얼어붙는 것 같았다.
················ [   ]

15 한국 전통가옥의 목재 생산은 **濫伐**과 원목수입의 증가로 쇠퇴하였다.
················ [   ]

16 그는 거대한 자연에 자신의 애정을 실어 **彈奏**하였다. ················ [   ]

17 두 회사는 **提携**하여 신제품을 개발하기로 하였다. ················ [   ]

18 위구르는 **突厥**과는 적대 관계였지만 중국과는 우호적인 관계를 유지했다. [   ]

19 질병 치료를 위한 온천욕과 **汗蒸**도 성행하였다. ················ [   ]

20 군사정부는 언론에 대하여 **檢閱**과 탄압을 했다는 비판을 받았다. ········ [   ]

21 凝滯 [   ] 22 畏懼 [   ]

23 躍進 [   ] 24 鹽味 [   ]

25 相殺 [   ] 26 淚誦 [   ]

27 忘却 [   ] 28 爐邊 [   ]

29 押韻 [   ] 30 飢餓 [   ]

31 懇切 [   ] 32 障壁 [   ]

33 繫留 [   ]   34 搖動 [   ]

35 掠奪 [   ]   36 暢達 [   ]

37 遵守 [   ]   38 災殃 [   ]

39 被逮 [   ]   40 罪囚 [   ]

41 誘致 [   ]   42 埋沒 [   ]

43 況且 [   ]   44 毁傷 [   ]

45 移替 [   ]

2 다음 漢字의 訓과 音을 쓰시오. 46~72번

46 譜 [   ]   47 卜 [   ]

48 晩 [   ]   49 憎 [   ]

50 返 [   ]   51 枝 [   ]

52 橫 [   ]   53 享 [   ]

54 損 [   ]   55 飜 [   ]

56 燭 [   ]   57 昭 [   ]

58 鐵 [   ]   59 造 [   ]

60 稷 [   ]   61 冥 [   ]

62 澤 [   ]   63 織 [   ]

64 憲 [   ]   65 傍 [   ]

66 換 [   ]   67 樓 [   ]

68 誌 [   ]   69 固 [   ]

70 悔 [   ]   71 浮 [   ]

72 栗 [   ]

3 밑줄 친 漢字語를 漢字(正字)로 쓰시오. 73~102번

73 단 것을 즐겨 먹으면 **충치**가 생긴다.
.... [   ]

74 국경 지역에 큰 규모의 병력이 **포진**하였다.
.... [   ]

75 심판의 판정에 지나치게 **항의**하면 경고를 받을 수 있다. .... [   ]

76 요금을 더 냈을 경우 **차액**을 돌려받을 수 있다. .... [   ]

77 도서관에서는 항상 **정숙**해야 한다.
.... [   ]

78 때로는 자신의 주장을 끝까지 **견지**하기가 쉽지 않다. .... [   ]

79 각종 교통 **표지판**에 한자도 병기할 필요가 있다. .... [   ]

80 서로 상대 팀의 작전을 **간파**하려고 애를 썼다.
.... [   ]

81 지구 이외의 별에도 생명체가 존재한다는 것은 **추측**에 불과하다. .... [   ]

82 차량에 **연료**를 보충하였다.
.... [   ]

83 선배들은 신입생을 **환영**했다.
.... [   ]

84 남쪽의 **한려**수도는 국립공원이다.
.... [   ]

85 두 나라의 **전투**는 끝을 알 수 없다.
.... [   ]

86 새 학년에 **담임**선생님이 바뀌었다.
.... [   ]

87 아버지는 의사의 **권고**로 담배를 끊으셨다.
.... [   ]

88 폭격기는 **폭격**을 하는 것이 주 임무이다.
.... [   ]

89 이 지도는 100분의 1로 **축소**한 것이다.
.... [   ]

90 다들 누나의 음식 솜씨를 예술이라고 **칭찬**하였다. ·························· [   ]

91 모두들 꿈이 실현되기를 **희망**하였다. ·························· [   ]

각국이 서로 **문호**⁹²를 **개방**⁹³하여 통상 또는 문화 교류를 행하였다.

92 문호 [   ]   **93** 개방 [   ]

맹자는 유가사상의 **정통**⁹⁴과 **전승**⁹⁵을 확립하였다.

94 정통 [   ]   **95** 전승 [   ]

공무 집행을 **방해**⁹⁶하는 행위는 법으로 엄중히 **처벌**⁹⁷한다.

96 방해 [   ]   **97** 처벌 [   ]

백신은 병원균이나 바이러스 등의 유전자들 중 일부를 **인공**⁹⁸적으로 **복제**⁹⁹하여 만든다.

98 인공 [   ]   **99** 복제 [   ]

대학에서는 여러 학과를 **신설**¹⁰⁰하고 일부 학과의 **정원**¹⁰¹을 **조정**¹⁰²했다.

100 신설 [   ]   **101** 정원 [   ]

102 조정 [   ]

4 빈칸에 訓이 같은 漢字를 써넣어 單語를 完成 하시오.

103~107번

103 부역을 풀어주고 租 [   ]를 감해 주었다.

104 언어 상호간의 문법적 사실을 [   ]較·연구하였다.

105 개인적인 사정을 전혀 [   ]慮하지 않은 규칙이다.

106 그는 백성들이 扶 [   ]한 물품을 모두 되돌려 주었다.

107 그는 모임에 참여하거나 누구를 尋 [   ]함을 좋아하지 않았다.

5 다음 漢字語 중 첫소리가 長音인 것을 골라 그 번호를 쓰시오.

108~112번

108 [   ] : ① 放課 ② 方丈 ③ 防音 ④ 房外
109 [   ] : ① 盜賊 ② 導出 ③ 逃避 ④ 圖表
110 [   ] : ① 司會 ② 師宗 ③ 賜田 ④ 私田
111 [   ] : ① 巡査 ② 順産 ③ 旬報 ④ 脣聲
112 [   ] : ① 園池 ② 圓柱 ③ 元朝 ④ 願書

6 다음 漢字語의 反意語를 漢字(正字)로 쓰시오.

113~117번

113 浪費 ↔ [   ]   **114** [   ] ↔ 卑近
115 偶數 ↔ [   ]   **116** [   ] ↔ 容納
117 對話 ↔ [   ]

7 다음 漢字와 뜻이 反對 또는 相對되는 漢字를 [   ]안에 써넣어 지문에 어울리는 漢字語를 완성하시오.

118~122번

118 그들의 모습과는 [   ]壤의 차이를 보였다.

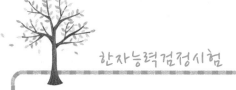

119 그는 사람을 대함에 귀천과 [   ] 愚
를 가리지 않았다.

120 사안의 輕[   ]을 따져서 중요한 것
부터 처리하였다.

121 바다에 쌓인 모래가 해마다 옮겨져서 그
[   ] 淺의 차이가 매우 심하다.

122 마을 주민들은 [   ] 弔 사항이 있을
때마다 자신의 일처럼 거들었다.

8 다음 빈칸에 알맞은 漢字를 써넣어 漢字成
語를 完成하시오.

123~132번

123 孟母 [   ] 機 : 맹자의 어머니가
짜던 베를 잘라서 학문을 중도에 그만둔 것
을 훈계한 일.

124 衆口難 [   ] : 막기 어려울 정도
로 여럿이 마구 지껄임.

125 興亡 [   ] 衰 : 흥하고 망함과
성하고 쇠함.

126 燈下不 [   ] : 가까이에 있는 물
건이나 사람을 잘 찾지 못함.

127 龍 [   ] 蛇尾 : 처음은 왕성하나
끝이 부진한 현상.

128 [   ] 猶不及 : 중용이 중요함.

129 [   ] 禍爲福 : 재앙과 화난이 바
뀌어 오히려 복이 됨.

130 克 [   ] 復禮 : 자기의 욕심을 누
르고 예의범절을 따름.

131 取捨選 [   ] : 여럿 가운데서 쓸
것은 쓰고 버릴 것은 버림.

132 拔本塞 [   ] : 사물의 폐단을 없
애기 위해서 그 뿌리째 뽑아 버림.

9 다음 漢字의 部首를 쓰시오.

133~137번

133 免 - [   ]　134 夢 - [   ]

135 農 - [   ]　136 乳 - [   ]

137 肖 - [   ]

10 다음 漢字語와 음은 같으나 뜻이 다른 漢
字語를 뜻풀이에 맞게 쓰시오.(長短音 관
계없이)

138~142번

138 樣式 - [   ] : 서양 음식.

139 對備 - [   ] : 부처의 큰 자비.

140 功利 - [   ] : 일반에 공통되는
도리.

141 警戒 - [   ] : 지역이 갈라지는
한계.

142 腹背 - [   ] : 땅에 엎드려 절을
함.

11 다음 漢字語의 뜻을 쓰시오.

143~147번

143 盤石 : [   ]

144 姪婦 : [   ]

145 播種 : [   ]

146 豚舍 : [   ]

147 胸圍 : [   ]

12 다음 漢字의 略字를 쓰시오.

148~150번

148 氣 - [   ]　149 團 - [   ]

150 寶 - [   ]

한자능력검정시험

제 **15** 회

(사) **한국어문회** 주관

예상문제

합격문항 : 105문항
시험시간 : 60분
정   답 : 206쪽

01~45번

1 다음 漢字語의 讀音을 쓰시오.

1 그는 선처해 줄 것을 애절하게 泣訴하였다. ························· [   ]

2 학문에 대한 뜻을 독실히 하면서 간곡하게 법도를 遵守하였다. ·········· [   ]

3 건물은 여기저기 塗料가 벗겨져 무척 낡아보였다. ··········· [   ]

4 여행을 통하여 보고 듣고 느낀 바를 敍述하였다. ·················· [   ]

5 재미를 추구하는 獵奇적인 패러디는 비판성을 상실한다. ·········· [   ]

6 지나간 역사를 어둡다고 숨기거나, 없는 것을 있다고 誇張해서는 안 된다. ·················· [   ]

7 심판이 판정을 飜覆하기란 기대하기 어렵다. ·················· [   ]

8 암탉과 병아리들은 절구통을 奔走하게 맴돌고 있었다. ··········· [   ]

9 그동안 拔群의 전공이 인정되어 대장으로 특진하였다. ·········· [   ]

10 내정 干涉을 강화해 경제적인 이권은 물론 침략의 기반을 닦으려는 속셈이었다. ·················· [   ]

11 그는 밤새 고열과 惡寒에 시달렸다. ·················· [   ]

12 그는 정확성을 연구의 必須 조건으로 강조했다. ·················· [   ]

13 경기 회복세가 보이면서 주가가 漸騰하고 있다. ·················· [   ]

14 재판부는 원심을 破棄하고 사건을 지방 법원으로 되돌려 보냈다. ········ [   ]

15 선생은 고려 태조의 幕僚가 되어 고려 건국에 큰 공을 세웠다. ··········· [   ]

16 순간 후회감이 번개처럼 腦裏를 스치고 지나갔다. ·················· [   ]

17 강수량이 적은 지역에서는 耐旱할 수 있는 작물을 재배하는 것이 낫다. [   ]

18 자두꽃은 대한제국군의 모자나 肩章의 무늬로도 쓰였다. ··········· [   ]

19 신도들은 선행을 誓願하였다. ·················· [   ]

20 그는 취할 만한 점이 있다면 아무리 微賤한 자라도 본받기를 게을리 하지 않았다. ·················· [   ]

21 羽翼 [   ]   **22** 顧慮 [   ]

23 吹奏 [   ]   **24** 別刷 [   ]

25 侯爵 [   ]   **26** 逐邪 [   ]

27 癸丑 [   ]   **28** 崩御 [   ]

29 栗谷 [   ]   **30** 姦淫 [   ]

31 隸書 [   ]   **32** 嫌忌 [   ]

33 庸拙 [   ]   **34** 隱蔽 [   ]

35 悔悟 [   ]   **36** 騷動 [   ]

37 履修 [   ]   **38** 蔬菜 [   ]

39 掛念 [   ]   40 謙虛 [   ]

41 尤甚 [   ]   42 隨筆 [   ]

43 燕巖 [   ]   44 迫頭 [   ]

45 懇談 [   ]

46~72번

2 다음 漢字의 訓과 音을 쓰시오.

46 祈 [   ]   47 朋 [   ]

48 屯 [   ]   49 森 [   ]

50 衡 [   ]   51 夷 [   ]

52 孰 [   ]   53 銘 [   ]

54 漆 [   ]   55 畓 [   ]

56 毁 [   ]   57 朔 [   ]

58 賜 [   ]   59 輝 [   ]

60 雁 [   ]   61 絹 [   ]

62 矣 [   ]   63 鴻 [   ]

64 稻 [   ]   65 禽 [   ]

66 詐 [   ]   67 肥 [   ]

68 竊 [   ]   69 臥 [   ]

70 那 [   ]   71 弔 [   ]

72 滯 [   ]

73~102번

3 다음 밑줄 친 漢字語를 漢字로 쓰시오.

73 좋은 **비평**은 좋은 작품의 밑거름이 된다.
   ························ [   ]

74 환자를 **간호**하는 일은 참으로 힘들다.
   ························ [   ]

75 예전에는 자연을 **숭배**하는 풍습이 성했다.
   ························ [   ]

76 **총점** 1점 차이로 금메달을 땄다.
   ························ [   ]

77 **中國** 대학생들은 거의 모두가 **기숙사** 생활을
   한다. ·················· [   ]

78 죄짓고 해외로 **도피**하는 자들이 있다.
   ························ [   ]

79 마라톤 선수들은 **탈진**한 상태에서도 정신력으
   로 버틴다. ············· [   ]

80 요즘은 일기**예보**가 잘 맞는 편이다.
   ························ [   ]

81 모든 국민은 **납세**의 의무를 진다.
   ························ [   ]

82 **이혼**을 너무 쉽게 생각하는 풍조가 걱정스럽
   다. ····················· [   ]

83 **週** 5日 근무제로 **여가** 시간이 많이 늘었다.
   ························ [   ]

84 어휘력 향상을 위해 **사전**을 늘 가까이 할 필요
   가 있다. ················· [   ]

85 날씨 때문에 여행 계획을 **변경**하였다.
   ························ [   ]

86 혈관 주사는 보통 **정맥**에 놓는다.
   ························ [   ]

87 10원짜리 **동전**은 줍는 사람도 별로 없다.
   ························ [   ]

88 종교적인 이유로 군복무를 **거부**하는 이들이
   꽤 많다. ················· [   ]

89 **記者**는 **추측**만으로 기사를 써서는 안 된다.
   ························ [   ]

90 오페라는 우리네 **창극**과 매우 비슷하다.
   ························ [   ]

91 노약자들은 **계단**을 오르내리기가 힘들다.
   ························ [   ]

92 정부는 비상시에 대비하여 일정량의 **양곡**을 항시 비축한다. ·············· [   ]

93 야생동물들은 **청각**이 매우 발달되어 있다. ·············· [   ]

94 전철 안에서는 **금연**이 잘 지켜지는 편이다. ·············· [   ]

95 스키를 타다가 **골절상**을 당했다. ·············· [   ]

96 **취직**의 문을 넓히는 시책이 많이 나와야 한다. ·············· [   ]

97 한강 **유람선**을 타고 출퇴근하면 좋은 점이 많을 것 같다. ·············· [   ]

98 신속하고 과감한 기동으로 **공격**하여 적을 격멸하였다. ·············· [   ]

99 독점산업과 자본의 집적을 촉진하여 거대한 **독점**체제를 낳게 하였다. [   ]

100 그는 잘못한 것에 대해 당사자에게 **사죄**했다. ·············· [   ]

101 그날 이후 그 일에 대해서는 더 이상 **거론**하지 않았다. ·············· [   ]

102 빠른 효용을 기대하고서 **조장**하는 마음을 갖는다고 학문이 되겠는가? [   ]

4 빈칸에 訓이 같은 漢字를 써넣어 單語를 完成하시오.
103~107번

103 효율성을 높이기 위하여 [   ]織을 개편하였다.

104 통계자료에 [   ]據하여 미지의 것을 추정해 내었다.

105 세계적인 학자들을 [   ]聘하였다.

106 고장 차량을 신속하게 牽[   ]하였다.

107 변란이 일어나자 [   ]綱이 문란해졌다.

5 다음 漢字語 중 첫소리가 長音인 것을 가려 그 기호(㉮~㉵)를 쓰시오.
108~112번

> 보기 ㉮ 興望 ㉯ 娘子 ㉰ 鎖足 ㉱ 幼稚 ㉲ 詳細
> ㉳ 迷信 ㉴ 蒼白 ㉵ 諒知 ㉶ 瓦當 ㉷ 容恕
> ㉸ 臨終 ㉹ 邊方 ㉺ 莊重 ㉻ 鳳仙花

108 [   ] **109** [   ]
110 [   ] **111** [   ]
112 [   ]

6 다음 漢字語의 反意語를 漢字(正字)로 쓰시오.
113~117번

113 決裂 ↔ [   ] **114** [   ] ↔ 過失
115 左遷 ↔ [   ] **116** [   ] ↔ 空想
117 靈魂 ↔ [   ]

7 다음 漢字와 뜻이 反對 또는 相對되는 漢字를 [   ] 안에 써넣어 지문에 어울리는 漢字語를 完成하시오.
118~122번

118 새로 발굴한 유물의 [   ]僞에 대하여 논란이 많다.

119 안채와의 연결 부분에 伸[   ] 공간을 두었다.

120 두 사람은 원래 [   ]姪 사이이다.

121 그는 감정 [   ]伏이 심하다.

122 노사의 화합 여부는 기업의 [   ]衰를 좌우한다.

8 다음 빈곳에 알맞은 漢字를 써넣어 四字成語를 完成하시오. *123~132번*

123 口尙 [   ] 臭 : 말이나 행동이 유치함.

124 附 [   ] 雷同 : 줏대 없이 남의 의견에 따라 움직임.

125 [   ] 舟求劍 : 현실에 맞지 않는 낡은 생각을 고집하는 어리석음.

126 錦衣還 [   ] : 출세하여 고향에 돌아옴.

127 烏 [   ] 梨落 : 억울하게 의심을 받거나 난처한 위치에 서게 됨.

128 背 [   ] 忘德 : 은덕을 저버리고 배반함.

129 切 [   ] 腐心 : 분하여 이를 갈며 속을 썩임.

130 [   ] 言利說 : 달콤한 말.

131 矯角 [   ] 牛 : 잘못된 점을 고치려다가 오히려 일을 그르침.

132 泥田 [   ] 狗 : 이익을 위하여 비열하게 다툼.

9 다음 漢字의 部首를 쓰시오. *133~137번*

133 衡 - [   ] 134 條 - [   ]

135 辨 - [   ] 136 敦 - [   ]

137 賓 - [   ]

10 다음 漢字語와 음은 같으나 뜻이 다른 漢字語를 뜻풀이에 맞게 쓰시오.(長短音 관계없이) *138~142번*

138 傾注 - [   ] : 일정한 거리를 달려 빠르기를 겨루는 일.

139 聰氣 - [   ] : 무기.

140 透寫 - [   ] : 앞장서서 투쟁하는 사람.

141 間斷 - [   ] : 간편하고 단출함.

142 恒久 - [   ] : 배가 안전하게 드나들도록 설비한 곳.

11 다음 漢字語의 뜻을 쓰시오. *143~147번*

143 荷重 : [   ]

144 越墻 : [   ]

145 隣邦 : [   ]

146 赴任 : [   ]

147 凝血 : [   ]

12 다음 漢字의 略字를 쓰시오. *148~150번*

148 舊 - [   ] 149 廳 - [   ]

150 雜 - [   ]

수험번호 □□□-□□-□□□□ 성명 □□□□□

생년월일 □□□□□□ ※ 주민등록번호 앞 6자리 숫자를 기입하십시오. ※ 성명은 한글로 작성
  ※ 필기구는 검정색 볼펜만 가능

※ 답안지는 컴퓨터로 처리되므로 구기거나 더럽히지 마시고, 정답 칸 안에만 쓰십시오. 글씨가 채점란으로 들어오면 오답처리가 됩니다.

공인민간자격 전국한자능력검정시험 3급 답안지(1) (시험시간 : 60분)

번호	답안란 정답	채점란 1검	2검	번호	답안란 정답	채점란 1검	2검	번호	답안란 정답	채점란 1검	2검
1				24				47			
2				25				48			
3				26				49			
4				27				50			
5				28				51			
6				29				52			
7				30				53			
8				31				54			
9				32				55			
10				33				56			
11				34				57			
12				35				58			
13				36				59			
14				37				60			
15				38				61			
16				39				62			
17				40				63			
18				41				64			
19				42				65			
20				43				66			
21				44				67			
22				45				68			
23				46				69			

감독위원	채점위원(1)		채점위원(2)		채점위원(3)	
(서명)	(득점)	(서명)	(득점)	(서명)	(득점)	(서명)

※뒷면으로 이어짐

※ 답안지는 컴퓨터로 처리되므로 구기거나 더럽히지 마시고, 정답 칸 안에만 쓰십시오. 글씨가 채점란으로 들어오면 오답처리가 됩니다.

공인민간자격 전국한자능력검정시험 3급 답안지(2) (시험시간 : 60분)

번호	정답	1검	2검	번호	정답	1검	2검	번호	정답	1검	2검
70				97				124			
71				98				125			
72				99				126			
73				100				127			
74				101				128			
75				102				129			
76				103				130			
77				104				131			
78				105				132			
79				106				133			
80				107				134			
81				108				135			
82				109				136			
83				110				137			
84				111				138			
85				112				139			
86				113				140			
87				114				141			
88				115				142			
89				116				143			
90				117				144			
91				118				145			
92				119				146			
93				120				147			
94				121				148			
95				122				149			
96				123				150			

수험번호 □□□-□□-□□□□   성명 □□□□□

생년월일 □□□□□□   ※ 주민등록번호 앞 6자리 숫자를 기입하십시오.   ※ 성명은 한글로 작성
                                                           ※ 필기구는 검정색 볼펜만 가능

※ 답안지는 컴퓨터로 처리되므로 구기거나 더럽히지 마시고, 정답 칸 안에만 쓰십시오. 글씨가 채점란으로 들어오면 오답처리가 됩니다.

공인민간자격 전국한자능력검정시험 3급 답안지(1) (시험시간 : 60분)

번호	정답	1검	2검	번호	정답	1검	2검	번호	정답	1검	2검
1				24				47			
2				25				48			
3				26				49			
4				27				50			
5				28				51			
6				29				52			
7				30				53			
8				31				54			
9				32				55			
10				33				56			
11				34				57			
12				35				58			
13				36				59			
14				37				60			
15				38				61			
16				39				62			
17				40				63			
18				41				64			
19				42				65			
20				43				66			
21				44				67			
22				45				68			
23				46				69			

감독위원	채점위원(1)		채점위원(2)		채점위원(3)	
(서명)	(득점)	(서명)	(득점)	(서명)	(득점)	(서명)

※뒷면으로 이어짐

※ 답안지는 컴퓨터로 처리되므로 구기거나 더럽히지 마시고, 정답 칸 안에만 쓰십시오. 글씨가 채점란으로 들어오면 오답처리가 됩니다.

공인민간자격 전국한자능력검정시험 3급 답안지(2) (시험시간 : 60분)

번호	정답	1검	2검	번호	정답	1검	2검	번호	정답	1검	2검
70				97				124			
71				98				125			
72				99				126			
73				100				127			
74				101				128			
75				102				129			
76				103				130			
77				104				131			
78				105				132			
79				106				133			
80				107				134			
81				108				135			
82				109				136			
83				110				137			
84				111				138			
85				112				139			
86				113				140			
87				114				141			
88				115				142			
89				116				143			
90				117				144			
91				118				145			
92				119				146			
93				120				147			
94				121				148			
95				122				149			
96				123				150			

수험번호 □□□-□□-□□□□　　성명 □□□□□

생년월일 □□□□□□　※ 주민등록번호 앞 6자리 숫자를 기입하십시오.　※ 성명은 한글로 작성

※ 필기구는 검정색 볼펜만 가능

※ 답안지는 컴퓨터로 처리되므로 구기거나 더럽히지 마시고, 정답 칸 안에만 쓰십시오. 글씨가 채점란으로 들어오면 오답처리가 됩니다.

공인민간자격 전국한자능력검정시험 3급 답안지(1) (시험시간 : 60분)

번호	답안란 정답	채점란 1검	2검	번호	답안란 정답	채점란 1검	2검	번호	답안란 정답	채점란 1검	2검
1				24				47			
2				25				48			
3				26				49			
4				27				50			
5				28				51			
6				29				52			
7				30				53			
8				31				54			
9				32				55			
10				33				56			
11				34				57			
12				35				58			
13				36				59			
14				37				60			
15				38				61			
16				39				62			
17				40				63			
18				41				64			
19				42				65			
20				43				66			
21				44				67			
22				45				68			
23				46				69			

감독위원	채점위원(1)		채점위원(2)		채점위원(3)	
(서명)	(득점)	(서명)	(득점)	(서명)	(득점)	(서명)

※뒷면으로 이어짐

※ 답안지는 컴퓨터로 처리되므로 구기거나 더럽히지 마시고, 정답 칸 안에만 쓰십시오. 글씨가 채점란으로 들어오면 오답처리가 됩니다.

공인민간자격 전국한자능력검정시험 3급 답안지(2) (시험시간 : 60분)

번호	정답	1검	2검	번호	정답	1검	2검	번호	정답	1검	2검
70				97				124			
71				98				125			
72				99				126			
73				100				127			
74				101				128			
75				102				129			
76				103				130			
77				104				131			
78				105				132			
79				106				133			
80				107				134			
81				108				135			
82				109				136			
83				110				137			
84				111				138			
85				112				139			
86				113				140			
87				114				141			
88				115				142			
89				116				143			
90				117				144			
91				118				145			
92				119				146			
93				120				147			
94				121				148			
95				122				149			
96				123				150			

수험번호 □□□-□□-□□□□　성명 □□□□□

생년월일 □□□□□□　※ 주민등록번호 앞 6자리 숫자를 기입하십시오.　※ 성명은 한글로 작성

※ 필기구는 검정색 볼펜만 가능

※ 답안지는 컴퓨터로 처리되므로 구기거나 더럽히지 마시고, 정답 칸 안에만 쓰십시오. 글씨가 채점란으로 들어오면 오답처리가 됩니다.

공인민간자격 전국한자능력검정시험 3급 답안지(1) (시험시간 : 60분)

번호	정답	1검	2검	번호	정답	1검	2검	번호	정답	1검	2검
1				24				47			
2				25				48			
3				26				49			
4				27				50			
5				28				51			
6				29				52			
7				30				53			
8				31				54			
9				32				55			
10				33				56			
11				34				57			
12				35				58			
13				36				59			
14				37				60			
15				38				61			
16				39				62			
17				40				63			
18				41				64			
19				42				65			
20				43				66			
21				44				67			
22				45				68			
23				46				69			

감독위원	채점위원(1)		채점위원(2)		채점위원(3)	
(서명)	(득점)	(서명)	(득점)	(서명)	(득점)	(서명)

※ 답안지는 컴퓨터로 처리되므로 구기거나 더럽히지 마시고, 정답 칸 안에만 쓰십시오. 글씨가 채점란으로 들어오면 오답처리가 됩니다.

공인민간자격 전국한자능력검정시험 3급 답안지(2) (시험시간 : 60분)

번호	정답	1검	2검	번호	정답	1검	2검	번호	정답	1검	2검
70				97				124			
71				98				125			
72				99				126			
73				100				127			
74				101				128			
75				102				129			
76				103				130			
77				104				131			
78				105				132			
79				106				133			
80				107				134			
81				108				135			
82				109				136			
83				110				137			
84				111				138			
85				112				139			
86				113				140			
87				114				141			
88				115				142			
89				116				143			
90				117				144			
91				118				145			
92				119				146			
93				120				147			
94				121				148			
95				122				149			
96				123				150			

수험번호 □□□ - □□ - □□□□　　　성명 □□□□□

생년월일 □□□□□□　　※ 주민등록번호 앞 6자리 숫자를 기입하십시오.　※ 성명은 한글로 작성
　　　　　　　　　　　　　　　　　　　　　　　　　　　　　　※ 필기구는 검정색 볼펜만 가능

※ 답안지는 컴퓨터로 처리되므로 구기거나 더럽히지 마시고, 정답 칸 안에만 쓰십시오. 글씨가 채점란으로 들어오면 오답처리가 됩니다.

공인민간자격 전국한자능력검정시험 3급 답안지(1) (시험시간 : 60분)

번호	정답	1검	2검	번호	정답	1검	2검	번호	정답	1검	2검
1				24				47			
2				25				48			
3				26				49			
4				27				50			
5				28				51			
6				29				52			
7				30				53			
8				31				54			
9				32				55			
10				33				56			
11				34				57			
12				35				58			
13				36				59			
14				37				60			
15				38				61			
16				39				62			
17				40				63			
18				41				64			
19				42				65			
20				43				66			
21				44				67			
22				45				68			
23				46				69			

감독위원	채점위원(1)		채점위원(2)		채점위원(3)	
(서명)	(득점)	(서명)	(득점)	(서명)	(득점)	(서명)

※뒷면으로 이어짐

※ 답안지는 컴퓨터로 처리되므로 구기거나 더럽히지 마시고, 정답 칸 안에만 쓰십시오. 글씨가 채점란으로 들어오면 오답처리가 됩니다.

공인민간자격 전국한자능력검정시험 3급 답안지(2) (시험시간 : 60분)

번호	정답	1검	2검	번호	정답	1검	2검	번호	정답	1검	2검
70				97				124			
71				98				125			
72				99				126			
73				100				127			
74				101				128			
75				102				129			
76				103				130			
77				104				131			
78				105				132			
79				106				133			
80				107				134			
81				108				135			
82				109				136			
83				110				137			
84				111				138			
85				112				139			
86				113				140			
87				114				141			
88				115				142			
89				116				143			
90				117				144			
91				118				145			
92				119				146			
93				120				147			
94				121				148			
95				122				149			
96				123				150			

301

수험번호 □□□-□□-□□□□ 성명 □□□□□
생년월일 □□□□□□ ※ 주민등록번호 앞 6자리 숫자를 기입하십시오. ※ 성명은 한글로 작성
※ 필기구는 검정색 볼펜만 가능

※ 답안지는 컴퓨터로 처리되므로 구기거나 더럽히지 마시고, 정답 칸 안에만 쓰십시오. 글씨가 채점란으로 들어오면 오답처리가 됩니다.

공인민간자격 전국한자능력검정시험 3급 답안지(1) (시험시간 : 60분)

번호	정답	1검	2검	번호	정답	1검	2검	번호	정답	1검	2검
1				24				47			
2				25				48			
3				26				49			
4				27				50			
5				28				51			
6				29				52			
7				30				53			
8				31				54			
9				32				55			
10				33				56			
11				34				57			
12				35				58			
13				36				59			
14				37				60			
15				38				61			
16				39				62			
17				40				63			
18				41				64			
19				42				65			
20				43				66			
21				44				67			
22				45				68			
23				46				69			

감독위원	채점위원(1)		채점위원(2)		채점위원(3)	
(서명)	(득점)	(서명)	(득점)	(서명)	(득점)	(서명)

※뒷면으로 이어짐

※ 답안지는 컴퓨터로 처리되므로 구기거나 더럽히지 마시고, 정답 칸 안에만 쓰십시오. 글씨가 채점란으로 들어오면 오답처리가 됩니다.

공인민간자격 전국한자능력검정시험 3급 답안지(2) (시험시간 : 60분)

번호	정답	1검	2검	번호	정답	1검	2검	번호	정답	1검	2검
70				97				124			
71				98				125			
72				99				126			
73				100				127			
74				101				128			
75				102				129			
76				103				130			
77				104				131			
78				105				132			
79				106				133			
80				107				134			
81				108				135			
82				109				136			
83				110				137			
84				111				138			
85				112				139			
86				113				140			
87				114				141			
88				115				142			
89				116				143			
90				117				144			
91				118				145			
92				119				146			
93				120				147			
94				121				148			
95				122				149			
96				123				150			

3 0 1

수험번호 □□□－□□－□□□□　성명 □□□□□

생년월일 □□□□□□　※ 주민등록번호 앞 6자리 숫자를 기입하십시오.　※ 성명은 한글로 작성
　　　　　　　　　　　　　　　　　　　　　　　　　　　　　　　　　※ 필기구는 검정색 볼펜만 가능

※ 답안지는 컴퓨터로 처리되므로 구기거나 더럽히지 마시고, 정답 칸 안에만 쓰십시오. 글씨가 채점란으로 들어오면 오답처리가 됩니다.

공인민간자격 전국한자능력검정시험 3급 답안지(1) (시험시간 : 60분)

번호	정답	1검	2검	번호	정답	1검	2검	번호	정답	1검	2검
1				24				47			
2				25				48			
3				26				49			
4				27				50			
5				28				51			
6				29				52			
7				30				53			
8				31				54			
9				32				55			
10				33				56			
11				34				57			
12				35				58			
13				36				59			
14				37				60			
15				38				61			
16				39				62			
17				40				63			
18				41				64			
19				42				65			
20				43				66			
21				44				67			
22				45				68			
23				46				69			

감독위원	채점위원(1)		채점위원(2)		채점위원(3)	
(서명)	(득점)	(서명)	(득점)	(서명)	(득점)	(서명)

※뒷면으로 이어짐

※ 답안지는 컴퓨터로 처리되므로 구기거나 더럽히지 마시고, 정답 칸 안에만 쓰십시오. 글씨가 채점란으로 들어오면 오답처리가 됩니다.

공인민간자격 전국한자능력검정시험 3급 답안지(2) (시험시간 : 60분)

번호	정답	1검	2검	번호	정답	1검	2검	번호	정답	1검	2검
70				97				124			
71				98				125			
72				99				126			
73				100				127			
74				101				128			
75				102				129			
76				103				130			
77				104				131			
78				105				132			
79				106				133			
80				107				134			
81				108				135			
82				109				136			
83				110				137			
84				111				138			
85				112				139			
86				113				140			
87				114				141			
88				115				142			
89				116				143			
90				117				144			
91				118				145			
92				119				146			
93				120				147			
94				121				148			
95				122				149			
96				123				150			

수험번호 □□□-□□-□□□□   성명 □□□□□

생년월일 □□□□□□ ※ 주민등록번호 앞 6자리 숫자를 기입하십시오. ※ 성명은 한글로 작성
※ 필기구는 검정색 볼펜만 가능

※ 답안지는 컴퓨터로 처리되므로 구기거나 더럽히지 마시고, 정답 칸 안에만 쓰십시오. 글씨가 채점란으로 들어오면 오답처리가 됩니다.

공인민간자격 전국한자능력검정시험 3급 답안지(1) (시험시간 : 60분)

번호	정답	1검	2검	번호	정답	1검	2검	번호	정답	1검	2검
1				24				47			
2				25				48			
3				26				49			
4				27				50			
5				28				51			
6				29				52			
7				30				53			
8				31				54			
9				32				55			
10				33				56			
11				34				57			
12				35				58			
13				36				59			
14				37				60			
15				38				61			
16				39				62			
17				40				63			
18				41				64			
19				42				65			
20				43				66			
21				44				67			
22				45				68			
23				46				69			

감독위원	채점위원(1)		채점위원(2)		채점위원(3)	
(서명)	(득점)	(서명)	(득점)	(서명)	(득점)	(서명)

※뒷면으로 이어짐

※ 답안지는 컴퓨터로 처리되므로 구기거나 더럽히지 마시고, 정답 칸 안에만 쓰십시오. 글씨가 채점란으로 들어오면 오답처리가 됩니다.

공인민간자격 전국한자능력검정시험 3급 답안지(2) (시험시간 : 60분)

번호	정답	1검	2검	번호	정답	1검	2검	번호	정답	1검	2검
70				97				124			
71				98				125			
72				99				126			
73				100				127			
74				101				128			
75				102				129			
76				103				130			
77				104				131			
78				105				132			
79				106				133			
80				107				134			
81				108				135			
82				109				136			
83				110				137			
84				111				138			
85				112				139			
86				113				140			
87				114				141			
88				115				142			
89				116				143			
90				117				144			
91				118				145			
92				119				146			
93				120				147			
94				121				148			
95				122				149			
96				123				150			

수험번호 □□□-□□-□□□□　　성명 □□□□□

생년월일 □□□□□□　※ 주민등록번호 앞 6자리 숫자를 기입하십시오.　※ 성명은 한글로 작성
　　　　　　　　　　　　　　　　　　　　　　　※ 필기구는 검정색 볼펜만 가능

※ 답안지는 컴퓨터로 처리되므로 구기거나 더럽히지 마시고, 정답 칸 안에만 쓰십시오. 글씨가 채점란으로 들어오면 오답처리가 됩니다.

공인민간자격 전국한자능력검정시험 3급 답안지(1) (시험시간 : 60분)

번호	답안란 정답	채점란 1검	채점란 2검	번호	답안란 정답	채점란 1검	채점란 2검	번호	답안란 정답	채점란 1검	채점란 2검
1				24				47			
2				25				48			
3				26				49			
4				27				50			
5				28				51			
6				29				52			
7				30				53			
8				31				54			
9				32				55			
10				33				56			
11				34				57			
12				35				58			
13				36				59			
14				37				60			
15				38				61			
16				39				62			
17				40				63			
18				41				64			
19				42				65			
20				43				66			
21				44				67			
22				45				68			
23				46				69			

감독위원	채점위원(1)		채점위원(2)		채점위원(3)	
(서명)	(득점)	(서명)	(득점)	(서명)	(득점)	(서명)

※뒷면으로 이어짐

※ 답안지는 컴퓨터로 처리되므로 구기거나 더럽히지 마시고, 정답 칸 안에만 쓰십시오. 글씨가 채점란으로 들어오면 오답처리가 됩니다.

공인민간자격 전국한자능력검정시험 3급 답안지(2) (시험시간 : 60분)

번호	정답	1검	2검	번호	정답	1검	2검	번호	정답	1검	2검
70				97				124			
71				98				125			
72				99				126			
73				100				127			
74				101				128			
75				102				129			
76				103				130			
77				104				131			
78				105				132			
79				106				133			
80				107				134			
81				108				135			
82				109				136			
83				110				137			
84				111				138			
85				112				139			
86				113				140			
87				114				141			
88				115				142			
89				116				143			
90				117				144			
91				118				145			
92				119				146			
93				120				147			
94				121				148			
95				122				149			
96				123				150			

공인민간자격 전국한자능력검정시험 3급 답안지(1) (시험시간 : 60분)

번호	정답	1검	2검	번호	정답	1검	2검	번호	정답	1검	2검
1				24				47			
2				25				48			
3				26				49			
4				27				50			
5				28				51			
6				29				52			
7				30				53			
8				31				54			
9				32				55			
10				33				56			
11				34				57			
12				35				58			
13				36				59			
14				37				60			
15				38				61			
16				39				62			
17				40				63			
18				41				64			
19				42				65			
20				43				66			
21				44				67			
22				45				68			
23				46				69			

감독위원	채점위원(1)		채점위원(2)		채점위원(3)	
(서명)	(득점)	(서명)	(득점)	(서명)	(득점)	(서명)

※뒷면으로 이어짐 ■

※ 답안지는 컴퓨터로 처리되므로 구기거나 더럽히지 마시고, 정답 칸 안에만 쓰십시오. 글씨가 채점란으로 들어오면 오답처리가 됩니다.

공인민간자격 전국한자능력검정시험 3급 답안지(2) (시험시간 : 60분)

번호	정답	1검	2검	번호	정답	1검	2검	번호	정답	1검	2검
70				97				124			
71				98				125			
72				99				126			
73				100				127			
74				101				128			
75				102				129			
76				103				130			
77				104				131			
78				105				132			
79				106				133			
80				107				134			
81				108				135			
82				109				136			
83				110				137			
84				111				138			
85				112				139			
86				113				140			
87				114				141			
88				115				142			
89				116				143			
90				117				144			
91				118				145			
92				119				146			
93				120				147			
94				121				148			
95				122				149			
96				123				150			

수험번호 ☐☐☐－☐☐－☐☐☐☐   성명 ☐☐☐☐☐

생년월일 ☐☐☐☐☐☐   ※ 주민등록번호 앞 6자리 숫자를 기입하십시오.   ※ 성명은 한글로 작성
                                                               ※ 필기구는 검정색 볼펜만 가능

※ 답안지는 컴퓨터로 처리되므로 구기거나 더럽히지 마시고, 정답 칸 안에만 쓰십시오. 글씨가 채점란으로 들어오면 오답처리가 됩니다.

공인민간자격 전국한자능력검정시험 3급 답안지(1) (시험시간 : 60분)

번호	답안란 정답	채점란 1검	2검	번호	답안란 정답	채점란 1검	2검	번호	답안란 정답	채점란 1검	2검
1				24				47			
2				25				48			
3				26				49			
4				27				50			
5				28				51			
6				29				52			
7				30				53			
8				31				54			
9				32				55			
10				33				56			
11				34				57			
12				35				58			
13				36				59			
14				37				60			
15				38				61			
16				39				62			
17				40				63			
18				41				64			
19				42				65			
20				43				66			
21				44				67			
22				45				68			
23				46				69			

감독위원	채점위원(1)		채점위원(2)		채점위원(3)	
(서명)	(득점)	(서명)	(득점)	(서명)	(득점)	(서명)

※뒷면으로 이어짐

※ 답안지는 컴퓨터로 처리되므로 구기거나 더럽히지 마시고, 정답 칸 안에만 쓰십시오. 글씨가 채점란으로 들어오면 오답처리가 됩니다.

공인민간자격 전국한자능력검정시험 3급 답안지(2) (시험시간 : 60분)

번호	정답	1검	2검	번호	정답	1검	2검	번호	정답	1검	2검
70				97				124			
71				98				125			
72				99				126			
73				100				127			
74				101				128			
75				102				129			
76				103				130			
77				104				131			
78				105				132			
79				106				133			
80				107				134			
81				108				135			
82				109				136			
83				110				137			
84				111				138			
85				112				139			
86				113				140			
87				114				141			
88				115				142			
89				116				143			
90				117				144			
91				118				145			
92				119				146			
93				120				147			
94				121				148			
95				122				149			
96				123				150			

수험번호 □□□-□□-□□□□ 성명 □□□□□

생년월일 □□□□□□ ※ 주민등록번호 앞 6자리 숫자를 기입하십시오. ※ 성명은 한글로 작성
※ 필기구는 검정색 볼펜만 가능

※ 답안지는 컴퓨터로 처리되므로 구기거나 더럽히지 마시고, 정답 칸 안에만 쓰십시오. 글씨가 채점란으로 들어오면 오답처리가 됩니다.

공인민간자격 전국한자능력검정시험 3급 답안지(1) (시험시간 : 60분)

번호	답안란 정답	채점란 1검	2검	번호	답안란 정답	채점란 1검	2검	번호	답안란 정답	채점란 1검	2검
1				24				47			
2				25				48			
3				26				49			
4				27				50			
5				28				51			
6				29				52			
7				30				53			
8				31				54			
9				32				55			
10				33				56			
11				34				57			
12				35				58			
13				36				59			
14				37				60			
15				38				61			
16				39				62			
17				40				63			
18				41				64			
19				42				65			
20				43				66			
21				44				67			
22				45				68			
23				46				69			

감독위원	채점위원(1)		채점위원(2)		채점위원(3)	
(서명)	(득점)	(서명)	(득점)	(서명)	(득점)	(서명)

※뒷면으로 이어짐

※ 답안지는 컴퓨터로 처리되므로 구기거나 더럽히지 마시고, 정답 칸 안에만 쓰십시오. 글씨가 채점란으로 들어오면 오답처리가 됩니다.

공인민간자격 전국한자능력검정시험 3급 답안지(2) (시험시간 : 60분)

번호	정답	1검	2검	번호	정답	1검	2검	번호	정답	1검	2검
70				97				124			
71				98				125			
72				99				126			
73				100				127			
74				101				128			
75				102				129			
76				103				130			
77				104				131			
78				105				132			
79				106				133			
80				107				134			
81				108				135			
82				109				136			
83				110				137			
84				111				138			
85				112				139			
86				113				140			
87				114				141			
88				115				142			
89				116				143			
90				117				144			
91				118				145			
92				119				146			
93				120				147			
94				121				148			
95				122				149			
96				123				150			

수험번호 □□□-□□-□□□□　　성명 □□□□□

생년월일 □□□□□□　※ 주민등록번호 앞 6자리 숫자를 기입하십시오.　※ 성명은 한글로 작성
　　　　　　　　　　　　　　　　　　　　　　　　　　　　　　　　　※ 필기구는 검정색 볼펜만 가능

※ 답안지는 컴퓨터로 처리되므로 구기거나 더럽히지 마시고, 정답 칸 안에만 쓰십시오. 글씨가 채점란으로 들어오면 오답처리가 됩니다.

공인민간자격 전국한자능력검정시험 3급 답안지(1) (시험시간 : 60분)

번호	답안란 정답	채점란 1검	2검	번호	답안란 정답	채점란 1검	2검	번호	답안란 정답	채점란 1검	2검
1				24				47			
2				25				48			
3				26				49			
4				27				50			
5				28				51			
6				29				52			
7				30				53			
8				31				54			
9				32				55			
10				33				56			
11				34				57			
12				35				58			
13				36				59			
14				37				60			
15				38				61			
16				39				62			
17				40				63			
18				41				64			
19				42				65			
20				43				66			
21				44				67			
22				45				68			
23				46				69			

감독위원	채점위원(1)		채점위원(2)		채점위원(3)	
(서명)	(득점)	(서명)	(득점)	(서명)	(득점)	(서명)

※뒷면으로 이어짐

※ 답안지는 컴퓨터로 처리되므로 구기거나 더럽히지 마시고, 정답 칸 안에만 쓰십시오. 글씨가 채점란으로 들어오면 오답처리가 됩니다.

공인민간자격 전국한자능력검정시험 3급 답안지(2) (시험시간 : 60분)

번호	정답	1검	2검	번호	정답	1검	2검	번호	정답	1검	2검
70				97				124			
71				98				125			
72				99				126			
73				100				127			
74				101				128			
75				102				129			
76				103				130			
77				104				131			
78				105				132			
79				106				133			
80				107				134			
81				108				135			
82				109				136			
83				110				137			
84				111				138			
85				112				139			
86				113				140			
87				114				141			
88				115				142			
89				116				143			
90				117				144			
91				118				145			
92				119				146			
93				120				147			
94				121				148			
95				122				149			
96				123				150			

301

수험번호 □□□-□□-□□□□   성명 □□□□□

생년월일 □□□□□□   ※ 주민등록번호 앞 6자리 숫자를 기입하십시오.   ※ 성명은 한글로 작성
※ 필기구는 검정색 볼펜만 가능

※ 답안지는 컴퓨터로 처리되므로 구기거나 더럽히지 마시고, 정답 칸 안에만 쓰십시오. 글씨가 채점란으로 들어오면 오답처리가 됩니다.

공인민간자격 전국한자능력검정시험 3급 답안지(1) (시험시간 : 60분)

번호	정답	1검	2검	번호	정답	1검	2검	번호	정답	1검	2검
1				24				47			
2				25				48			
3				26				49			
4				27				50			
5				28				51			
6				29				52			
7				30				53			
8				31				54			
9				32				55			
10				33				56			
11				34				57			
12				35				58			
13				36				59			
14				37				60			
15				38				61			
16				39				62			
17				40				63			
18				41				64			
19				42				65			
20				43				66			
21				44				67			
22				45				68			
23				46				69			

감독위원	채점위원(1)		채점위원(2)		채점위원(3)	
(서명)	(득점)	(서명)	(득점)	(서명)	(득점)	(서명)

※뒷면으로 이어짐

※ 답안지는 컴퓨터로 처리되므로 구기거나 더럽히지 마시고, 정답 칸 안에만 쓰십시오. 글씨가 채점란으로 들어오면 오답처리가 됩니다.

공인민간자격 전국한자능력검정시험 3급 답안지(2) (시험시간 : 60분)

번호	정답	1검	2검	번호	정답	1검	2검	번호	정답	1검	2검
70				97				124			
71				98				125			
72				99				126			
73				100				127			
74				101				128			
75				102				129			
76				103				130			
77				104				131			
78				105				132			
79				106				133			
80				107				134			
81				108				135			
82				109				136			
83				110				137			
84				111				138			
85				112				139			
86				113				140			
87				114				141			
88				115				142			
89				116				143			
90				117				144			
91				118				145			
92				119				146			
93				120				147			
94				121				148			
95				122				149			
96				123				150			

사단법인 한국어문회 301 ■

수험번호 □□□-□□-□□□□   성명 □□□□□
생년월일 □□□□□□ ※ 주민등록번호 앞 6자리 숫자를 기입하십시오.   ※ 성명은 한글로 작성
※ 필기구는 검정색 볼펜만 가능

※ 답안지는 컴퓨터로 처리되므로 구기거나 더럽히지 마시고, 정답 칸 안에만 쓰십시오. 글씨가 채점란으로 들어오면 오답처리가 됩니다.

공인민간자격 전국한자능력검정시험 3급 답안지(1) (시험시간 : 60분)

번호	정답	1검	2검	번호	정답	1검	2검	번호	정답	1검	2검
1				24				47			
2				25				48			
3				26				49			
4				27				50			
5				28				51			
6				29				52			
7				30				53			
8				31				54			
9				32				55			
10				33				56			
11				34				57			
12				35				58			
13				36				59			
14				37				60			
15				38				61			
16				39				62			
17				40				63			
18				41				64			
19				42				65			
20				43				66			
21				44				67			
22				45				68			
23				46				69			

감독위원	채점위원(1)	채점위원(2)	채점위원(3)
(서명)	(득점) (서명)	(득점) (서명)	(득점) (서명)

※뒷면으로 이어짐

※ 답안지는 컴퓨터로 처리되므로 구기거나 더럽히지 마시고, 정답 칸 안에만 쓰십시오. 글씨가 채점란으로 들어오면 오답처리가 됩니다.

공인민간자격 전국한자능력검정시험 3급 답안지(2) (시험시간 : 60분)

번호	정답	1검	2검	번호	정답	1검	2검	번호	정답	1검	2검
70				97				124			
71				98				125			
72				99				126			
73				100				127			
74				101				128			
75				102				129			
76				103				130			
77				104				131			
78				105				132			
79				106				133			
80				107				134			
81				108				135			
82				109				136			
83				110				137			
84				111				138			
85				112				139			
86				113				140			
87				114				141			
88				115				142			
89				116				143			
90				117				144			
91				118				145			
92				119				146			
93				120				147			
94				121				148			
95				122				149			
96				123				150			

수험번호 □□□-□□-□□□□　　성명 □□□□□

생년월일 □□□□□□　　※ 주민등록번호 앞 6자리 숫자를 기입하십시오.　※ 성명은 한글로 작성
　　　　　　　　　　　　　　　　　　　　　　　　　　　　　　　　　　　※ 필기구는 검정색 볼펜만 가능

※ 답안지는 컴퓨터로 처리되므로 구기거나 더럽히지 마시고, 정답 칸 안에만 쓰십시오. 글씨가 채점란으로 들어오면 오답처리가 됩니다.

공인민간자격 전국한자능력검정시험 3급 답안지(1) (시험시간 : 60분)

번호	정답	1검	2검	번호	정답	1검	2검	번호	정답	1검	2검
1				24				47			
2				25				48			
3				26				49			
4				27				50			
5				28				51			
6				29				52			
7				30				53			
8				31				54			
9				32				55			
10				33				56			
11				34				57			
12				35				58			
13				36				59			
14				37				60			
15				38				61			
16				39				62			
17				40				63			
18				41				64			
19				42				65			
20				43				66			
21				44				67			
22				45				68			
23				46				69			

감독위원	채점위원(1)		채점위원(2)		채점위원(3)	
(서명)	(득점)	(서명)	(득점)	(서명)	(득점)	(서명)

※뒷면으로 이어짐

※ 답안지는 컴퓨터로 처리되므로 구기거나 더럽히지 마시고, 정답 칸 안에만 쓰십시오. 글씨가 채점란으로 들어오면 오답처리가 됩니다.

공인민간자격 전국한자능력검정시험 3급 답안지(2) (시험시간 : 60분)

번호	정답	1검	2검	번호	정답	1검	2검	번호	정답	1검	2검
70				97				124			
71				98				125			
72				99				126			
73				100				127			
74				101				128			
75				102				129			
76				103				130			
77				104				131			
78				105				132			
79				106				133			
80				107				134			
81				108				135			
82				109				136			
83				110				137			
84				111				138			
85				112				139			
86				113				140			
87				114				141			
88				115				142			
89				116				143			
90				117				144			
91				118				145			
92				119				146			
93				120				147			
94				121				148			
95				122				149			
96				123				150			

(사) **한국어문회** 주관

한자능력검정시험

3 급

기출 · 예상문제

(1회 ~ 5회)

• 정답과 해설은 208 ~ 215쪽에 있습니다.

한자능력검정시험

제 01 회

(사) **한국어문회** 주관

기출·예상문제

합격문항 : 105문항
시험시간 : 60분
정 답 : 208쪽

1 다음 밑줄 친 漢字語의 讀音을 쓰시오.

01~20번

연일 35℃ 이상의 暴炎[01]이 지속되면서 많은 나무들이 枯死[02]하였다.

01 [   ] 02 [   ]

규제 개혁에 따른 물가 抑制[03]를 呼訴[04]해서 공공요금을 동결하겠다는 정책을 내세웠다.

03 [   ] 04 [   ]

사태 해결을 위해 전통적으로 긴밀한 友邦[05]관계를 유지하고 있는 나라에 特使[06]를 보냈다.

05 [   ] 06 [   ]

통상적으로 제품에 缺陷[07]이 있는 경우 수리, 교환, 還拂[08]은 제조자의 기본의무로 인식되고 있다.

07 [   ] 08 [   ]

뛰어난 오케스트라는 청중은 물론 演奏[09]하는 사람들까지도 陶醉[10]시켰다.

09 [   ] 10 [   ]

그림은 일상을 畵幅[11]에 담는 것이었으나 자세히 보면 忍耐[12], 절제, 염원 등이 표현되었음을 볼 수 있다.

11 [   ] 12 [   ]

정부는 국민의 의견을 민주적으로 모으기 위한 제도를 마련하고, 대화와 妥協[13]에 의해 주민 便宜[14]시설을 건립하기로 하였다.

13 [   ] 14 [   ]

두 나라는 봉쇄외교정책을 止揚[15]하고 평화적인 방법으로 交涉[16]을 벌였다.

15 [   ] 16 [   ]

17 그는 강직하고 과단성 있었으며 苟且하게 영합하지 않았다. ·············· [   ]

18 건립 계획이 분쟁에 휘말려 霧散될 위기에 놓였다. ·············· [   ]

19 선거 때만 되면 공약을 濫發하는 경우가 많다.
·············· [   ]

20 위트(Wit)는 지적 銳智로서 사물을 인식하고 타인에게 웃음을 줄 수 있는 능력이다.
·············· [   ]

2 다음 漢字語의 讀音을 쓰시오.

21~45번

21 敦厚 [   ]　22 補佐 [   ]

23 詳述 [   ]　24 芳香 [   ]

25 聰明 [   ]　26 秋毫 [   ]

27 探査 [   ]　28 拳鬪 [   ]

29 先輩 [   ]　30 受侮 [   ]

31 梅花 [   ]　32 諒知 [   ]

33 榮轉 [   ]　34 覺悟 [   ]

35 雅量 [   ]　36 俊嚴 [   ]

37 暫時 [   ]　38 推薦 [   ]

39 捕獲 [   ]　40 近似 [   ]

41 竝設 [   ]　42 橫財 [   ]

43 腹筋 [   ]　44 緩急 [   ]

45 菜蔬 [   ]

3 다음의 밑줄 친 낱말을 漢字(正字)로 쓰시오.

46~75번

이번 전국 순회 **전시**⁴⁶는 오랜 준비 **기간**⁴⁷이 있었기에 가능한 일이었다.

46 [   ]　47 [   ]

개점 **휴업**⁴⁸하는 사태가 벌어지면서 막대한 **손해**⁴⁹를 입었다.

48 [   ]　49 [   ]

관용 **표현**⁵⁰을 사용하면 함축적인 표현으로 내용을 **인상**⁵¹ 깊게 전달할 수 있다.

50 [   ]　51 [   ]

투자자들은 **경기**⁵²가 불황일수록 수익률이 하락해도 안전한 투자를 선호하는 **경향**⁵³이 강하다.

52 [   ]　53 [   ]

학생들이 **광장**⁵⁴에서 시민들과 합세하여 대규모 **군중**⁵⁵집회로 발전하였다.

54 [   ]　55 [   ]

결국 뒷심을 발휘한 A팀은 마지막 **경기**⁵⁶를 **승리**⁵⁷로 장식하며 2년 연속 우승을 달성했다.

56 [   ]　57 [   ]

58 우수작을 뽑기 위해 심사**위원**들이 매우 고심하였다. …………… [   ]

59 성장기의 영양 부족은 성장 후 **각종** 질병의 원인이 된다. …………… [   ]

60 "이 세상에 영원한 **비밀**이 있을 수 있을까?"
…………… [   ]

61 일정한 수압을 견딜 수 있도록 제방을 **견고**하게 쌓았다. …………… [   ]

62 까치가 울면 기쁜 **소식**이 온다고 한다.
…………… [   ]

63 장군은 남은 **병사**를 이끌고 최후까지 물러나지 않았다. …………… [   ]

64 부문별로 공로가 있는 자를 선발하여 **상장**을 수여하였다. …………… [   ]

65 그녀는 모든 활동을 중단하고 살림과 **육아**에만 전념하였다. …………… [   ]

66 교육 결과에 따라 실습생들의 **총평**을 매겼다.
…………… [   ]

67 상인들은 서로의 자본을 합쳐서 **거대**한 회사를 만들었다. ················ [   ]

68 통일의 그날이 꼭 오리라는 **신념**을 잃지 말 것을 당부하였다. ·············· [   ]

69 누나는 무역회사에 통신담당 사원으로 **취직**하였다. ················· [   ]

70 전설은 기본적으로 마을이나 인물의 **유래**를 설명해준다. ·············· [   ]

71 세상의 일은 보는 사람의 시각과 **관점**에 따라 다를 수 있다. ············· [   ]

72 선거는 두 후보 간의 대결 구도로 **압축**되었다. ················· [   ]

73 회장이 대회 개회를 **선언**하자, 수많은 풍선이 하늘로 날아올랐다. ········· [   ]

74 아이의 **출산**을 예지하는 태몽으로, 성별이나 성격을 예측하기도 한다.
················· [   ]

75 실록에는 천재지변에 대한 기록 외에 **불가사의**한 일도 기록되어 있다.
················· [   ]

4 다음 漢字의 訓과 音을 쓰시오. 76~102번

76 哭 [   ] 77 憐 [   ]

78 僚 [   ] 79 宴 [   ]

80 恥 [   ] 81 編 [   ]

82 挑 [   ] 83 鈍 [   ]

84 匹 [   ] 85 拙 [   ]

86 仲 [   ] 87 侯 [   ]

88 敏 [   ] 89 賓 [   ]

90 云 [   ] 91 昭 [   ]

92 只 [   ] 93 丸 [   ]

94 慕 [   ] 95 伯 [   ]

96 又 [   ] 97 御 [   ]

98 播 [   ] 99 慧 [   ]

100 郊 [   ] 101 尙 [   ]

102 枕 [   ]

5 다음 중 첫 音節이 長音으로 소리 나는 漢字語 5개를 골라 그 번호를 쓰시오. 103~107번

보기 ① 賃貸 ② 退勤 ③ 觸角 ④ 醫師 ⑤ 夏服
⑥ 漠然 ⑦ 批判 ⑧ 礎石 ⑨ 鑛夫 ⑩ 慣習

103 [   ] 104 [   ]

105 [   ] 106 [   ]

107 [   ]

6 다음 [   ] 안에 비슷한 뜻을 가진 漢字(正字)를 써넣어 널리 쓰이는 單語를 완성하시오. 108~112번

108 尖 - [   ] 109 [   ] - 燒

110 携 - [   ] 111 [   ] - 濯

112 恭 - [   ]

7 다음 [   ] 안에 뜻이 反對 또는 相對되는 漢字(正字)를 써넣어 널리 쓰이는 單語를 만드시오. 113~117번

113 乘 ↔ [   ] 114 [   ] ↔ 憎

115 喜 ↔ [   ] 116 [   ] ↔ 滿

117 [   ] ↔ 怨

8 다음 漢字語의 反對語 또는 相對語를 2음절로 된 漢字(正字)로 쓰시오.

118~122번

118 紅顏 ↔ [   ] 119 [   ] ↔ 偏頗

120 保守 ↔ [   ] 121 [   ] ↔ 模倣

122 分析 ↔ [   ]

9 다음 漢字語의 同音異義語를 제시된 뜻에 맞는 漢字(正字)로 쓰시오.

123~127번

123 潮流 – [   ] : 새무리.

124 動搖 – [   ] : 어린이들의 노래.

125 致賀 – [   ] : 통치의 영향력이 미치는 범위나 구역.

126 女權 – [   ] : 외국을 여행하는 사람의 신분증명서.

127 剛斷 – [   ] : 강연하는 사람이 올라서도록 약간 높게 만든 자리.

10 다음 [   ] 안에 알맞은 漢字(正字)를 써넣어 四字成語를 완성하시오.

128~137번

128 卓上 [   ] 論 : 실현성이 없는 헛된 공론.

129 金枝 [   ] 葉 : 귀한 자손을 비유하는 말.

130 [   ] 善懲惡 : 선행을 장려하고 악행을 벌함.

131 日久月 [   ] : 무언가 바라는 마음이 날이 갈수록 더욱 간절해짐.

132 支 [   ] 滅裂 : 서로 갈라져 흩어지고 찢기어 나눠짐.

133 漸入佳 [   ] : 점점 흥미로운 경지로 들어감.

134 [   ] 藥苦口 : 좋은 약은 입에 쓰다는 말.

135 自初 [   ] 終 : 처음부터 끝까지 이르는 동안.

136 恒茶飯 [   ] : 늘 있는 일.

137 無 [   ] 徒食 : 아무 하는 일없이 한갓 먹기만 함.

11 다음 漢字의 部首를 쓰시오.

138~142번

138 黨 – [   ] 139 虛 – [   ]

140 甲 – [   ] 141 兆 – [   ]

142 幕 – [   ]

12 다음 漢字의 略字를 쓰시오.

143~145번

143 辭 – [   ] 144 號 – [   ]

145 餘 – [   ]

13 다음 漢字語의 뜻을 쓰시오.

146~150번

146 水鏡 : [   ]

147 畜舍 : [   ]

148 速步 : [   ]

149 稀少 : [   ]

150 專賣 : [   ]

한자능력검정시험

제 **02** 회

(사) **한국어문회** 주관

기출·예상문제

합격문항 : 105문항
시험시간 : 60분
정   답 : 209쪽

1 다음 漢字語의 讀音을 쓰시오.

01~45번

01 괘종시계의 <u>鈍濁</u>한 울림이 어둠을 휘저어 놓았다. ·················· [   ]

02 준비 부족으로 계획이 <u>霧散</u>되었다.
·················· [   ]

03 검찰이 청구한 영장을 법원에서 <u>棄却</u>하였다.
·················· [   ]

04 쥐불놀이로 전염병을 옮기는 들쥐를 <u>驅逐</u>하기도 한다. ·················· [   ]

05 연령에 따라 필요한 <u>睡眠</u> 시간이 다르다.
·················· [   ]

06 관련자들에게 <u>懲罰</u>을 내렸다.
·················· [   ]

07 단풍으로 물든 가을 풍경을 <u>畫幅</u>에 담았다.
·················· [   ]

08 정국은 한 치 앞을 내다볼 수 없을 정도로 <u>昏迷</u>를 거듭했다. ·················· [   ]

09 현행범은 누구든지 영장 없이 <u>逮捕</u>할 수 있다.
·················· [   ]

10 기후는 지역에 따라 <u>偏差</u>가 크다.
·················· [   ]

11 그곳까지 걸어가려고 하니 갈 길이 <u>茫漠</u>하다.
·················· [   ]

12 그들이 불법 거래를 했다는 <u>嫌疑</u>를 포착했다.
·················· [   ]

13 한글 맞춤법에 <u>遵據</u>하여 사전을 편찬하였다.
·················· [   ]

14 그들은 협상을 <u>遲延</u>시키기 위해 압력을 가중시켰다. ·················· [   ]

15 두 나라는 서로 <u>提携</u>하여 대국을 견제하였다.
·················· [   ]

16 사회는 욕망을 <u>醜雜</u>한 것으로 규정하고 억압한다. ·················· [   ]

17 병사들의 비극을 통하여 전쟁의 <u>慘狀</u>을 고발하였다. ·················· [   ]

18 무분별한 <u>濫獲</u>으로 물개의 수가 급격히 줄어들었다. ·················· [   ]

19 오존층 파괴는 특히 봄철의 남극대륙 상공에서 <u>顯著</u>하다. ·················· [   ]

20 남의 시선을 끌기 위한 그의 행동은 <u>幼稚</u>하다는 지적을 받았다. ·········· [   ]

21 畢竟 [   ] **22** 憐憫 [   ]

23 敦篤 [   ] **24** 竊念 [   ]

25 枯渴 [   ] **26** 旱災 [   ]

27 緊迫 [   ] **28** 諒察 [   ]

29 跳躍 [   ] **30** 埋葬 [   ]

31 廉恥 [   ] **32** 鴻雁 [   ]

33 怠慢 [   ] **34** 軌跡 [   ]

35 汚染 [   ] **36** 寄贈 [   ]

37 煩惱 [   ] **38** 庸拙 [   ]

39 胡蝶 [   ] **40** 暴騰 [   ]

41 頻繁 [   ]　42 銳騎 [   ]

43 姻戚 [   ]　44 背叛 [   ]

45 侯爵 [   ]

2　다음 漢字의 訓과 音을 쓰시오.　46~72번

46 閱 [   ]　47 侮 [   ]

48 稻 [   ]　49 苗 [   ]

50 捉 [   ]　51 逝 [   ]

52 掛 [   ]　53 懼 [   ]

54 曉 [   ]　55 遣 [   ]

56 淚 [   ]　57 滴 [   ]

58 播 [   ]　59 慨 [   ]

60 浸 [   ]　61 冥 [   ]

62 螢 [   ]　63 把 [   ]

64 佐 [   ]　65 邦 [   ]

66 僚 [   ]　67 零 [   ]

68 枕 [   ]　69 囚 [   ]

70 牽 [   ]　71 崩 [   ]

72 賜 [   ]

3　다음 밑줄 친 漢字語를 漢字로 쓰시오.　73~102번

73 삼촌은 태권도 **사범**이시다.
   ························· [   ]

74 편지 봉투에 **우표**를 붙였다.
   ························· [   ]

75 그는 **납득**이 가도록 설득하였다.
   ························· [   ]

76 그는 신통한 **묘안**을 제시하였다.
   ························· [   ]

77 방문객은 **비서**의 안내를 받았다.
   ························· [   ]

78 그는 다른 사람의 성대**모사**를 잘한다.
   ························· [   ]

79 그는 치밀어 오르는 **분통**을 삭였다.
   ························· [   ]

80 여행을 가기 위해 **여권**을 신청하였다.
   ························· [   ]

81 그는 **여가** 시간을 활용하여 운동을 한다.
   ························· [   ]

82 터미널이 곧 변두리로 **이전**될 예정이다.
   ························· [   ]

83 사회 각층의 인사들로 **조직**을 구성하였다.
   ························· [   ]

84 그는 유창한 **웅변**으로 대중을 설득했다.
   ························· [   ]

85 전염병 **예방**을 위해 물은 꼭 끓여 마셔야 한
   다. ················· [   ]

86 그는 지지 기반의 **구축**을 위해 노력했다.
   ························· [   ]

87 사회가 각박해지면서 **범죄**가 늘어나고 있다.
   ························· [   ]

88 고궁을 **관람**하고 느낀 점을 발표하였다.
   ························· [   ]

89 경찰은 범행을 증명할 **증거**를 찾아냈다.
   ························· [   ]

90 등산을 하기 전에 **장비**를 잘 갖추어야 한다.
   ························· [   ]

91 **격렬**한 운동을 하는 사람들이 늘어나고 있다.
   ························· [   ]

92 신자들이 모여 앉아 **정숙**하게 기도를 드린다.
   ························· [   ]

93 그는 정치에 염증을 느껴 수년을 산에서 **은거**하였다. ····················· [   ]

94 사람들은 그의 이야기를 **경청**하지 않는 듯했다. ····················· [   ]

95 가장 행렬에 참가한 남학생들이 **가발**을 쓰고 여장을 하였다. ·············· [   ]

96 그는 실력을 인정받아 국립극단에 **전속**되어 활동하였다. ················ [   ]

97 그는 내 곁에서 어려울 때마다 **위로** 되는 말을 많이 해 주었다. ·········· [   ]

98 그들은 고향으로 돌아가기를 **희망**하였다.
···················· [   ]

99 선정을 베푼 그 **치적**이 오래도록 지방 사람들의 입에 오르내렸다. ········ [   ]

100 그 틈을 이용하여 지배 **영역**을 넓혀 나갔다.
···················· [   ]

101 그는 예술품 수집을 **취미**로 갖고 있었다.
···················· [   ]

102 복지국가의 **건설**을 중요한 정책 목표로 삼았다. ····················· [   ]

4 빈칸에 訓이 같은 漢字를 써넣어 單語를 完成하시오.

103~107번

103 강에 걸린 [   ]梁의 불빛이 휘황하다.

104 수효가 너무 많아 [   ]率하기가 어려웠다.

105 부인은 군자의 [   ]匹로서 어긋난 행실이 없었다.

106 협동정신을 기르고 강인한 체력을 [   ]磨하였다.

107 뜻을 가지고도 나아가지 못하는 까닭은 오래된 [   ]慣이 가로막아 방해하기 때문이다.

5 다음 漢字語 중 첫소리가 長音인 것을 가려 그 번호를 쓰시오.

108~112번

108 [   ] : ① 簡素 ② 簡單 ③ 簡易 ④ 簡略

109 [   ] : ① 喪主 ② 喪家 ③ 喪妻 ④ 喪亡

110 [   ] : ① 種別 ② 種族 ③ 種犬 ④ 種豚

111 [   ] : ① 沿邊 ② 沿岸 ③ 沿海 ④ 沿革

112 [   ] : ① 料理 ② 料金 ③ 料食 ④ 料量

6 다음 漢字와 뜻이 反對 또는 相對되는 漢字를 써넣어 單語를 完成하시오.

113~117번

113 온도가 변화하여도 伸[   ]이 잘 안되는 재질을 사용하였다.

114 국가의 [   ]弔에 즈음하여 사면 조치하였다.

115 증언의 [   ]僞 여부를 판단하였다.

116 그는 언행을 삼가고 [   ]捨의 구분을 분명히 했다.

117 승객이 안전하고 신속하게 乘[   ]할 수 있도록 출입문을 개선하였다.

7 다음 漢字語와 뜻이 反對 또는 相對가 되도록 [ ] 안에 漢字語를 써 넣으시오.

118~122번

118 恩惠 ↔ [   ]　119 架空 ↔ [   ]

120 富裕 ↔ [   ]　121 抵抗 ↔ [   ]

122 閉鎖 ‹ › [   ]

8 다음 빈곳에 알맞은 漢字를 써넣어 四字成語를 完成하시오. (123~132번)

123 [　]　[　] 巷說 : 길거리에 떠도는 소문.

124 [　]　[　] 腐心 : 몹시 분하여 이를 갈면서 속을 썩임.

125 白[　]　[　] 忘 : '죽어 백골이 되어도 깊은 은혜를 잊을 수 없다.'는 말.

126 烏[　] 梨[　] : '까마귀 날자 배 떨어진다.'는 말로, '일이 공교롭게도 같이 일어나 남의 의심을 사게 됨'을 이르는 말.

127 [　] 柔不[　] : '어물어물하며 딱 잘라 결단을 내리지 못함'을 이르는 말.

128 唯我[　]　[　] : '오직 자기만이 홀로 존귀하다.'는 데서 '이 세상에 자기 혼자만이 잘났다고 하는 일'을 이르는 말.

129 泥[　]　[　] 狗 : '진흙 밭에서 싸우는 개'라는 뜻으로, '비열하게 다툼'을 이르는 말.

130 [　] 鹿[　] 馬 : '윗사람을 농락하여 권세를 마음대로 휘두르는 것'을 이르는 말.

131 傲霜[　]　[　] : '서릿발이 심한 속에서도 굴하지 않고 외로이 지키는 절개'의 뜻으로, '국화'를 비유하는 말.

132 [　] 舟[　] 劍 : '배에서 떨어뜨린 칼을 찾기 위해 칼을 떨어뜨린 뱃전에 표시하였다가 배가 움직이는 것을 생각하지 않고 찾았다.'고 하는 뜻에서, '융통성이 없이 어리석음'을 이르는 말.

9 다음 漢字의 部首를 쓰시오. (133~137번)

133 卿 - [　]　134 麥 - [　]

135 裏 - [　]　136 更 - [　]

137 哀 - [　]

10 다음 漢字語와 흡은 같으나 뜻이 다른 漢字語를 한 가지씩 쓰시오.(長短音 관계없이) (138~142번)

138 進止 - [　] : 언제든지 적과 싸울 수 있도록 부대를 배치하여 둔 곳.

139 有利 - [　] : 따로 떨어짐.

140 動搖 - [　] : 어린이의 노래.

141 虎威 - [　] : 따라다니면서 지킴.

142 受遺 - [　] : 젖먹이에게 젖을 먹임.

11 다음 漢字語의 뜻을 쓰시오. (143~147번)

143 蜂蜜 : [　]

144 腰帶 : [　]

145 避暑 : [　]

146 詐欺 : [　]

147 粟飯 : [　]

12 다음 漢字의 略字를 쓰시오. (148~150번)

148 盡 - [　]　149 與 - [　]

150 擔 - [　]

한자능력검정시험

제 **03** 회

(사) **한국어문회** 주관

기출 · 예상문제

합격문항 : 105문항
시험시간 : 60분
정　　답 : 211쪽

01~45번

1　다음 漢字語의 讀音을 쓰시오.

01 그들은 형제간의 우애가 그럴 수 없이 敦篤하고 깊었다. ················· [　　　]

02 허브차는 驅蟲 효과가 있다고 한다.
················· [　　　]

03 죄를 저지른 만큼 징치하고 矯導하고자 하였다. ················· [　　　]

04 병을 핑계로 벼슬에서 물러나기를 懇請하였다. ················· [　　　]

05 유령회사를 차려놓고 詐欺 행각을 벌이다가 적발되었다. ················· [　　　]

06 하천의 일부 구간을 覆蓋하여 주차장으로 사용하였다. ················· [　　　]

07 국제 관계가 안정되면서 주가가 漸騰하고 있다. ················· [　　　]

08 재치 있는 그의 대답에 만 가지 煩惱가 다 스러졌다. ················· [　　　]

09 그의 소설은 懲役을 살면서 겪었던 일을 배경으로 삼았다. ················· [　　　]

10 장군은 친히 군사들을 激勵하고 위로하였다.
················· [　　　]

11 부엉이의 슬픈 곡조가 어두운 밤에 鈍濁하게 울렸다. ················· [　　　]

12 열대야 때문인지 睡眠 부족과 무력감에 시달렸다. ················· [　　　]

13 부실공사로 지은 지 얼마 되지 않은 건물이 倒壞되었다. ················· [　　　]

14 매년 양국의 관계 閣僚들이 회담을 열기로 하였다. ················· [　　　]

15 제비꽃의 꽃말은 '謙讓'이다.
················· [　　　]

16 그녀의 아름다운 얼굴에 짙은 哀愁의 그림자가 어리어 있었다. ················· [　　　]

17 낮에는 일손을 돕고, 밤에는 동네 사람들을 啓蒙하였다. ················· [　　　]

18 봉황이 하늘 높이 날아오르면서 좁쌀은 먹지 않는 것은 군자의 廉恥가 있기 때문이다.
················· [　　　]

19 자신은 庸劣하여 국가 대사를 감당하기에 부족하다고 여겼다. ·············· [　　　]

20 실험기구를 고온 처리하여 滅菌하였다.
················· [　　　]

21 突厥 [　　　]　22 善隣 [　　　]

23 劍舞 [　　　]　24 燥渴 [　　　]

25 坤殿 [　　　]　26 燭臺 [　　　]

27 誇飾 [　　　]　28 濫獲 [　　　]

29 拘牽 [　　　]　30 麻浦 [　　　]

31 狂暴 [　　　]　32 捕繫 [　　　]

33 諒察 [　　　]　34 汗蒸 [　　　]

35 續絃 [　　　]　36 爵祿 [　　　]

37 庚辰 [   ]   38 棄却 [   ]

39 忌避 [   ]   40 隸屬 [   ]

41 踏襲 [   ]   42 塗炭 [   ]

43 憐憫 [   ]   44 跳躍 [   ]

45 距離 [   ]

2 다음 漢字의 訓과 音을 쓰시오.   46~72번

46 雁 [   ]   47 閨 [   ]

48 迷 [   ]   49 震 [   ]

50 冥 [   ]   51 姪 [   ]

52 叛 [   ]   53 拂 [   ]

54 慙 [   ]   55 愧 [   ]

56 吐 [   ]   57 屢 [   ]

58 豈 [   ]   59 享 [   ]

60 庶 [   ]   61 稻 [   ]

62 胸 [   ]   63 貸 [   ]

64 竟 [   ]   65 債 [   ]

66 臥 [   ]   67 螢 [   ]

68 掛 [   ]   69 汚 [   ]

70 玆 [   ]   71 尤 [   ]

72 桑 [   ]

3 다음 밑줄 친 漢字語를 漢字로 쓰시오.   73~102번

73 이제는 **철도청**도 민영이다.
.... [   ]

74 성균관은 **유교**의 본산이다.
.... [   ]

75 태평시대에는 **도적**이 없다.
.... [   ]

76 수재민들을 **지원**해야 한다.
.... [   ]

77 **칭찬**은 많이 할수록 좋은 것이다.
.... [   ]

78 최근 남녀 **혼합반**이 많이 생겼다.
.... [   ]

79 **침실**은 조용하고 안정된 곳이 좋다.
.... [   ]

80 음력 보름이 되면 **만조**가 된다.
.... [   ]

81 학생들에게 독서를 **권장**하고 있다.
.... [   ]

82 새학기가 되면 **담임** 선생님이 바뀐다.
.... [   ]

83 건축하기 전에 **측량**을 해야 한다.
.... [   ]

84 어느 사회건 **상벌**제도는 필요하다.
.... [   ]

85 선생님은 중년의 나이인데도 여전히 고운 **자태**를 지니고 있었다. .... [   ]

86 **관광**사업은 굴뚝이 없는 좋은 사업이다.
.... [   ]

87 **근면**한 사람은 남부럽지 않게 살 수 있다.
.... [   ]

88 지나친 **수액** 채취는 나무에 좋지 않다.
.... [   ]

89 누구나 한 가지 **취미**는 있어야 한다.
.... [   ]

90 맨손 **체조**도 늘 하면 건강에 도움이 된다.
.... [   ]

91 **분단**된 남북은 하루 속히 통일되어야 한다.
   ································· [   ]

92 교회나 법당은 **정숙**한 곳이어야 한다.
   ································· [   ]

93 이 지도는 5만분의 일로 **축소**해서 만든 것이
   다. ······························ [   ]

94 날로 **의약**이 발달되어 건강 백세의 시대가 올
   것이다. ························· [   ]

95 금메달을 딴 선수들이 **환영**을 받으며 귀국하
   였다. ···························· [   ]

96 요즘에는 기름값이 올라 나무로 **연료**를 삼는
   다고 한다. ····················· [   ]

97 '**예술**은 길고 인생은 짧다.'는 말은 살아본 사
   람의 말이다. ·················· [   ]

98 오늘날 한산은 전국에서 유일하게 모시의 **명
   맥**을 이어오고 있다. ········· [   ]

99 사회복지 발전에 **기여**한 사람들을 표창하였
   다. ······························ [   ]

100 그는 토론회에서 상대에게 **독설**을 퍼부었다.
    ································· [   ]

101 그는 적의 장군을 만나 **담판**을 벌였다.
    ································· [   ]

102 국정조사특별위원회가 국회에서 야당 **단독**
    으로 열렸다. ·················· [   ]

103〜107번

4 빈칸에 訓이 같은 漢字를 써넣어 單語를
完成하시오.

103 여러 민족의 음악을 [   ]較 연구
    하여 논문을 제출하였다.

104 그는 제사를 받들고 賓[   ]을 대
    접할 때에도 예절과 공경을 모두 갖추었다.

105 기존의 선수들이 이번 대표팀 [   ]
    拔에서 탈락되었다.

106 작가는 기계적이고도 물질 위주의 墮[
          ]한 문명에서 벗어나는 길을 제시하
    였다.

107 서로마제국은 게르만족의 [   ]掠
    에 견디지 못하고 무너졌다.

108〜112번

5 다음 漢字語 중 첫소리가 長音인 것을 가
려 그 번호를 쓰시오.

108 [   ] : ① 數學 ② 水災 ③ 守備 ④ 收穫

109 [   ] : ① 根源 ② 筋骨 ③ 斤兩 ④ 謹製

110 [   ] : ① 花郎 ② 華南 ③ 貨物 ④ 話頭

111 [   ] : ① 敍事 ② 西山 ③ 夕刊 ④ 書寫

112 [   ] : ① 粉末 ② 奮發 ③ 墳墓 ④ 奔放

113〜117번

6 다음 漢字와 뜻이 反對 또는 相對되는 漢字
를 써넣어 單語를 完成하시오.

113 발전소가 가동을 중단하면서 전력 需[
          ]에 다소 차질을 빚었다.

114 옛날의 수직적 위계질서는 [   ]卑
    상하로 표현되었다.

115 탐험대는 험한 노정을 무사히 [   ]
    返하였다.

116 금융 위기가 닥치자 많은 회사들이 [
          ]廢 위기에 처하였다.

117 그는 밝은 식견과 굳은 절개로 이해와 禍
    [   ]의 길에 초연하였다.

7 다음 漢字語와 뜻이 反對 또는 相對가 되도록 [　] 안에 漢字語를 써 넣으시오.

118 閉鎖 ↔ [　　　] 119 寬待 ↔ [　　　]

120 增加 ↔ [　　　] 121 寒冷 ↔ [　　　]

122 虛僞 ↔ [　　　]

8 다음 빈곳에 알맞은 漢字를 써넣어 四字成語를 完成하시오.

123 牛耳讀[　　　] : 아무리 가르치고 일러 주어도 알아듣지 못함.

124 同[　　　]異夢 : 겉으로는 같이 행동하면서도 속으로는 다른 생각을 하고 있음.

125 勿失好[　　　] : 좋은 기회를 놓치지 아니함.

126 九曲肝[　　　] : 깊은 마음속 또는 시름이 쌓인 마음속.

127 見利思[　　　] : 눈앞의 이익을 보면 의리를 먼저 생각함.

128 [　　　]下不明 : 가까이에 있는 물건이나 사람을 잘 찾지 못함.

129 縱橫無[　　　] : 자유자재로 행동하여 거침이 없는 상태.

130 識字憂[　　　] : 학식이 있는 것이 오히려 근심을 사게 됨.

131 至[　　　]感天 : 정성을 다하면 아주 어려운 일도 순조롭게 풀리어 좋은 결과를 맺음.

132 虛[　　　]聲勢 : 실속은 없으면서 큰소리 치거나 허세를 부림.

9 다음 漢字의 部首를 쓰시오.

133 承 － [　　　] 134 能 － [　　　]

135 栽 － [　　　] 136 勝 － [　　　]

137 垂 － [　　　]

10 다음 漢字語와 흡은 같으나 뜻이 다른 漢字語를 한 가지씩 쓰시오.(長短音 관계없이)

138 仲兄 － [　　　] : 무거운 형벌.

139 中指 － [　　　] : 여러 사람의 지혜.

140 維持 － [　　　] : 죽은 사람의 생전의 뜻.

141 幼木 － [　　　] : 옮겨다니며 가축을 기르는 일.

142 電氣 － [　　　] : 한 사람의 일생동안의 행적을 적은 기록.

11 다음 漢字語의 뜻을 쓰시오.

143 豚舍 : [　　　]

144 潛入 : [　　　]

145 喜壽 : [　　　]

146 盛典 : [　　　]

147 黃昏 : [　　　]

12 다음 漢字의 略字는 正字로, 正字는 略字로 쓰시오.

148 処 － [　　　] 149 龍 － [　　　]

150 辞 － [　　　]

한자능력검정시험

제 **04** 회 **기출 · 예상문제**

(사) **한국어문회** 주관

합격문항 : 105문항
시험시간 : 60분
정   답 : 212쪽

01~45번

1 다음 漢字語의 讀音을 쓰시오.

01 가난한 환자들에게 치료비 **割引** 혜택을 주었다. ·····················[   ]

02 여행을 망치지 않으려면 **徹底**한 준비가 필요하다. ·····················[   ]

03 그는 자신이 적임자라는 이미지를 부각시키며 선거 **遊說**를 펼쳤다. ········[   ]

04 선수와 감독이 모두 명예의 **殿堂**에 올랐다. ·····························[   ]

05 연예·오락 등을 다루는 대부분의 대중지는 주로 **街販**을 하고 있다.
·····························[   ]

06 인도적 차원에서 일정 기간 **滯留**를 허가하였다. ······················[   ]

07 돌담을 쌓아 안채와 바깥채끼리 **來往**을 엄금했다. ················[   ]

08 청량한 솔바람 맞으며 시 한 수를 **朗誦**하였다.
·····························[   ]

09 간악한 자들은 서로 결탁하여 세금을 **脫漏**하였다. ················[   ]

10 순간적인 기회 **捕捉**이 승부에 결정적인 영향을 미쳤다.
·····························[   ]

11 피로 맺은 **盟邦**이라고 떠벌리던 나라들도 지금은 국익을 내세워 서로 으르렁거리고 있다.
·····························[   ]

12 그는 식물학자로서 **稀貴**한 식물을 찾아 온 세상을 탐험하였다. ············[   ]

13 그들은 서로의 **近況**을 물으며 오랜만에 담소를 나누었다. ·············[   ]

14 세월의 흐름에 따라 대립과 **分裂**의 양상이 극심해져 갔다. ·············[   ]

15 그 작가는 어휘를 자유자재로 **驅使**하여 많은 걸작을 남겼다. ···········[   ]

16 인간을 신에 대한 **畏懼**와 죽음의 공포로부터 해방시키기 위하여……. ···[   ]

17 동·서양의 학문을 두루 **涉獵**하여 학문과 사상을 집대성하였다. ·········[   ]

18 난공불락의 **要塞**를 구축하였다.
·····························[   ]

19 오존층 파괴는 인류의 생존을 **威脅**하는 것이다. ·····················[   ]

20 강대국들이 상호 **提携**하여 범세계적인 개방화의 압력을 행사하고 있다.
·····························[   ]

21 濫伐 [   ]   **22** 健脚 [   ]

23 汗蒸 [   ]   **24** 鑄貨 [   ]

25 享樂 [   ]   **26** 移替 [   ]

27 吟味 [   ]   **28** 殉葬 [   ]

29 拘束 [   ]   **30** 戊辰 [   ]

31 頻度 [   ]   **32** 洞燭 [   ]

33 不惑 [   ]   **34** 閏秒 [   ]

35 凝固 [   ]   36 嫌惡 [   ]

37 破棄 [   ]   38 恕諒 [   ]

39 冥福 [   ]   40 懇祈 [   ]

41 押韻 [   ]   42 且置 [   ]

43 沈潛 [   ]   44 耐震 [   ]

45 豪傑 [   ]

46~72번

2 다음 漢字의 訓과 音을 쓰시오.

46 塊 [   ]   47 超 [   ]

48 誰 [   ]   49 旱 [   ]

50 奚 [   ]   51 稻 [   ]

52 了 [   ]   53 涯 [   ]

54 苗 [   ]   55 叫 [   ]

56 債 [   ]   57 崩 [   ]

58 析 [   ]   59 戚 [   ]

60 挑 [   ]   61 墻 [   ]

62 亨 [   ]   63 庚 [   ]

64 豈 [   ]   65 肯 [   ]

66 似 [   ]   67 掛 [   ]

68 雁 [   ]   69 旬 [   ]

70 廟 [   ]   71 竊 [   ]

72 宰 [   ]

73~82번

3 다음 제시문에서 밑줄 친 漢字語를 漢字
(正字)로 쓰시오.

• 정부는 **외세**[73]에 **적응**[74]하거나 대항할 수 있는 **자
력갱생**[75]의 방안으로 근대화 정책을 추진하였다.

• **경기**[76] 침체 속에 수요 감소 **전망**[77]이 시장을 **지
배**[78]하면서 상품가격이 일제히 **하락**[79]세를 보
였다.

• 주요 당직자 **임명권**[80]을 행사할 수 있도록 **당헌**[81]·
당규를 **개정**[82]하기로 했다.

73 외세 [   ]   74 적응 [   ]

75 자력갱생 [   ]   76 경기 [   ]

77 전망 [   ]   78 지배 [   ]

79 하락 [   ]   80 임명권 [   ]

81 당헌 [   ]   82 개정 [   ]

83~102번

4 다음 밑줄 친 漢字語를 漢字로 쓰시오.

83 조국을 위해 장렬히 **산화**한 무명용사의 비에
헌화하였다. ····················· [   ]

84 경기가 끝날 무렵 전세가 **역전**되었다.
····························· [   ]

85 외국에 나가려면 **여권**이 필요하다.
····························· [   ]

86 가까운 친구 사이에도 **비밀**은 있다.
····························· [   ]

87 "청소년 **범죄**가 늘고 있어 걱정이다."
····························· [   ]

88 저 사람은 여러 방면에 **박식**하다.
····························· [   ]

89 조그만 일에도 **감사**하는 마음을 가져야 한다.
····························· [   ]

90 12月이 되면 국회에서 **예산**을 심의한다.
····························· [   ]

91 秋夕 때면 고속도로가 **귀성객**들로 붐빈다.
····························· [   ]

92 歌詞와 구별하여, **시조**를 '短歌'라고도 한다.
····························· [   ]

93 국민들은 **정부**의 부동산 대책을 기대하고 있다. ················· [   ]

94 밀, 콩, 쌀 등 많은 **양곡**을 외국에서 수입한다. ················· [   ]

95 이 달에는 지출이 많아 통장에 **잔액**이 별로 없다. ················· [   ]

96 **연료**가 덜 드는 **自動車**를 개발하기 위하여 노력한다. ················· [   ]

97 여유로운 삶을 위해 한두 가지 **취미**를 갖는 것이 좋다. ················· [   ]

98 다른 여러 개의 기어를 조합해서 **감속**장치를 만들었다. ················· [   ]

99 그녀는 문장과 자수에 능하여 사람들의 **칭찬**이 자자하다. ················· [   ]

100 미심쩍어 직접 찾아가 사실 **여부**를 확인하였다. ················· [   ]

101 사건의 진실을 **오도**하는 거짓에 분노를 느꼈다. ················· [   ]

102 추천을 의뢰하여 사원을 **특채**하였다. ················· [   ]

103~107번

5 다음 빈칸에 訓이 같은 漢字를 써넣어 單語를 完成하시오.

103 두 사람은 큰 견해 [   ]異를 보였다.

104 올림픽에서 메달을 獲[   ]하였다.

105 현실을 考[   ]해서 계획을 세웠다.

106 기둥은 별다른 [   ]飾 없이 소박하였다.

107 그동안 끼친 피해를 [   ]償하기 위해 노력했다.

108~112번

6 다음 漢字語 중 첫소리가 長音인 것을 가려 각각 그 번호를 쓰시오.

108 [   ] : ① 寒食 ② 愼獨 ③ 柔道 ④ 阿附

109 [   ] : ① 修行 ② 慰安 ③ 浮木 ④ 抵抗

110 [   ] : ① 芳香 ② 培養 ③ 宣布 ④ 談話

111 [   ] : ① 還俗 ② 巖壁 ③ 獻納 ④ 陣營

112 [   ] : ① 途中 ② 聰明 ③ 郎子 ④ 耕作

113~117번

7 다음 漢字語와 뜻이 反對 또는 相對가 되도록 [   ] 안에 漢字語를 써 넣으시오.

113 閉鎖 ↔ [   ]   114 興奮 ↔ [   ]

115 怨恨 ↔ [   ]   116 原因 ↔ [   ]

117 昇天 ↔ [   ]

118~122번

8 다음 빈칸에 뜻이 反對 또는 相對되는 漢字를 써넣어 單語를 完成하시오.

118 두 사람은 [   ]姪 사이였으나 예를 다하였다.

119 문제의 難[   ]도에 따라서 긴장이 강해졌다.

120 그를 형제처럼 대함에 조금도 [   ]薄의 차이가 없었다.

121 기울기의 緩[   ]에 따라 수량의 흐름에 차이가 생겼다.

122 벗의 묘비를 부탁하기에 [   ]昔의 감회가 깊었다.

9 다음 빈곳에 알맞은 漢字를 써넣어 四字成語를 完成하시오.

123~132번

123 日就月 [   ] : 나날이 다달이 자라거나 발전함.

124 舊態 [   ] 然 : 조금도 변하거나 발전한 데 없이 예전 모습 그대로임.

125 拔本塞 [   ] : 좋지 않은 일의 근본 원인을 완전히 없애 버려서 다시 그러한 일이 생길 수 없도록 함.

126 克己 [   ] 禮 : 자기의 욕심을 누르고 예의범절을 따름.

127 取捨選 [   ] : 여럿 가운데서 쓸 것은 쓰고 버릴 것은 버림.

128 [   ] 馬之勞 : 윗사람에게 충성을 다하는 자신의 노력을 낮추어 이르는 말.

129 巧言 [   ] 色 : 아첨하는 말과 알랑거리는 태도.

130 弘 [   ] 人間 : 널리 인간을 이롭게 함.

131 桑 [   ] 碧海 : 세상일의 변천이 심함.

132 [   ] 恩忘德 : 남에게 입은 은덕을 저버리고 배신하는 태도가 있음.

10 다음 漢字의 部首를 쓰시오.

133~137번

133 啓 - [   ]   134 智 - [   ]

135 裏 - [   ]   136 鹿 - [   ]

137 鴻 - [   ]

11 다음 漢字語의 同音異義語를 한 가지씩 쓰되, 제시된 뜻에 알맞은 말을 漢字로 쓰시오.(長短音 관계없이)

138~142번

138 漸騰 - [   ] : 등불을 켬.

139 保釋 - [   ] : 보배로운 돌.

140 極端 - [   ] : 연극을 하는 단체.

141 訟事 - [   ] : 공덕을 기리는 말.

142 直腸 - [   ] : 맡은 일을 하는 일터.

12 다음 漢字語의 뜻을 쓰시오.

143~147번

143 寬容 : [   ]

144 蜂蜜 : [   ]

145 胸圍 : [   ]

146 播種 : [   ]

147 選良 : [   ]

13 다음 漢字의 正字는 略字로, 略字는 正字로 쓰시오.

148~150번

148 據 - [   ]   149 證 - [   ]

150 辺 - [   ]

한자능력검정시험

제05회

(사) 한국어문회 주관

기출·예상문제

합격문항 : 105문항
시험시간 : 60분
정   답 : 214쪽

1

01~20번

다음 밑줄 친 漢字語의 讀音을 쓰시오.

독서를 즐겨하는 그는 '지식과 진리의 探求[01]를 통해서 快樂[02]을 얻는다'고 말했다.

01 [   ]   02 [   ]

죄를 짓고 逃亡[03]하는 자들을 잡기 위해 왕래가 가장 頻繁[04]한 나루터를 통제하였다.

03 [   ]   04 [   ]

일상적으로 보아온 陶藝[05] 작품에서 청자보다 백자가 龜裂[06]이 잘 보이지 않는 것은 유약에 잡물이 제거되었기 때문이다.

05 [   ]   06 [   ]

부정선거를 糾彈[07]하는 민중시위가 일어나 독재 정권이 崩壞[08]되었다.

07 [   ]   08 [   ]

세계 각국이 평화유지군의 派遣[09]을 忌避[10]한 것과 달리, 석유 등 부존자원이 부족한 나라들은 적극적인 참여 의사를 표명하였다.

09 [   ]   10 [   ]

그 도로는 傾斜[11]와 굴곡이 심하여 追突[12]사고가 자주 일어난다.

11 [   ]   12 [   ]

자동이체의 편리한 점은 일정기일에 내야할 금액이 자동으로 納付[13]되므로 延滯[14]될 염려가 없다는 것이다.

13 [   ]   14 [   ]

논리실증주의자들은 "철학이란 과학적 명제를 分析[15]해서 그 의미의 내용을 분명하게 하고 徹底[16]하게 하는 것이다"라고 말한다.

15 [   ]   16 [   ]

고딕 건축은 주로 직선이 강조되어 하늘로 치솟으며, 뾰족한 윗부분에 垂直[17] 창문과 尖塔[18]을 갖고 있다.

17 [   ]   18 [   ]

문화 연구는 차별과 疏外[19]를 창출하는 사회적·문화적 세력이 위치하고 있는 脈絡[20]에 관심을 갖고 있다.

19 [   ]   20 [   ]

2 다음 漢字語의 讀音을 쓰시오. 21~45번

21 於焉 [   ]   22 丁寧 [   ]

23 企圖 [   ]   24 禽獸 [   ]

25 拜謁 [   ]   26 未熟 [   ]

27 老鍊 [   ]   28 冒頭 [   ]

29 末尾 [   ]   30 謹愼 [   ]

31 種苗 [   ]   32 弄談 [   ]

33 踏襲 [   ]   34 慾望 [   ]

35 詐欺 [   ]   36 肯可 [   ]

37 稀貴 [   ]   38 令郎 [   ]

39 瞬間 [   ]   40 生涯 [   ]

41 錯誤 [   ]   42 衰弱 [   ]

43 富裕 [   ]   44 邊方 [   ]

45 歷史 [   ]

3 다음의 밑줄 친 낱말을 漢字(正字)로 쓰시오. 46~75번

제주에서는 마을 **근처**[46]에 동굴이 있으면 그것을 할망당으로 모시는 **풍습**[47]이 있는데, 이는 여신 숭배사상에서 온 것이다.

46 [   ]   47 [   ]

사람들은 획득의 **관점**[48]에서는 모험을 회피하려 하고 **손실**[49]의 관점에서는 오히려 모험을 감수하려는 경향을 보인다.

48 [   ]   49 [   ]

삼한사온은 기온 변화가 7일을 **주기**[50]로 반복된다는 것을 말하지만, 실제로 나타나는 기온 변화의 주기는 해에 따라 매우 **불규칙**[51]하다.

50 [   ]   51 [   ]

농업기술센터는 최신 과학 영농에 필요한 **시설**[52]과 장비를 갖추고 농업 기술 **지도**[53]와 교육, **실증**[54]·실험 **연구**[55]와 영농 현장 지도 사업을 수행하고 있다.

52 [   ]   53 [   ]

54 [   ]   55 [   ]

새로운 곳에 **정착**[56]한 이민자들은 겸허한 마음으로 인간의 **형상**[57]을 닮은 바위를 바라보며 삶의 의미와 관대함을 배워간다.

56 [   ]   57 [   ]

대체로 중요한 결정을 할 때, **감정**[58]을 배제하고 이성적으로 **판단**[59]하라고 말하지만 감정과 **이성**[60]은 딱 분리될 수 있는 **정신**[61] 작용이 아니다.

58 [   ]   59 [   ]

60 [   ]   61 [   ]

62 적군의 사악한 행위를 응징하는 아군의 영웅적 **행위**를 보여주었다. ····· [   ]

63 마을의 광경은 그의 마음에 그리움을 **충족**시키기에 충분하였다. ········ [   ]

64 근원적 문제 **해결** 방안을 설득력 있게 제시하였다. ················· [   ]

65 그는 강을 통해 그 **순연**한 자연의 아름다움을 노래하였다. ················ [   ]

66 개요 작성은 글쓰기의 진행 **과정**을 좌우한다. ················ [   ]

67 소음은 초조감을 주며 **수면**을 방해하고 피로를 증가시킨다. ··········· [   ]

68 양자간에 합의하고 공식적으로 **확인**하는 절차가 필요하다. ··········· [   ]

69 일이 하루속히 성취되어 기쁘게 만날 날을 **고대**하였다. ··········· [   ]

70 선장은 조난 신호를 발신하고 인근 선박에 **구조**를 요청했다. ··········· [   ]

71 기아 현상은 지금도 세계 **전역**에서 일어나고 있다. ················ [   ]

72 높다란 봉우리가 **허공**을 찌를 듯 솟아있다. ················ [   ]

73 '오십보백보'는 정도의 차이는 있을지언정 **본질적**으로 같은 것이다. ····· [   ]

74 마을 사람들은 고장의 역사와 유산에 대하여 남다른 **자부심**을 가지고 있었다. ················ [   ]

75 프로이트는 우리의 마음 깊숙한 곳에 숨어 있는 **무의식**이 그 행동과 정서를 규정한다고 단언했다. ················ [   ]

4 다음 漢字의 訓과 音을 쓰시오.

76~102번

76 央 [   ]　　77 塊 [   ]

78 雁 [   ]　　79 克 [   ]

80 旦 [   ]　　81 含 [   ]

82 粟 [   ]　　83 賀 [   ]

84 阿 [   ]　　85 恒 [   ]

86 捉 [   ]　　87 惟 [   ]

88 唯 [   ]　　89 逮 [   ]

90 奪 [   ]　　91 片 [   ]

92 陷 [   ]　　93 恣 [   ]

94 汗 [   ]　　95 奏 [   ]

96 穴 [   ]　　97 販 [   ]

98 罷 [   ]　　99 透 [   ]

100 載 [   ]　　101 托 [   ]

102 姉 [   ]

5 다음 漢字語의 첫音節이 長音으로 소리 나는 것의 번호를 쓰시오.

103~107번

103 [   ] : ① 將軍 ② 救助 ③ 手段 ④ 口錢

104 [   ] : ① 景氣 ② 守備 ③ 啓蒙 ④ 孫女

105 [   ] : ① 簡單 ② 非但 ③ 審査 ④ 馬夫

106 [   ] : ① 迷宮 ② 明朗 ③ 燒却 ④ 倉庫

107 [   ] : ① 降伏 ② 殺傷 ③ 化粧 ④ 映窓

6 다음 漢字와 비슷한 뜻을 가진 漢字(正字)를 쓰시오.

108~112번

108 居 – [   ]　　109 副 – [   ]

110 [   ] – 更　　111 [   ] – 飾

112 [   ] – 任

7 다음 漢字와 뜻이 反對 또는 相對되는 漢字(正字)를 쓰시오.

113~117번

113 [   ] ↔ 捨   114 都 ↔ [   ]

115 [   ] ↔ 悲   116 向 ↔ [   ]

117 [   ] ↔ 打

8 다음 漢字語의 反對語 또는 相對語를 2음절로 된 漢字(正字)로 쓰시오.

118~122번

118 [   ] ↔ 浪費   119 紅顏 ↔ [   ]

120 [   ] ↔ 民卑   121 死藏 ↔ [   ]

122 臨時 ↔ [   ]

9 다음 漢字語의 同音異義語를 제시된 뜻에 맞는 漢字(正字)로 쓰시오.

123~127번

123 電子 – [   ] : 지난번. 앞의 것.

124 喪家 – [   ] : 가게로 이루어진 거리.

125 師團 – [   ] : 일의 실마리.

126 舟遊 – [   ] : 기름을 넣음.

127 顧視 – [   ] : 공고하여 알림.

10 다음 [   ] 안에 알맞은 漢字(正字)를 써넣어 四字成語를 완성하시오.

128~137번

128 各個戰 [   ]   129 早朝割 [   ]

130 [   ] 言利說   131 日久月 [   ]

132 吉 [   ] 禍福   133 東奔西 [   ]

134 [   ] 身揚名   135 莫 [   ] 之友

136 滅私 [   ] 公   137 始終 [   ] 一

11 다음 漢字의 部首를 쓰시오.

138~142번

138 産 – [   ]   139 豫 – [   ]

140 因 – [   ]   141 丙 – [   ]

142 泰 – [   ]

12 다음 漢字의 略字를 쓰시오.

143~145번

143 屬 – [   ]   144 辭 – [   ]

145 圍 – [   ]

13 다음 漢字語의 뜻을 쓰시오.

146~150번

146 考察 : [   ]

147 配偶 : [   ]

148 乾坤 : [   ]

149 飛躍 : [   ]

150 覺悟 : [   ]

(사) **한국어문회** 주관

한자능력검정시험

3 급

정답 및 해설

- 예상문제 정답 및 해설(1회 ~ 15회)
- 기출 · 예상문제 정답 및 해설(1회 ~ 5회)

01회 3급 예상문제

01	묘당	02	건조	03	도취	04	삭발
05	타협	06	괴질	07	전람	08	채색
09	참선	10	영세	11	구릉	12	점증
13	혼탁	14	양해	15	음유	16	유지
17	정렬	18	채무	19	아담	20	격파
21	맹금	22	운니	23	주악	24	봉욕
25	돈아	26	최촉	27	연쇄	28	장계
29	계간	30	송영	31	중지	32	상각
33	효성	34	관후	35	희연	36	부여
37	기망	38	교도	39	환급	40	쇄소
41	형통	42	후보	43	구제	44	관현
45	위태	46	두려울 공	47	오랠 구	48	바칠 공
49	어른 장	50	비교 교 / 견줄 교	51	벗 붕	
52	잡을 구	53	붉을 단	54	오직 유	55	이슬 로
56	마을 서 / 관청 서	57	창성할 창		58	논 답
59	국화 국	60	빌 차 / 빌릴 차		61	소경 맹 눈멀 맹
62	물따라갈 연 / 따를 연		63	가둘 수		
64	아득할 망	65	더욱 우	66	젖을 습	67	봉우리 봉
68	동료 료	69	구차할 구 / 진실로 구		70	볼 열
71	맺을 계	72	뛸 약	73	接近	74	反復
75	適切	76	空間	77	確保	78	現象
79	侵犯	80	最適	81	努力	82	物理的
83	一部	84	領域	85	硏究	86	亂舞
87	創造	88	不斷	89	轉落	90	證明
91	榮達	92	語群	93	包容心	94	報道
95	所産	96	牧童	97	才致	98	組織
99	信奉	100	利害	101	引用	102	政權

103	易	104	選	105	高	106	災
107	革	108	㉯	109	㉰	110	㉺
111	㉱	112	㉵	113	雄	114	冷 / 寒
115	歡	116	功	117	雨	118	極貧
119	獲得	120	求心	121	正統	122	單純
123	指	124	盜	125	勢	126	從
127	省	128	點	129	識	130	海
131	問	132	骨	133	佳	134	土
135	心(忄, 㣺)	136	頁	137	巾	138	修習
139	師團	140	勞費	141	共謀	142	防彈
143	재주나 힘 따위가 엇비슷하여 서로 견줄 만함						
144	내버려두고 문제 삼지 않음		145	번거롭고 매우 길다			
146	어느 한쪽으로 치우쳐 공정하지 못함						
147	대수롭지 않음 / 보통임		148	礼	149	竜	
150	関						

해설

02 '乾燥'의 '乾'자는 쓰임에 따라 뜻과 소리가 달라지는 글자이다. '하늘'을 뜻할 때에는 '건'으로 읽고, '마르다'를 뜻할 때에는 '간'으로 읽는다. 그러나 현대국어에서 '간'음은 거의 소멸되었다.

10 零細(영세) : ① 작고 가늘어 변변치 못함. ② 규모가 보잘것없고 몹시 빈약함.

11 '丘陵'은 서로 뜻이 비슷한 한자로 결합된 유의자이다.
참 13. 混濁 26. 催促 45. 危殆

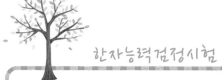

한자능력검정시험

15 吟遊(음유) : 시를 읊으며 여기저기 떠돌아다님.

22 雲泥(운니) : '구름과 진흙'을 뜻하는 데에서, '차이가 매우 심함'을 이르는 말.

23 奏樂(주악) : 음악을 연주함, 또는 그 음악.
☞ '奏'자는 '秦(성 진)'자와 모양이 비슷하여 혼동하기 쉬운 글자이다.
☞ '樂'자의 훈음은 '즐길 락', '노래 악', '좋아할 요' 등으로 쓰인다.

25 豚兒(돈아) : 남에게 자기 아들을 낮추어 이르는 말. 가돈(家豚).

28 狀啓(장계) : 왕명을 받고 지방에 파견된 신하가 중요한 일을 왕에게 보고하던 일, 또는 그런 문서.
☞ '狀'자는 쓰임에 따라 훈과 음이 달라지는 글자로, '형상'을 뜻할 때에는 '상'으로 읽고, '문서'를 뜻할 때에는 '장'으로 읽는다.

35 稀宴(희연) : 고희연(古稀宴).
☞ 여기에서 '稀'는 '古稀' 즉, '일흔 살'을 이르는 말이다.

43 驅除(구제) : 해충 따위를 몰아내어 없앰.

75 適切(적절)하다 : 꼭 알맞다.
☞ '切'자는 쓰임에 따라 훈과 음이 달라지는 글자로, '끊다'를 뜻할 때에는 '절'로 읽고, '온통, 모두'를 뜻할 때에는 '체'로 읽는다.

92 '語群'과 '魚群'의 뜻을 구별하여야 함.
☞ 語群(어군) : 같은 어파(語派) 중에서 서로 친족 관계를 이루는 여러 언어.

94 '報道'와 '步道'의 뜻을 구별하여야 함.
☞ '報道'에서 '道'자는 '말하다'를 뜻한다.

104 '選'자와 서로 비슷한 뜻을 가진 한자는 '擧, 擇' 등도 있다.

116 '功過'에서 '過'자의 대표 훈은 '지나다'이나 여기에서는 '허물, 잘못, 실수' 등을 뜻한다.

145 '張皇'에서 '皇'자는 '번거롭다, 지루하다'를 뜻한다.

147 '尋常'에서 '尋'자는 '보통, 평소'를 뜻한다.

02회 3급 예상문제

01	유영	02	수필	03	이력	04	숭상
05	집착	06	편대	07	막론	08	희롱
09	열악	10	분망	11	도량	12	기갈
13	도피	14	천거	15	피안	16	준걸
17	귀감	18	체증	19	변상	20	즉결
21	애걸	22	필경	23	기간	24	수계
25	애제	26	묵계	27	등배	28	징역
29	누습	30	상여	31	자연	32	탐렴
33	함지	34	윤곽	35	누각	36	참괴
37	조항	38	은괴	39	만도	40	경구
41	추장	42	쌍견	43	홍익	44	질부
45	장엄	46	무덤 분	47	어조사 혜	48	차례 질
49	화살 시	50	제후 후	51	조세 조	52	베개 침
53	돌 순 / 순행할 순	54	집 우	55	치마 상
56	누구 수	57	그루 주	58	모래 사	59	가운데 앙
60	마칠 파	61	여러 루	62	북방 임	63	뜰 부
64	싫어할 혐	65	들 교	66	굳셀 강	67	이미 기
68	이랑 경 / 잠깐 경	69	치우칠 편	70	천천히 서
71	클 태	72	이 자	73	①	74	③
75	①	76	②	77	④	78	施行
79	虛構	80	寸刻	81	與否	82	前提
83	興味	84	滿空山	85	要約	86	思想
87	傳統	88	就業	89	專攻	90	探訪
91	花	92	榮	93	君	94	適
95	發	96	橫	97	羅	98	破
99	律	100	切	101	擔當	102	能力
103	同族	104	受精	105	억제	106	可能
107	子孫	108	遺傳子	109	傳達	110	姉妹
111	血緣	112	種族	113	平生	114	組織
115	保存	116	효율	117	观 / 觀	118	雜

119	辭	120	續	121	圍	122	喜
123	婦	124	賣	125	伏	126	慶
127	拒絶	128	急行	129	延長	130	開放
131	困難	132	終	133	識	134	憤
135	通	136	聞	137	鳥	138	亠
139	日	140	乙	141	丿	142	重刑
143	資格	144	商術	145	餘數	146	體感

147	통틀어 모두 / 여러 가지 것의 전부
148	반지름 / 행동이 미치는 범위
149	꼭지점	150	금지하였던 것을 풂

해설

3 '履歷'에서 '履'자의 본음은 '리'이나 두음법칙에 의해 '이'로 읽고 적는다. **참** 09. 劣惡 34. 輪郭

4 '崇尙'은 서로 뜻이 비슷한 한자로 결합된 유의자이다.
참 13. 逃避 16. 俊傑 22. 畢竟 35. 樓閣 36. 慙愧

5 執着(집착) : 어떤 것에 늘 마음이 쏠려 잊지 못하고 매달림. ☞ 여기에서 '執'자는 '고집하다'를 뜻한다. '着'자는 '著(착/저)'자로 쓰기도 한다.

9 劣惡(열악) : 품질·능력·시설·형편 따위가 몹시 떨어지고 나쁨. ☞ '惡'자는 쓰임에 따라 뜻과 소리가 달라지는 글자이다. **참** 惡(악할 악, 미워할 오)

11 跳梁(도량) : 거리낌 없이 함부로 날뜀.

15 彼岸(피안) : (불교에서) '진리를 깨닫고 도달할 수 있는 이상적 경지'를 이르는 말로, (철학적으로는) '현실에는 존재하지 아니하는 관념적으로 생각해 낸 현실 밖의 세계'를 이른다.

17 龜鑑(귀감) : 본받을 만한 모범. 귀경(龜鏡).
☞ '龜'자의 훈과 음은 '거북 구', '거북 귀', '터질 균' 등으로 쓰인다.

23 基幹(기간) : 어떤 분야나 부문에서 가장 중심이 되는 부분.

24 囚械(수계) : 칼을 씌워 죄인을 잡아 가둠.
☞ 수계(囚繫 : 죄인을 가두어 맴)와 혼동하는 경우가 많으므로 주의해야 한다.

30 '喪輿'의 '輿'자는 '與(더불 여)'자와 모양이 비슷하여 혼동하기 쉬운 글자이다.
참 49. 矢 ≠ 失(잃을 실) 50. 侯 ≠ 候(기후 후)

68 '頃'자의 뜻인 '이랑'은 '갈아 놓은 밭의 한 두둑과 한 고랑'을 뜻한다.

72 '玆'자는 보통 '艹'자 아래에 '幺'자를 쓰기도 하지만 본래 '玄'자를 두 번 쓴 것이다. 부수도 '玄'자임에 주의해야 한다.

92 '榮枯盛衰'는 뜻이 서로 상대되는 한자로 이루어진 '榮枯'와 '盛衰'가 결합하여 이루어진 말이다.

93 '梁上君子'는 '들보 위의 군자'라는 뜻으로, 『後漢書』, 「陳寔傳」의 고사에서 나온 말이다.

94 '悠悠自適'은 '유유하다(悠悠- : 움직임이 한가하고 여유가 있다)'와 '자적(自適 : 아무런 속박을 받지 않고 마음껏 즐김)'이 결합하여 이루어진 말이다.
☞ 여기에서 '適'자는 '즐겁다, 즐기다'를 뜻한다.

112 種族(종족) : ① 같은 종류의 생물 전체. ② 조상이 같고, 같은 언어·문화 등을 가지고 있는 사회집단.
참 宗族(종족) : '姓'과 '本'이 같은 겨레붙이.

116 '效率'의 '率'자는 쓰임에 따라 뜻과 소리가 달라지는 글자이다. '비율'을 뜻할 때에는 '율'로 읽고, '거느리다'를 뜻할 때에는 '솔'로 읽는다.
☞ '효률 → 효율'처럼 '모음'이나 'ㄴ' 받침 뒤에 이어지는 '렬, 률'은 '열, 율'로 적는다.

126 '弔'자의 뜻인 '조상(弔喪)'은 '조문(弔問), 문상(問喪)'과 같은 말로, '남의 죽음에 대하여 슬퍼하는 뜻을 표하거나 상주를 위로함'을 뜻한다.

03회 3급 예상문제

01	교묘	02	수사	03	의뢰	04	결함
05	배알	06	모험	07	운수	08	훼손
09	측량	10	토벌	11	겸양	12	기강
13	독려	14	지각	15	매개	16	보편
17	소원	18	횡포	19	타락	20	이암
21	장의	22	형안	23	홀연	24	포복
25	염치	26	균사	27	상해	28	습관
29	천이	30	지엽	31	시청	32	유혹
33	승무	34	앙축	35	사약	36	분패
37	토호	38	기한	39	납골	40	경술
41	간호	42	함축	43	칠기	44	침략
45	배척	46	그을 획	47	어찌 나 / 어찌 내		
48	또 우	49	버금 중	50	봉할 봉	51	생각할 억
52	함께 구	53	배리	54	어릴 유	55	잠길 침
56	병풍 병	57	그윽할 유	58	물가 주	59	꽃다울 방
60	토끼 묘	61	기둥 주	62	칼 검	63	쪼갤 석
64	골 곡	65	어조사 호	66	물가 애	67	이길 극
68	낳을 탄 / 거짓 탄	69	우물 정	70	다스릴 섭 잡을 섭		
71	뱀 사	72	잠깐 잠	73	趣味		
74	宿命	75	轉機	76	資産	77	優秀性
78	留意	79	盜難	80	支出	81	正確
82	創作	83	配慮	84	革新	85	講究
86	核心	87	提示	88	省察	89	招來
90	制度	91	極盛	92	授與	93	堅持
94	屈折	95	孤立	96	指標	97	前室
98	明快	99	風潮	100	服從	101	暗號
102	觀點	103	歡	104	絶	105	怨
106	墓	107	窮	108	㉰	109	㉱
110	㉮	111	㉲	112	㉳	113	給
114	吸	115	否	116	優	117	貴

118	發	119	練	120	節	121	起
122	名	123	離	124	城	125	過
126	卷	127	天	128	據	129	雲
130	床=牀	131	官	132	私	133	衣=衤
134	弋	135	牛	136	鳥	137	舟
138	死境	139	着手	140	誤記	141	香水
142	團地	143	죽은 사람을 생각하고 그리워함				
144	(차례나 위치를) 뒤바꾸거나 뒤바뀜						
145	속마음을 죄다 드러내어서 말함						
146	케케묵고 낡음	147	하는 수 없이 마지못하여				
148	処	149	写 / 寫	150	対		

해설

05 拜謁(배알) : 지위가 높거나 존경하는 분을 찾아 뵘.

10 '討伐'은 서로 뜻이 비슷한 한자로 결합된 한자어이다. 참 11. 謙讓 12. 紀綱

17 疏遠(소원) : 지내는 사이가 두텁지 아니하고 서먹서먹하거나 소식이나 왕래가 오랫동안 끊긴 상태에 있음.
☞ '疏遠'의 '疏'자는 '疎'자와 바꾸어 쓸 수 있다. '疎'자는 '성기다, 드물다'의 뜻으로, 소원(疏遠), 소외(疏外) 등에 주로 쓰고, 소통(疏通) 등의 뜻으로는 쓸 수 없다. 그러나 '疏'자는 '疎'자의 모든 뜻을 대신할 수 있다. 따라서 소원(疏遠), 소외(疏外) 등도 소원(疏遠), 소외(疏外)로 바꾸어 쓸 수 있다.

18 '橫暴'의 '暴'자는 쓰임에 따라 훈과 음이 달라지는 글자로, '사납다'의 뜻으로 쓰일 때에는 '폭'으로, '모질다'의 뜻으로 쓰일 때에는 '포'로 읽고 적는다.

22 螢案(형안) : '반딧불로 밝힌 책상'이라는 뜻에서, '공부하는 책상' 또는 '어려운 형편에서 힘들게 한 공부'를 이르는 말.

26 菌絲(균사) : 균류의 몸을 이루고 있는 섬세한 실 모양의 세포.

27 桑海(상해) : '상전벽해(桑田碧海)'의 준말로, '뽕나무밭이 변하여 푸른 바다가 된다.'는 뜻에서, '세상 일이 덧없이 변함'을 비유하여 이르는 말이다.

33 乘務(승무) : 운행 중인 차·배·비행기 따위에서 승객 관리에 관한 일을 맡아봄.

37 兔毫(토호) : ① 토끼의 잔털. ② 토끼털로 붓을 만드는 데에서, '모필'을 달리 이르는 말.
☞ '兔'자와 '兎'자는 서로 쓰임이 같으나 '兔'자가 정자이고, '兎'자는 속자 또는 약자이다.

75 轉機(전기) : 전환점이 되는 기회나 시기.
［첨］傳記 : 한 사람의 일생동안의 행적을 적은 기록.

84 革新(혁신) : 묵은 풍속, 관습, 조직 따위를 바꾸거나 고쳐서 완전히 새롭게 함.
☞ 여기에서 '革'자는 '고치다'를 뜻한다.

90 制度(제도) : ① 제정된 법규. ② 나라의 법칙.
［첨］製圖 : 기계, 건축물, 공작물 따위의 도면이나 도안을 그려서 작성하는 일.

97 前室(전실) : ① 남의 전처(前妻)를 높여 이르는 말. ② 앞방.

99 風潮(풍조) : '바람과 조수(潮水)'를 아울러 이르는 말에서, '세상의 추세(趨勢)나 시대의 경향(傾向)에 따른 흐름'을 뜻한다.

118 '消滅'의 相對語는 '發生'이외에 '生成'도 있다.

125 '過恭非禮'에서 '過'자는 '지나치다'를 뜻한다.

129 雲泥(운니) : '구름과 진흙'이라는 뜻에서, '차이가 매우 심함'을 이르는 말.

145 '吐露'의 '露'자는 대표 훈이 '이슬'이나 여기에서는 '드러나다, 드러내다'를 뜻한다.

04회 3급 예상문제

01	소란	02	방기	03	무산	04	호환
05	저항	06	맥락	07	계루	08	동결
09	표랑	10	수락	11	외경	12	공란
13	오염	14	알현	15	염탐	16	폭염
17	방역	18	경위	19	채권	20	해금
21	한독	22	언오	23	간폐	24	배우
25	피뢰	26	관록	27	답보	28	신뢰
29	배계	30	남발	31	분개	32	암랑
33	서무	34	악단	35	권유	36	경도
37	민박	38	견여	39	곡창	40	양도
41	현감	42	열등	43	인욕	44	숙면
45	상아탑	46	언덕 안	47	미혹할 혹	48	슬플 오
49	무릇 범	50	제비 연	51	재앙 앙	52	쇠불릴 련 단련할 련
53	슬기로울 혜	54	아내 처	55	넓을 막		
56	굴 혈	57	빌 기	58	밝을 철	59	부칠 부
60	땀 한	61	다만 단	62	차 다 / 차	63	짝 반
64	무성할 무	65	마를 고	66	화폐 폐	67	심을 재
68	찔 증	69	정자 정	70	개 구	71	나물 소
72	나을 유	73	最近	74	凶作	75	災害
76	食糧	77	事態	78	直面	79	體制
80	集團	81	脫出	82	關心	83	大陸
84	政府	85	財政	86	支援	87	水準
88	主張	89	技術	90	向上	91	增加
92	勞使	93	協商	94	拒否	95	會談
96	設定	97	最終	98	到達	99	環境
100	戰略	101	考慮	102	修正	103	早期
104	謝過	105	虛構	106	回顧	107	感傷
108	彈	109	応	110	児	111	畫
112	斗	113	判	114	隱	115	絕
116	差	117	非	118	當	119	世

120	助	121	④	122	②	123	①
124	③	125	③	126	降	127	福
128	反	129	出	130	勤	131	創造
132	所得	133	全體	134	內容	135	愛好
136	境	137	衆	138	孤	139	黨
140	眞	141	豕	142	宀	143	廾
144	大	145	干	146	넓고 큰 계획	
147	식물의 뿌리를 캠 / 일의 근원을 캐어 밝힘						
148	해충 따위를 몰아내어 없앰			149	낌새 / 눈치		
150	겨울철 북쪽에서 불어오는 찬 바람						

해 설

02 邦畿(방기) : 서울에 가까운 지역.

06 '脈絡'은 서로 뜻이 비슷한 한자로 결합된 유의자이다. 참 05. 抵抗 24. 配偶 31. 憤慨 36. 傾倒

07 係累(계루) : 계루(繫累)로 쓰기도 한다.

10 '受諾'의 '諾'자는 본음이 '낙'이나 여기에서는 '락'으로 읽는다. ☞ 한자어에는 본음으로도 발음이 나고 속음으로도 발음이 나는 것이 있다.
참 承諾(승낙), 快諾(쾌락), 萬難(만난), 困難(곤란), 討論(토론), 議論(의논) 등.

14 '謁見'의 '見'자는 쓰임에 따라 뜻과 소리가 달라지는 글자이다. '보다'를 뜻할 때에는 '견'으로 읽고, '나타나다, 뵙다'를 뜻할 때에는 '현'으로 읽는다.

16 '暴炎'의 '暴'자는 쓰임에 따라 뜻과 소리가 달라지는 글자이다. 참 暴(사나울 폭, 모질 포)

18 經緯(경위) : '직물의 날줄과 씨줄을 아울러 이르는 말이다. '날줄과 씨줄이 켜켜이 쌓여 옷감을 이루듯이 사람의 일도 복잡다단한 사정들이 쌓여 생겨난다'는 뜻에서, '일의 전개 과정'을 이르는 말로 쓰이기도 한다.
☞ 서로 뜻이 상대되는 한자로 결합된 반대자이다.

20 奚琴(해금) : 향악기에 속하며 활로 현을 켜는 찰현악기의 하나. ☞ 여기에서 '奚'자는 종족이름으로, '동호족(東胡族)이 좋아하던 악기'라는 데에서 유래한 말이다.

22 焉鳥(언오) : '焉'자와 '鳥'자가 서로 글자 모양이 비슷해서 틀리기 쉽다는 데서, '글씨를 잘못 쓰기 쉬움'을 이르는 말.

29 拜啓(배계) : '삼가 절하고 아뢴다.'는 뜻으로, 편지 첫머리에 인사 차림으로 쓰는 말.

37 憫迫(민박) : 애가 탈 정도로 걱정스럽다.
☞ 여기에서 '憫'자는 '근심하다, 속을 태우거나 우울해하다'를 뜻하고, '迫'자는 '다급하다, 절박하다'를 뜻한다.

38 肩輿(견여) : 큰 상여로써 나가는 행렬에서, 좁은 길을 지날 때 임시로 쓰는 간단한 상여.

48 '嗚'자는 '鳴(울 명)'자와 모양이 비슷하여 혼동하기 쉬운 글자이다. 참 67. 栽 ≠ 裁(옷마를 재)

62 '茶'자는 쓰임에 따라 소리가 달라지는 글자로, '다' 또는 '차'로 읽는다.
참 茶禮(다례 / 차례), 茶器(다기 / 차기).

119 拔山蓋世(발산개세) : '역발산기개세(力拔山氣蓋世)'의 줄임말로, 『史記』「項羽本紀」에 나오는 말이다. 항우가 해하(垓下)에서 漢나라 군사에게 포위되었을 때 적군들이 사방에서 楚나라 노래를 부르는 것을 듣고 읊었다는 시의 한 구절이다.

126 '昇降'은 '乘降'과 그 쓰임에 혼동하기 쉬운 한자어이다. '昇降'은 '오르고 내림'을 뜻하여 '승강기(昇降機)'라는 말로 활용되며, '乘降'은 '차·배·비행기 따위를 타고 내림'을 뜻한다.

144 '夷'자는 '大(대)'자와 '弓(궁)'자가 결합하여 이루어진 한자로, '중국의 동쪽에 있는 큰 활을 잘 쏘는 종족'을 뜻한다.

149 幾微(기미) : '기미(機微)'로 쓰기도 한다.

117	눈 깜짝할 사이 / 잠깐 동안	118	실마리 / 끄트머리 / 일의 시초
119	다시 살아남		
120	가을철에 새로 돋아난 짐승의 털 / 매우 적거나 조금인 것		

05회 **3급 예상문제**

83쪽~86쪽

01	흉배	02	완만	03	성황	04	세객
05	확률	06	소멸	07	아악	08	계류
09	색인	10	연면	11	파열	12	소명
13	초빙	14	자모	15	극심	16	계몽
17	납량	18	운무	19	어옹	20	희미
21	반란	22	삭맥	23	할경	24	소홀
25	영빈	26	익찬	27	양방	28	태반
29	비양	30	억양	31	탄신	32	협박
33	체감	34	저촉	35	봉밀	36	서량
37	배반	38	초침	39	윤삭	40	관장
41	경상	42	정벌	43	축출	44	헌혈
45	어차피	46	수풀 삼	47	사슴 록	48	빛날 휘
49	너 여	50	기와 와	51	좇을 준	52	집 관
53	목욕할 욕	54	우러를 앙	55	언덕 아	56	눈썹 미
57	업신여길 모	58	갈 마	59	족보 보	60	집 주
61	어조사 의	62	너그러울 관	63	모름지기 수	64	더울 서
65	기러기 홍	66	엉길 응	67	싹 아	68	짐승 축
69	맡길 탁	70	골 뇌 / 뇌수 뇌			71	잡을 조
72	앉을 좌	73	집 헌	74	나타날 저		
75	폐할 폐 / 버릴 폐			76	韓屋	77	果敢
78	改宗	79	所願	80	投與	81	增援
82	都統	83	偉業	84	資質	85	輕視
86	列擧	87	適用	88	落後	89	志向
90	慰安	91	不可避	92	黨爭	93	병자호란
94	受難	95	理念	96	觀念	97	점차
98	實學	99	保守派	100	空理空論	101	結付
102	實事求是	103	考證	104	思潮	105	流入
106	自覺	107	성숙	108	張數	109	紀元
110	主位	111	負擔	112	商號	113	覽 / 覽
114	彔	115	声	116	한평생 살아서 누린 나이		

121	①	122	②	123	④	124	③
125	②	126	美	127	防	128	損
129	溫	130	收	131	具象	132	感情
133	保守	134	好評	135	閑散	136	蓄
137	利	138	退	139	毛	140	告
141	广	142	艸	143	网	144	行
145	一	146	引	147	始	148	然
149	立	150	量				

해설

01 '胸背'는 서로 뜻이 상대되는 한자로 결합된 반대자이다. 참 30. 抑揚

04 說客(세객) : 자기 의견 또는 소속 정당의 주장을 선전하며 돌아다니는 사람.
☞ '說'자는 뜻에 따라 소리가 달라지는 글자이다.
참 說(말씀 설, 달랠 세, 기쁠 열)

05 '確率'의 '率'자는 쓰임에 따라 뜻과 소리가 달라지는 글자이다. '비율'을 뜻할 때에는 '률'로 읽고, '거느리다'를 뜻할 때에는 '솔'로 읽는다.

09 索引(색인) : 책 속의 단어나 사항 등을 쉽게 찾아볼 수 있도록 일정한 순서에 따라 배열해 놓은 목록. 찾아보기. ☞ '索'자는 쓰임에 따라 뜻과 소리가 달라지는 글자이다. '찾다'를 뜻할 때에는 '색'으로 읽고, '노끈'을 뜻할 때에는 '삭'으로 읽는다.

11 破裂(파열) : 깨어지거나 갈라져 터짐.
☞ '파렬 → 파열'처럼 '모음'이나 'ㄴ' 받침 뒤에 이어지는 '렬, 률'은 '열, 율'로 적는다.

12 昭明(소명) : 사리를 분간함이 밝고 똑똑하다.
☞ 여기에서 '昭'자는 '밝게 하다'를 뜻한다.

13 '招聘'은 서로 뜻이 비슷한 한자로 결합된 유의자이다. 참 14. 姿貌 15. 劇甚 32. 脅迫 34. 抵觸 40. 管掌 42. 征伐

22 數脈(삭맥) : 정상보다 뛰는 횟수가 훨씬 빠른 맥.
☞ '數'자는 쓰임에 따라 뜻과 소리가 달라지는 글자이다. '셈'을 뜻할 때에는 '수'로 읽고, '자주'를 뜻할 때에는 '삭'으로 읽는다.

23 割耕(할경) : 이웃한 남의 논밭을 침범하여 경작함.

26 翼贊(익찬) : (임금의 정사를) 도와서 올바른 데로 인도함. '익찬(翊贊)'으로 쓰기도 함.

31 '誕辰'의 '辰'자는 '날. 하루'를 뜻한다.

36 恕諒(서량) : 사정(事情)을 헤아려 용서함.

39 閏朔(윤삭) : 태음력의 윤달.
☞ 여기에서 '朔'자는 '음력 매월 1일'을 뜻한다.

41 卿相(경상) : 육경(六卿)과 삼상(三相).
☞ '六卿'은 '육조(六曹)의 판서(判書)'를 뜻하고, '三相'은 '삼정승(三政丞)'을 뜻한다.
☞ 여기에서 '相'자는 '정승'을 뜻한다.

82 都統(도통) : ① 모두 합한 것 ② 도무지.
☞ 여기에서 '都'자는 '모두'를 뜻하고 '統'자는 '모두, 합치다'를 뜻한다.

108 張數(장수) ☞ '張'자는 '종이나 유리 따위의 얇고 넓적한 물건을 세는 단위'이다.

111 腐談(부담) : 케케묵은 말 또는 쓸모없는 이야기.

112 桑戶(상호) : '뽕나무로 만든 지게문'이라는 뜻에서, '가난한 집'을 이르는 말.

137 '銳利'의 '利'자는 대표 훈과 음이 '이할 리'이나 여기에서는 '날카롭다, 예리하다'를 뜻한다.

150 '感慨無量'의 '慨'자는 '탄식하다'를 뜻한다.

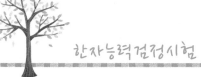

06회 **3급 예상문제**

01	사념	02	운치	03	관비	04	투항
05	파월	06	매복	07	체포	08	탁본
09	고취	10	첨봉	11	현상	12	진부
13	양류	14	개론	15	진폭	16	타당
17	창서	18	광분	19	유서	20	환불
21	교변	22	노예	23	간기	24	폭등
25	용서	26	성오	27	연강	28	사칭
29	부역	30	흉상	31	막부	32	통철
33	천박	34	호부	35	악부	36	건곤
37	열람	38	훼절	39	부유	40	표선
41	역질	42	낭설	43	누액	44	과묵
45	나침반	46	당나라 당	47	범 인 / 동방 인		
48	그 궐	49	나 여	50	그릴 모	51	무리 도
52	긴뱀 사	53	원고 고	54	잃을 상	55	시렁 가
56	어지러울 분	57	상거할 거	58	누릴 향	59	말탈 기
60	매화 매	61	사당 묘	62	부를 소	63	탑 탑
64	푸를 창	65	다를 수	66	어조사 우	67	갓 관
68	안을 포	69	중매 매	70	작을 미	71	자세할 상
72	어조사 야	73	協商	74	講壇	75	趣向
76	暗黑	77	憤痛	78	歡聲	79	妙案
80	經驗	81	禮訪	82	球團	83	採擇
84	比重	85	狀況	86	寸劇	87	資質
88	指導	89	簡略	90	嚴肅	91	積極
92	施惠	93	配列 / 排列	94	規則	95	打破
96	主張	97	依舊	98	事端	99	賞美
100	起床	101	不調	102	秤	103	辺 / 边
104	予	105	修辭	106	口號	107	標語
108	自體	109	否定	110	남용	111	境遇
112	要素	113	격려	114	좌우명	115	合意
116	영향	117	背景	118	특징	119	理解

120	긍정	121	②	122	①	123	④
124	③	125	③	126	勞	127	生
128	恩	129	非	130	榮	131	下降
132	增進	133	天然	134	仙界	135	優良
136	構	137	慮	138	安	139	朴
140	速	141	大	142	大	143	衣 = 衤
144	車	145	麻	146	骨	147	實
148	患	149	厚	150	束		

해설

04 '降'자는 뜻에 따라 '강' 또는 '항'으로 읽는다.

05 播越(파월) : 임금이 도성을 떠나 피란하던 일. 파천(播遷). 참 派越(파월) : 월남에 파견함.

08 '拓本'의 '拓'자는 쓰임에 따라 뜻과 소리가 달라지는 글자이다. '넓히다'를 뜻할 때에는 '척'으로 읽고, '박다'를 뜻할 때에는 '탁'으로 읽는다. 여기에서 '박다'는 '비석·기와·기물 따위에 새겨진 글씨나 무늬를 종이에 그대로 떠냄'을 뜻한다.

12 陳腐(진부) : 사상, 표현, 행동 따위가 시대에 뒤떨어져 새롭지 못하다.
☞ 여기에서 '陳'자는 '묵다'를 뜻한다.

13 '楊柳'는 서로 뜻이 비슷한 한자로 결합된 유의자이다. 참 22. 奴隷 33. 淺薄 37. 閱覽 83. 採擇

19 由緒(유서) : 예로부터 전하여 내려오는 까닭과 내력(來歷).
☞ 여기에서 '緒'자는 '계통, 줄기'를 뜻한다.

23 懇祈(간기) : 간절히 빎.

25 容恕(용서) : 지은 죄나 잘못에 대하여 꾸짖거나 벌하지 아니하고 덮어 줌.
☞ 여기에서 '容'자는 '용납하다, 용서하다'를 뜻한다.

26 '省悟'의 '省'자는 쓰임에 따라 뜻과 소리가 달라지는 글자이다. '살피다'를 뜻할 때에는 '성'으로 읽고, '덜다'를 뜻할 때에는 '생'으로 읽는다.

32 洞徹(통철) : 깊이 살펴서 환하게 깨달음.
☞ '洞'자는 쓰임에 따라 뜻과 소리가 달라지는 글자이다. '골'을 뜻할 때에는 '동'으로 읽고, '밝다'를 뜻할 때에는 '통'으로 읽는다.

34 虎符(호부) : (중국에서) 구리로 범의 모양을 본떠 만든 군대 동원의 표지(標識)를 이르던 말.

35 岳父(악부) : (편지 따위에서) '장인(丈人)'을 이르는 말.

42 浪說(낭설) : 터무니없는 헛소문.
☞ 여기에서 '浪'자는 '터무니없다'를 뜻한다.

66 '于'자는 '干(방패 간)'자와 모양이 비슷하여 혼동하기 쉬운 글자이다.

84 '比重'의 '重'자는 대표 훈이 '무겁다'이나 여기에서는 '중요하다'를 뜻한다.

93 '配列'의 '列'자는 앞에 오는 글자에 따라 소리가 달라진다.
☞ '배렬 → 배열'처럼 '모음'이나 'ㄴ' 받침 뒤에 이어지는 '렬, 률'은 '열, 율'로 적는다.

104 '予'자는 '豫(미리 예)'자의 약자로, '豫'자의 왼쪽 일부를 취하여 쓰고 있다. '予(나 여)'자와 그 모양이 같으므로 그 뜻과 쓰임에 주의하여 읽어야 한다.

109 '否定(부정 : 그렇지 않다고 단정하거나 옳지 않다고 반대함)'과 '不定(부정 : 일정하지 않음)'을 혼동하기 쉬우니 주의해야 한다.

118 '特徵'의 '徵'자는 쓰임에 따라 뜻과 소리가 달라지는 글자이다. '부르다'를 뜻할 때에는 '징'으로 읽고, '화음(火音)'을 뜻할 때에는 '치'로 읽는다.

139 '素朴(소박)'에서 '朴'자는 '순박하다, 질박하다' 등을 뜻한다.

 07회 3급 예상문제

01	요새	02	화복	03	타결	04	인연
05	부하	06	교량	07	사양	08	사양
09	붕괴	10	억류	11	빈번	12	충격
13	개탄	14	지적	15	회한	16	은밀
17	초월	18	금수	19	남조	20	오만
21	풍부	22	사은	23	와기	24	봉접
25	소루	26	미몽	27	증발	28	첨삭
29	속미	30	재액	31	염결	32	파연
33	긍낙	34	시종	35	사악	36	간과
37	수식	38	술회	39	통곡	40	배필
41	난간	42	남벽	43	귀환	44	체환
45	흑연	46	예 석	47	속 리	48	어두울 혼
49	판목 판	50	편안 녕	51	소금 염	52	세로 종
53	모 묘	54	맛볼 상	55	다 개	56	고개 령
57	이를 운	58	망령될 망	59	말 사/글 사	60	어찌 하
61	겨우 근	62	즐길 오	63	바로잡을 정	64	만 백
65	근심 수	66	걸 괘	67	연꽃 련	68	밥통 위
69	뽑을 초	70	맡을 사	71	기릴 예 / 명예 예		
72	어찌 기	73	傳授	74	納稅	75	救濟
76	推論	77	確固不動	78	自招	79	手段
80	求心點	81	與件	82	增進	83	系統
84	登用	85	國際	86	群落	87	選定
88	席卷(捲)	89	意義	90	制限	91	許容
92	氣像	93	俗物	94	減少	95	共存
96	繼承	97	縮約力	98	性理學	99	修正
100	勤勞	101	基準	102	保障	103	息
104	模	105	究	106	虛	107	評
108	㈏	109	㈐	110	㈑	111	㈒
112	㈓	113	惡	114	取	115	存
116	任	117	滿	118	重厚	119	對答

120	快樂	121	反目	122	嚴格	123	易
124	移	125	客	126	待	127	坐
128	揮	129	達	130	差	131	可
132	血	133	止	134	衣	135	口
136	角	137	日	138	寄與	139	妙手
140	假想	141	要員	142	弓道		
143	임금이 몸소 짓거나 만든 것			144	도읍을 옮김		
145	부모가 (자나깨나) 자식을 걱정하며 마음을 쓰는 일						
146	(얼굴, 옷차림, 건물, 거리 따위를) 손을 대어 곱게 꾸밈						
147	아주 짧은 시간			148	虫	149	担
150	齒						

해 설

01 要塞(요새) : 군사적으로 중요한 지점에 마련해 놓은 방어 시설.
☞ '塞'자는 쓰임에 따라 뜻과 소리가 달라지는 글자이다. '막히다'를 뜻할 때에는 '색'으로 읽고, '변방'을 뜻할 때에는 '새'로 읽는다.

04 '因緣'은 서로 뜻이 비슷한 한자로 결합된 한자어이다. 참 05. 負荷 06. 橋梁 07. 辭讓 09. 崩壞 15. 悔恨 17. 超越 20. 傲慢 30. 災厄 37. 修飾 40. 配匹 43. 歸還 44. 替換

05 負荷(부하) : ① 짐을 짐 ② 일이나 책임을 맡김 ③ 원동기의 출력 에너지를 소비하는 일.
☞ 문제의 지문에서는 ③의 뜻으로 쓰였다.

14 指摘(지적) : ① 꼭 집어서 가리킴 ② 잘못을 들추어냄.
☞ 여기에서 '摘'자는 '들추어내다'를 뜻한다.

19 濫造(남조) : 품질 따위를 생각하지 않고 마구 많이 만들어 냄. '남제(濫製)'라고도 함.

25 疏漏(소루)하다 : 생각이나 행동 따위가 꼼꼼하지 못하고 거칠다.

29 粟米(속미) : 좁쌀.

33 肯諾(긍낙) : 기꺼이 승낙함.
　☞ '諾'자는 쓰임에 따라 '낙', 또는 '락'으로 읽는다.
　참 承諾(승낙), 許諾(허락).

42 藍碧(남벽) : 쪽빛을 띤 짙은 푸른색.

44 替換(체환) : 대신하여 갈아서 바꿈. 차환(差換).

76 '推論'의 '推'자는 쓰임에 따라 '추', 또는 '퇴'로 읽는다.

86 '群落'의 '落'자는 대표 훈이 '떨어지다'이나 여기에서는 '사람이 사는 곳, 촌락, 취락' 등을 뜻한다.

88 席卷(석권) : '돗자리를 말다.'는 뜻으로, '빠른 기세로 영토를 휩쓸거나 넓힘'을 이르는 말.
　☞ '卷'자는 대표 훈이 '책'이나 여기에서는 '捲'자와 쓰임이 같은 '말다'의 뜻으로 쓰였다. '말다'는 '돗자리를 말듯이 넓적한 물건을 돌돌 감아 제 몸을 싸고 겹치게 함'을 뜻한다.

89 意義(의의) : ① 말이나 글의 속뜻 ② 어떤 사실이나 행위 따위가 갖는 중요성이나 가치.

92 '氣像'과 '氣象'의 뜻을 구별하여야 한다.
　☞ '氣像'은 '사람이 타고난 기개나 마음씨, 또는 겉으로 드러난 모습'을 뜻하고, '氣象'은 '대기 중에서 일어나는 물리적인 현상인 바람·구름·비·눈·더위·추위 따위'를 이르는 데에서 '날씨'를 뜻한다.

123 '易地思之'의 '之'자는 대표 훈이 '가다'이나 여기에서는 사람이나 사물을 대신 나타내는 '대명사'로 쓰였다. 참 128. 一筆揮之

135 '鳴(슬플 오)'자와 '鳴(울 명)'자는 모양이 비슷하여 혼동하기 쉬운 글자로, 부수도 서로 다르므로 주의!

145 '顧復'의 '復'자는 '부모가 자식을 기르는 일'을 뜻한다. ☞ '復'자는 쓰임에 따라 뜻과 소리가 달라지는 글자이다. '회복하다'를 뜻할 때에는 '복'으로 읽고, '다시'를 뜻할 때에는 '부'로 읽는다.

08회 3급 예상문제

95쪽~98쪽

01	폐단	02	제소	03	인순	04	피격
05	향응	06	수요	07	지속	08	창속
09	포착	10	쾌청	11	괴수	12	하객
13	착시	14	증손	15	희박	16	옥송
17	복구	18	규탄	19	부록	20	수습
21	척간	22	징빙	23	정순	24	질구
25	아살	26	역술	27	답습	28	섭렵
29	병설	30	약탈	31	추졸	32	주화
33	충돌	34	계수	35	채소	36	항습
37	척사	38	진압	39	저술	40	음탐
41	간척	42	성신	43	돈독	44	항균
45	오골계	46	배 주	47	하고자할 욕	48	어릴 치
49	맑을 숙	50	가게 점	51	활 궁	52	어조사 재
53	밤 률	54	진칠 둔	55	이 사	56	근근/날근
57	꼬리 미	58	조정 정	59	북방 계 / 천간 계		
60	부르짖을 규	61	거둘 확	62	단풍 풍	63	밟을 천
64	버금 아	65	모을 모 / 뽑을 모			66	감출 장
67	못 택	68	가루 분	69	머금을 함	70	사이뜰 격
71	찾을 탐	72	머무를 박 / 배댈 박			73	情況
74	最善	75	個人	76	委任	77	急增
78	着眼	79	協助	80	絶對	81	不法
82	占據	83	決選	84	聲援	85	均等
86	保障	87	災難	88	財産	89	專擔
90	機構	91	斷腸	92	代辯	93	放映
94	非命	95	體系	96	周圍	97	從來
98	否定	99	自轉	100	分布	101	認識
102	中華	103	事大主義	104	탈피	105	技術
106	해박	107	通念	108	是正	109	역할
110	確信	111	어떤 장소를 차지하여 삶				
112	마땅히 / 으레			113	비탈길		

114	(나이) 서른 살		115	할 수 있는 대로 / 되도록	
116	权	117	与	118	点 / 奌	119	壳
120	訳	121	①	122	④	123	②
124	③	125	①	126	淸	127	凶
128	貧	129	俗	130	罰	131	退化
132	減少	133	送信 / 發信	134	友好	135	存續
136	探	137	視	138	貫	139	驗
140	洗	141	玄	142	子	143	口
144	大	145	幺	146	鼻	147	外
148	新	149	登	150	神		

해설

03 因循(인순) : 낡은 인습(因習)을 고집하고 고치지 않음. ☞ 여기에서 '因'자는 '이어받다, 말미암다'를 뜻한다.

04 被擊(피격) : 습격이나 사격을 받음.
☞ 여기에서 '被'자는 '당하다'의 뜻으로, 수동적임을 나타낸다.

05 響應(향응) : ① 소리 나는 데에 따라 그 소리와 마주쳐 울림 ② 남의 주창에 따라 그와 같은 행동을 마주 취함.
참 饗應(향응) : 특별히 우대하는 뜻으로 융숭하게 대접함.

20 收拾(수습) : 어수선한 물건이나 사태를 거두어 바로잡음.
☞ '拾'자는 쓰임에 따라 뜻과 소리가 달라지는 글자이다. '줍다'를 뜻할 때에는 '습'으로 읽고, '열'을 뜻할 때에는 '십'으로 읽는다.

21 尺簡(척간) : '고대 종이가 발명되기 이전에 글을 쓰던 대쪽이나 나무쪽'을 뜻하는 데에서, 적은 분량의 간찰(簡札)이나 서적을 이르는 말.
☞ 여기에서 '尺'자는 '편지, 서간'을 뜻한다.

22 徵聘(징빙) : 초빙(招聘).

☞ '徵聘'은 서로 뜻이 비슷한 한자로 결합된 유의자이다. 참 09. 捕捉 20. 收拾 30. 掠奪 33. 衝突 34. 桂樹 35. 菜蔬 43. 敦篤

24 疾驅(질구) : 말이나 수레 따위를 빨리 몲.
☞ '疾'자의 대표 훈과 음은 '병 질'이나 여기에서는 '빠르다'는 뜻으로 쓰였다.

26 '曆術'의 '曆'자는 본음이 '력'이나 여기에서는 두음법칙에 의해 '역'으로 읽는다. 참 30. 掠奪

29 '竝設'의 '竝'자는 쓰임이 같은 이체자 '幷, 並' 등이 있다.

36 恒習(항습) : 늘 하는 버릇.

41 '干拓'에서 '干'자의 대표 훈은 '방패'이나 여기에서는 '말리다, 마르게 하다'를 뜻한다.
☞ '拓'자는 뜻에 따라 '척' 또는 '탁'으로 읽는다.

42 '星辰'의 '辰'자는 뜻에 따라 '신' 또는 '진'으로 읽는다. '별'을 뜻할 때에는 '신' 또는 '진'으로 읽고, '때'를 뜻할 때에는 '진'으로 읽는다.

56 '斤'자는 '斥(물리칠 척)'자와 서로 모양이 비슷하여 혼동하기 쉬운 글자이다.

67 '澤'자의 뜻인 '못'은 '넓고 오목하게 팬 땅에 물이 괴어 있는 곳'을 뜻한다.

97 從來(종래) : 이전부터 지금까지.
☞ '從'자의 대표 훈은 '좇다'이나 여기에서는 '~부터'의 뜻을 담고 있다.

98 否定(부정) : 그렇지 아니하다고 단정하거나 옳지 아니하다고 반대함.
참 不正(부정) : 올바르지 아니하거나 옳지 못함.

102 中華(중화) : '세계 문명의 중심'이라는 뜻에서, 중국 사람들이 자기 나라를 이르는 말.

129 雅俗(아속) : 품위 있는 것과 속된 것.

141 '率'자는 뜻에 따라 '솔' 또는 '률'로 읽는다. '거느리다'를 뜻할 때에는 '솔'로 읽고, '비율'을 뜻할 때에는 '률'로 읽는다.

09회 3급 예상문제

01	석음	02	유예	03	긴축	04	첨예
05	파견	06	이왕	07	총혜	08	편집
09	가연	10	가택	11	누차	12	각료
13	반야	14	군림	15	참작	16	편주
17	우열	18	절도	19	구축	20	선서
21	능욕	22	회의	23	순보	24	동이
25	도전	26	우개	27	천냥	28	익랑
29	연침	30	도인	31	항요	32	피란
33	맥아	34	운임	35	요해	36	영운
37	묵주	38	침자	39	당돌	40	수면
41	숙질	42	습유	43	규매	44	관작
45	순항	46	역 역	47	닮을 초 / 같을 초		
48	토할 토	49	담 장	50	불쌍히여길 련		
51	따를 수	52	속일 기	53	팔 판	54	짝 우
55	칠할 도	56	화로 로	57	소 축	58	취할 취
59	마를 조	60	둔할 둔	61	넓을 홍	62	기계 계
63	떳떳할 용	64	줄 증	65	오장 장	66	전각 전
67	사탕 당	68	엄습할 습	69	그림자 영	70	은혜 혜
71	춤출 무	72	줄 현	73	利他	74	實踐
75	應用	76	製作	77	最初	78	小說
79	冷靜	80	圓滿	81	制度	82	整備
83	構造的	84	段階	85	變化	86	權道
87	景氣	88	回復	89	海底	90	探査
91	尊嚴	92	追求	93	範圍	94	方針
95	天體	96	行星	97	重力	98	屬性
99	命題	100	動員	101	力學	102	原理
103	推論	104	考慮	105	依存	106	몰두
107	할애	108	제반	109	樣相	110	組合
111	與否	112	隱居	113	勸降	114	國是
115	遊說	116	中指	117	口號	118	傳承
119	乳齒	120	銅賞	121	③	122	①
123	③	124	②	125	④	126	卒
127	續	128	夫	129	暗	130	難
131	決定	132	公開	133	服從	134	白髮
135	低俗	136	平	137	避	138	喜
139	設	140	傾	141	卜	142	田
143	大	144	玉	145	佳	146	易
147	角	148	伐	149	無	150	孤

해설

01 惜陰(석음) : 시간을 아낌.
☞ 여기에서 '陰'자는 '시간(時間)'을 뜻한다.

02 猶豫(유예) : 일을 결행하는 데 시일을 미루거나 늦춤. ☞ 여기에서 '猶'자와 '豫'자는 '망설이다. 머뭇거리다'를 뜻한다.

06 以往(이왕) : ① 그동안 ② 이전(以前).
☞ 여기에서 '以'자는 '~부터. 어느 시점이나 표준에서 출발하여 거기서부터 구분됨'을 뜻한다.
참 已往(이왕) : 지금보다 이전.

10 '家宅(가택 : 사람이 살고 있는 집)'은 서로 뜻이 비슷한 한자로 결합된 유의자이다.
☞ '宅'자는 쓰임에 따라 '댁' 또는 '택'으로 읽는다. 주로 '남의 집이나 가정'을 높여 이를 때에는 '댁'으로 읽는다.

13 般若(반야) : '모든 사물의 본질을 이해하고 불법(佛法)의 참다운 이치를 깨닫는 지혜'를 이르는 말.
☞ '若'자는 뜻에 따라 '약' 또는 '야'로 읽는다.

15 參酌(참작) : 이리저리 비추어 보아서 알맞게 헤아림. ☞ '酌'자의 대표 훈은 '술을 붓다, 잔질하다'이나 여기에서는 '골라내다, 이것저것 대보아 취하거나 버림'을 뜻한다.

17 愚劣(우열) : '愚劣하다'의 어근으로, '어리석고 못남'을 이른다. ☞ '우렬 → 우열'처럼 '모음'이나 'ㄴ'

받침 뒤에 이어지는 '렬, 률'은 '열, 율'로 적는다.

18 '竊盜'는 서로 뜻이 비슷한 한자로 결합된 유의자이다. 참 40. 睡眠 44. 官爵

19 驅逐(구축) : 어떤 세력이나 해로운 것 따위를 몰아서 쫓아냄.

21 '陵辱(능욕)'은 '능욕(凌辱)'으로 쓰기도 한다.
☞ '陵'자는 대표 훈이 '언덕'이나 여기에서는 '凌(업신여길 릉)'자와 쓰임이 같다.

23 旬報(순보) : 열흘에 한 번씩 발간하는 신문이나 잡지.

26 羽蓋(우개) : 왕후(王侯)의 수레를 덮던 녹색의 새 털로 된 덮개.

27 '千兩(천냥)'의 '兩'자는 대표 훈과 음이 '두 량'이나 '(예전의) 엽전을 세던 단위'를 뜻할 때에는 '냥'으로 읽는다.

41 '叔姪'은 서로 뜻이 상대되는 한자로 결합된 반대자이다. 참 111. 與否

42 拾遺(습유) : '남이 잃어버린 것을 줍는다.'는 뜻에서, '빠진 것이나 잘못된 것을 보충하거나 바로잡음'을 이르는 말이다.
☞ 여기에서 '遺'자는 '잃어버리다'를 뜻한다.

86 權道(권도) : 그때그때의 형편에 따라 임기응변으로 일을 처리하는 방도.
☞ 여기에서 '權'자는 '저울추'를 뜻한다.

109 樣相(양상) : 사물이나 현상의 모양이나 상태.
☞ 여기에서 '相'자는 '모습, 형태' 등을 뜻한다.

113 '勸降'에서 '降'자는 쓰임에 따라 뜻과 소리가 달라지는 글자이다. '내리다'를 뜻할 때에는 '강'으로 읽고, '항복하다'를 뜻할 때에는 '항'으로 읽는다.

130 難易(난이) : 어려움과 쉬움.
☞ '易'자는 쓰임에 따라 '역', 또는 '이'로 읽는다. '바꾸다'를 뜻할 때에는 '역'으로 읽고, '쉽다'를 뜻할 때에는 '이'로 읽는다.

103쪽~106쪽

10회 3급 예상문제

01	포옹	02	월장	03	참상	04	압박
05	비약	06	확장	07	할부	08	선양
09	단전	10	첨부	11	침잠	12	필적
13	이두	14	노쇠	15	남획	16	헌수
17	인접	18	누적	19	반주	20	환전
21	유취	22	재배	23	괴열	24	복점
25	순장	26	호접	27	공수	28	궤적
29	읍청	30	각명	31	여적	32	경직
33	선재	34	소제	35	차치	36	면허
37	강등	38	폐장	39	수양	40	징조
41	기권	42	염량	43	서정	44	임종
45	벽도	46	첩 첩	47	편안 강	48	뽑을 발
49	이에 내	50	입술 순	51	재촉할 최	52	진흙 니
53	기쁠 열	54	흔들 요	55	어리석을 우	56	뽕나무 상
57	시내 계	58	거느릴 어	59	나 여	60	살찔 비
61	값 치	62	단장할 장	63	빌 걸	64	닭 유
65	이를 위	66	살펴알 량	67	무너질 붕	68	저물 모
69	경영할 영	70	묻을 매	71	난초 란	72	꾀할 기
73	解決	74	統一	75	反映	76	言論
77	未然	78	防止	79	改憲	80	與野
81	航海	82	減量	83	射擊	84	損失
85	組織	86	證據	87	交易	88	抗爭
89	要因	90	檀君	91	精神	92	使命
93	達成	94	位置	95	條件	96	主演
97	登場	98	確保	99	樣式	100	完備
101	強調	102	最高	103	建設	104	信用
105	待接	106	評	107	端	108	績
109	傑	110	貯	111	救助	112	答辭
113	聲帶	114	遺志	115	收縮	116	丶
117	至	118	豕	119	魚	120	口

121	②	122	③	123	①	124	②
125	④	126	愛	127	低	128	長
129	密	130	往	131	公平	132	都心
133	否定	134	能動	135	本質	136	否
137	案	138	金	139	祭	140	離
141	敗	142	推	143	鷄	144	折
145	氷	146	한가로이 집에서 쉼				
147	삼가 아룁니다		148	밤송이			
149	어느 곳 / 어디		150	어느덧 / 어느 사이에			

해설

3 慘狀(참상) : 끔찍한 상태나 상황.
☞ '狀'자는 뜻에 따라 '상' 또는 '장'으로 읽는다.

8 禪讓(선양) : 임금이 생전에 그 자리를 성(姓)이 다른 유덕한 사람에게 물려줌. 양위(讓位).
☞ '禪'자의 대표 훈은 '선(禪 : 정신을 가다듬어 고요히 생각하여 무아(無我)의 경지로 드는 일)'을 뜻하나 여기에서는 '사양하다. 즉, 천위(天位)를 물려주다.'는 의미를 담고 있다.

11 '沈潛'은 서로 뜻이 비슷한 한자로 결합된 유의자이다. ☞ '沈'자는 뜻에 따라 '심' 또는 '침'으로 읽는다.
참 01. 抱擁 30. 刻銘

13 吏讀(이두) : 신라 때부터, 한자의 음과 뜻을 빌려 우리말을 적은 표기법.
☞ '讀'자는 쓰임에 따라 뜻과 소리가 달라지는 글자이다. '구절'을 뜻할 때에는 '두'로 읽는다.

16 獻壽(헌수) : (환갑잔치 따위에서) 주인공에게 장수를 비는 뜻에서 술잔을 올리는 일.

18 漏籍(누적) : 병적, 학적 따위의 기록에서 빠뜨림.
☞ 여기에서 '漏'자는 '빠뜨리다'를 뜻한다.
참 累積(누적) : ① 포개어 여러 번 쌓음 ② 사실이나 현상 따위가 거듭되거나 겹쳐 늘어남.

21 幽趣(유취) : 그윽한 정취(情趣).

23 壞裂(괴열) : 허물어지고 갈라짐.
☞ '괴렬 → 괴열'처럼 '모음'이나 'ㄴ' 받침 뒤에 이어지는 '렬, 률'은 '열, 율'로 적는다.

26 胡蝶(호접) : 호랑나비. 호접(蝴蝶)으로 쓰기도 함.
☞ '胡'자의 뜻인 '되'는 '오랑캐'를 이르는 말이다.

27 '供需'는 서로 뜻이 상대되는 한자로 결합된 반대자이다.

31 餘滴(여적) : ① 글을 다 쓰거나 그림을 다 그리고 난 뒤에 벼루에 남은 먹물 ② 정식 기록에서 빠진 나머지 사실의 기록. 여록(餘錄).

40 徵兆(징조) : 어떤 일이 생길 기미(幾微).
☞ 여기에서 '徵'자는 '조짐, 나타내다'를 뜻한다.

43 庶政(서정) : 여러 방면에 걸친 정사(政事).

45 碧桃(벽도) : ① 벽도나무의 꽃 ② 선경(仙境)에 있다는 전설상의 복숭아. ③ 벽도나무.

77 未然(미연) : ① 어떤 일이 아직 그렇게 되지 않은 때. ② 앞일이 정하여지지 아니함.

129 疏密(소밀) : '성김과 빽빽함'을 이르는 말.
☞ '疏密'의 '疏'자는 '疎'자와 바꾸어 쓸 수 있다. '疎'자는 '성기다, 드물다'의 뜻으로, '소원(疎遠), 소외(疎外)' 등에 주로 쓰인다.

136 '曰可曰否(왈가왈부)'에서 '가부(可否)'는 '옳고 그름의 여부'를 뜻하는 말로, 여기에서 '否'자는 '불가(不可)하다'를 뜻한다.

146 '燕息'의 '燕'자는 대표 훈이 '제비'이나 여기에서는 '편안하다, 쉬다'를 뜻한다.

147 '謹啓'의 '啓'자는 대표 훈이 '열다'이나 여기에서는 '상주(上奏)하다. 즉, 임금에게 말씀을 아뢰다.'의 의미를 담고 있다.

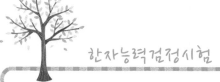

11회 3급 예상문제

107쪽~110쪽

01	융승	02	혐의	03	장부	04	비결
05	소주	06	배격	07	복개	08	균형
09	연체	10	치졸	11	강령	12	구박
13	봉착	14	곤액	15	서약	16	선율
17	통촉	18	유연	19	완충	20	투철
21	소송	22	겸신	23	담묵	24	하역
25	정역	26	편력	27	빈천	28	임대
29	효계	30	금운	31	포획	32	초천
33	소견	34	고식	35	내번	36	묘책
37	기각	38	축삭	39	아취	40	예속
41	귀곡	42	징병	43	수급	44	무역
45	세탁	46	번역할 번	47	피리 적	48	이끌 견 끌 견
49	반딧불 형	50	나라 방	51	휘두를 휘		
52	헤아릴 량	53	신령 령	54	수레 여	55	맹세 맹
56	검을 현	57	떨어질 령	58	멀 요	59	그리워할 련
60	이끼 야 / 어조사 야	61	벗을 탈	62	불을 윤		
63	간음할 간	64	녹 록	65	무릅쓸 모	66	미칠 광
67	닿을 촉	68	베풀 설	69	되살아날 소	70	누울 와
71	훔칠 절	72	넘칠 람	73	退治	74	負擔感
75	理解	76	立體化	77	加速化	78	博覽
79	貫通	80	應試	81	資格	82	增進
83	效驗	84	主題	85	機智	86	威嚴
87	姿態	88	便益	89	織造	90	歡喜
91	傑作	92	餘波	93	相殘	94	傳統美
95	痛快	96	好轉	97	豫測	98	㉮
99	㉣	100	㉑	101	㉒	102	㉣
103	医	104	廳	105	党	106	減收
107	配所	108	修築	109	幽明	110	精選
111	急	112	受	113	榮	114	否
115	經	116	副賞	117	實績	118	提起

119	緣分	120	滿潮
121	시설물을 공중에 가설함 / 이유나 근거가 없이 꾸며 냄		
122	빌렸던 돈을 모두 다 갚음		
123	해가 진다고 하는 서쪽의 큰 못		
124	사귄 지 오래된 친구	125	저울	126	放任
127	生前	128	火食	129	近接	130	流動
131	走	132	光	133	盛	134	正
135	壓	136	龜	137	宀	138	頁
139	寸	140	夕	141	炭	142	卵
143	樹	144	曲	145	判	146	河
147	充	148	遺	149	味	150	初

해설

04 '秘訣'의 '祕'자는 '秘'자와 쓰임이 같은 한자로, '祕'자가 정자이고 '秘'자는 속자이다.

07 '覆蓋'는 서로 뜻이 비슷한 한자로 결합된 한자어로, '覆'자는 뜻에 따라 '복' 또는 '부'로 읽는다.
참 20. 透徹 21. 訴訟 28. 賃貸 44. 貿易 45. 洗濯.

11 綱領(강령) : ① 일의 근본이 되는 큰 줄거리 ② 정당이나 사회단체의 기본 입장이나 방침, 운동 규범 따위를 밝히거나 열거한 것.
☞ 여기에서 '綱'자는 '벼리. 일의 뼈대가 되는 줄거리'를 뜻하고, '領'자는 '옷깃, 요소(要素)'를 뜻한다.

16 旋律(선율) : 소리의 높낮이와 리듬이 어울려 나타나는 음의 흐름. ☞ '선률 → 선율'처럼 '모음'이나 'ㄴ' 받침 뒤에 이어지는 '렬, 률'은 '열, 율'로 적는다.

17 洞燭(통촉) : 윗사람이 아랫사람의 사정이나 형편을 헤아려 살핌.
☞ 여기에서 '洞'자는 '꿰뚫다'를 뜻한다.
☞ '洞'자는 쓰임에 따라 뜻과 소리가 달라지는 글자이다. 대표 훈인 '골'을 뜻할 때에는 '동'으로 읽고, '밝다'를 뜻할 때에는 '통'으로 읽는다.

26 遍歷(편력) : ① 널리 이곳저곳을 돌아다님. ② 여러 가지를 경험함.

30 琴韻(금운) : 거문고의 소리.
　☞ 여기에서 '韻'자는 '소리, 울림'을 뜻한다.

32 超遷(초천) : 직위의 등급을 건너뛰어 올라감.
　☞ 여기에서 '遷'자는 '오르다, 올라가다'를 뜻한다.

33 素絹(소견) : 명주실로 무늬 없이 짠 흰빛의 깁.
　☞ 여기에서 '素'자는 '희다. 흰빛'을 뜻한다.

34 姑息(고식) : '잠시 숨을 쉰다'는 뜻에서, '일시적인 임시변통'을 비유하여 이르는 말.
　☞ 여기에서 '姑'자는 '잠시, 잠깐'을 뜻한다.

36 妙策(묘책) : 매우 교묘한 꾀.
　☞ 여기에서 '妙'자는 '말할 수 없이 빼어나고 훌륭함'을 뜻한다.

38 逐朔(축삭) : 한 달도 거르지 않음. 축월(逐月).

40 隷屬(예속) : 남의 지배를 받거나 간섭에 매임.

42 '徵兵'의 '徵'자는 '부르다'를 뜻할 때에는 '징'으로 읽고, 동양 음악의 오음인 '궁상각치우(宮商角徵羽)'에서는 '화음(火音)'을 뜻하여 '치'로 읽는다.

85 機智(기지) : 경우에 따라 재치 있게 대응하는 슬기.
　☞ 여기에서 '機'자는 '재치, 기교'를 뜻한다.

107 '配所'의 '配'자는 대표 훈이 '짝, 나누다'를 뜻하나 여기에서는 '귀양 보내다'를 뜻한다.

108 '修築'의 '修'자는 대표 훈이 '닦다'를 뜻하나 여기에서는 '고치다, 손질하다'를 뜻한다.

114 諾否(낙부) : 허락(許諾)과 거절(拒絶).
　☞ '否'자는 '아니'라는 뜻을 나타내는 말로, '승낙하지 않는다.'를 뜻한다.

125 權稱(권칭) : 저울추와 저울대. 권형(權衡).
　☞ 여기에서 '權'자는 '저울추'를 뜻하고, '稱'자는 '衡'자와 같은 의미로 '저울대'를 뜻한다.

12회 3급 예상문제

01	편력	02	균열	03	하중	04	경사
05	여유	06	견직	07	박대	08	서거
09	첨단	10	혁파	11	맹렬	12	수색
13	천도	14	위배	15	거액	16	휴대
17	권투	18	번잡	19	계율	20	도약
21	문양	22	난익	23	도탄	24	비근
25	완수	26	급등	27	추경	28	격리
29	응축	30	이적	31	편파	32	차압
33	관주	34	파수	35	전공	36	흡수
37	황량	38	연식	39	추천	40	포섭
41	투과	42	숙항	43	장적	44	지연
45	몰염치	46	곧을 정	47	보낼 견	48	미리 예
49	볼 람	50	주릴 기	51	맬 계	52	개 포
53	땅 곤	54	생각할 려	55	돌아볼 고	56	가지 조
57	살필 심	58	끓을 탕	59	밑 저	60	집 궁
61	서리 상	62	가지 반	63	까마귀 오	64	노래 요
65	바퀴 륜	66	떨칠 진	67	번역할 역	68	남을 잔
69	윤달 윤	70	위엄 위	71	맡길 위	72	씻을 탁
73	家屋	74	投宿	75	創製	76	名稱
77	窮地	78	恩惠	79	故障	80	檢出
81	點燈	82	習得	83	人種	84	知能
85	關係	86	水準	87	日常	88	自由自在
89	구사	90	神經	91	高次元的	92	신장
93	正規	94	苦生	95	努力	96	관련
97	判斷	98	內面	99	單純	100	至極
101	思考	102	要求	103	独	104	満
105	属	106	㉯	107	㉣	108	㉺
109	㉷	110	㉽				
111	외척(성이 다른 일가) 가운데 조카뻘이 되는 사람						
112	때마침 생긴 기회 / 이즈음 / 이 기회			113	주춧돌		

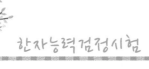
114	주는 일과 **빼앗는** 일		115	흔히 있는 일 / 예삿일	
116	答	117	除	118	暗	119	靜
120	鄕	121	當番	122	義務	123	樂觀
124	人爲	125	强制	126	繼	127	健
128	打	129	庫	130	層	131	通話
132	申告	133	前景	134	訪問	135	輕傷
136	辛	137	口	138	卄	139	豆
140	二	141	怒	142	死	143	機
144	多	145	視	146	衆	147	馬
148	應	149	先	150	知		

해 설

01 '勉勵'는 서로 뜻이 비슷한 한자로 결합된 한자어이다.
참 04. 傾斜 08. 逝去 09. 尖端 16. 携帶 20. 跳躍

02 龜裂(균열) : 거북의 등딱지 무늬처럼 갈라져 터짐.
☞ '龜'자는 뜻에 따라 '구, 귀, 균' 등으로 읽는다. '裂'자는 본음이 '렬'이나 '균렬 → 균열'처럼 '모음'이나 'ㄴ' 받침 뒤에 이어지는 '렬, 률'은 '열, 율'로 적는다. 참 19. 戒律.

07 薄待(박대) : ① 푸대접 ② 인정 없이 모질게 대함.
☞ 여기에서 '待'자는 '대접(待接)하다. 대우(待遇)하다'를 뜻한다.

10 革罷(혁파) : 기구·제도·법령 따위에서 낡은 것을 없앰. ☞ '革'자의 대표 훈은 '가죽'이나 여기에서는 '고치다'를 뜻한다.

12 '搜索'의 '索'자는 쓰임에 따라 뜻과 소리가 달라지는 글자이다. '찾다'를 뜻할 때에는 '색'으로 읽고, '노끈'을 뜻할 때에는 '삭'으로 읽는다.

22 卵翼(난익) : 새나 어미 닭이 날개로 알을 품듯이 품에 안아서 기름. 난육(卵育).

27 追更(추경) : '추가경정예산(追加更正豫算)'의 줄임말로, 예산이 정해진 뒤에 생긴 사유로 인해서 이

미 정한 예산에 추가하여 이루어지는 예산. '추경예산'이라고도 함.
☞ '更'자는 뜻에 따라 '갱', 또는 '경'으로 읽는다.

30 履跡(이적) : '발자국'이라는 뜻으로, '사람이 다닌 자취'를 이르는 말.

31 偏頗(편파) : 공평하지 못하고 한편으로 치우쳐 있음.
☞ '頗'자는 대표 훈이 '자못'이나 여기에서는 '치우치다, 공평하지 못하다'의 뜻을 담고 있다.

32 差押(차압) : 압류(押留). (민사 소송법에서) 집행 기관에 의하여 채무자의 특정 재산에 대한 처분이 제한되는 강제 집행.
☞ 여기에서 '差'자는 '차액(差額 : 차이가 나는 돈의 액수), 나머지'를 뜻한다.

38 燕息(연식) : 한가롭게 집에서 쉼.

39 '推薦'의 '推'자는 뜻에 따라 '추' 또는 '퇴'로 읽는다.

42 叔行(숙항) : 아저씨뻘의 항렬(行列).
☞ '行'자는 뜻에 따라 '행' 또는 '항'으로 읽는다.

43 帳籍(장적) : 호주(戶主)를 중심으로 그 가족들의 본적지·성명·생년월일 따위의 신분에 관한 사항을 기록한 공문서. 호적(戶籍).

45 沒廉恥(몰염치) : 염치가 없음.
☞ '沒'자는 대표 훈이 '빠지다'이나 여기에서는 '없다' 즉, '無'자의 뜻을 담고 있다.

47 '遣'자는 '遺(남길 유)'자와 모양이 비슷하여 혼동하기 쉬운 글자이다.

117 乘除(승제) : 곱셈과 나눗셈.

144 '壽則多辱'에서 '則'자는 뜻에 따라 소리가 달라지는 글자이다. 여기에서는 '곧, ~(한다)면'을 뜻하므로 '즉'으로 읽고 적는다.

147 '塞翁之馬'의 '之'자는 대표 훈이 '가다'이나 여기에서는 '~의, ~한(하는)'을 뜻하는 관형격 조사로 쓰였다. 참 150. 知己之友

13회 3급 예상문제

115쪽~118쪽

01	수송	02	촉진	03	우익	04	근신
05	궁시	06	순환	07	통수	08	기원
09	공경	10	황폐	11	징벌	12	음란
13	함몰	14	관례	15	강상	16	진동
17	할거	18	회유	19	기피	20	소이
21	공권	22	명상	23	길상	24	감면
25	음영	26	대조	27	예민	28	부삭
29	석패	30	과당	31	축록	32	자상
33	장액	34	뇌진	35	월옥	36	포만
37	연민	38	번뇌	39	간친	40	석존
41	추문	42	재화	43	피폐	44	둔탁
45	세요	46	둑 제	47	조개 패	48	중 승
49	꾀 모	50	종 례	51	새 봉	52	냄새 취
53	증세 증	54	욕심 욕	55	비록 수	56	천간 무
57	벼 화	58	돼지 해	59	새벽 신	60	계집 낭
61	고요할 적	62	다다를 부	63	손 빈	64	별 진 / 때 신
65	길 도	66	누구 숙	67	인륜 륜	68	재상 재
69	곁 측	70	아침 단	71	기러기 안	72	자취 적
73	通帳	74	一圓	75	標準語	76	固辭
77	餘地	78	風俗	79	規模	80	混用
81	解散	82	公轉	83	拒否	84	營爲
85	坐視	86	提案	87	批評	88	遺産
89	命脈	90	誤導	91	認定	92	具體的
93	考察	94	壯觀	95	純眞	96	音程
97	崇嚴	98	報答	99	寄與	100	順理
101	步調	102	討論	103	暴	104	練
105	朱	106	加	107	和	108	㉮
109	㉣	110	㉕	111	㉛	112	㉤
113	急激	114	禁止	115	非難	116	貧窮
117	投降	118	形	119	悲	120	落

121	逆	122	表	123	緣	124	相
125	亡	126	退	127	暴	128	窓
129	口	130	待	131	卒	132	強
133	火=灬	134	宀	135	氏	136	片
137	心	138	構圖	139	所願	140	首班
141	收支	142	消息	143	여러 가지 / 모든 것		
144	기와의 마구리	145	선거에서 뽑힘				
146	적의 형편이나 지형 등을 살핌						
147	여름철에 더위를 피하여 서늘함을 느낌			148	變		
149	区	150	灯				

해설

01 '輸送'은 서로 뜻이 비슷한 한자로 결합된 한자어이다.
참 03. 羽翼 04. 勤愼 07. 統帥 09. 恭敬 10. 荒廢 13. 陷沒 25. 吟詠 34. 雷震 37. 憐憫 42. 災禍

03 羽翼(우익) : '새의 날개'를 뜻하는 데에서, '보좌하는 일, 또는 그 일을 하는 사람'을 이르는 말.

05 '弓矢'는 서로 뜻이 상대되는 한자로 결합된 한자어이다.

15 綱常(강상) : '삼강(三綱)과 오상(五常)'을 뜻하는 데에서, '사람이 지켜야 할 도리'를 이르는 말.
참 오상(五常) : '인(仁), 의(義), 예(禮), 지(智), 신(信)'의 다섯 가지 덕.

17 割據(할거) : 땅을 나누어 차지하고 굳게 지킴.
☞ 여기에서 '據'자는 '웅거하다(雄據 : 일정한 지역을 차지하고 굳게 막아 지키다)'를 뜻한다.

20 燒夷(소이) : 불에 태워 버림. 소각(燒却).

28 腐索(부삭) : 썩은 새끼. ☞ '索'자는 쓰임에 따라 훈과 음이 달라지는 글자이다. 참 索(찾을 색, 노 삭)

31 逐鹿(축록) : '사냥꾼이 사슴을 뒤쫓는다.'는 뜻에

서, '제위나 정권 따위를 얻으려고 서로 다투는 일'을 이르는 말.

32 刺傷(자상) : 칼 따위의 날카로운 것에 찔린 상처.
☞ '刺'자는 쓰임에 따라 뜻과 소리가 달라지는 글자이다. '찌르다'를 뜻할 때에는 '자', 또는 '척'으로 읽고, '수라(水刺)'를 뜻할 때에는 '라'로 읽는다.

40 釋尊(석존) : 석가세존(釋迦世尊).
☞ '釋'자는 대표 훈이 '풀다'이나 여기에서는 '불교, 석가의 가르침' 등의 뜻을 담고 있다.

43 皮幣(피폐) : (고려 시대, 주로 서북 지방에서 유통되었던) 사슴 가죽으로 된 현물 화폐.

74 一圓(일원) : 일정한 범위의 지역. 비 일대(一帶).

76 固辭(고사) : 굳이 사양함.
☞ '辭'자는 대표 훈이 '말씀'이나 여기에서는 '사양하다'의 뜻을 담고 있다.

99 寄與(기여) : ① 도움이 되도록 이바지함 ② 물건을 부쳐 보냄.
☞ 여기에서 '與'자는 '주다, 베풀어주다'를 뜻한다.

103 暴露(폭로) : 부정이나 음모, 비밀 따위의 감춰져 있던 사실을 드러냄.
☞ '暴'자는 뜻에 따라 '포' 또는 '폭'으로 읽으며, '露'자는 '드러나다, 드러내다'의 뜻을 담고 있다.

120 及落(급락) : 급제(及第)와 낙제(落第).
☞ '及第, 落第'에서 '第'자는 '과거(科擧)'에 합격하다'를 뜻한다.

123 '緣木求魚'의 '緣'자는 대표 훈이 '인연'이나 여기에서는 '더위잡아 오르다'의 뜻을 담고 있다.

128 '北窓三友'는 당(唐)나라의 백거이(白居易)가 지은 시(詩)에서 유래한 말이다.

145 '被選'에서 '被'자는 '당하다'의 뜻으로, 수동적임을 나타낸다.

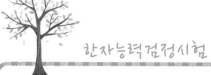

14회 3급 예상문제

119쪽~122쪽

01	탈루	02	갈증	03	촉감	04	위로
05	박빙	06	체증	07	작위	08	빈번
09	추억	10	내진	11	필적	12	미혹
13	섭리	14	순환	15	남벌	16	탄주
17	제휴	18	돌궐	19	한증	20	검열
21	응체	22	외구	23	약진	24	염미
25	상쇄	26	누송	27	망각	28	노변
29	압운	30	기아	31	간절	32	장벽
33	계류	34	요동	35	약탈	36	창달
37	준수	38	재앙	39	피체	40	죄수
41	유치	42	매몰	43	황차	44	훼상
45	이체	46	족보 보	47	점 복	48	늦을 만
49	미울 증	50	돌아올 반	51	가지 지	52	가로 횡
53	누릴 향	54	덜 손	55	번역할 번	56	촛불 촉
57	밝을 소	58	쇠 철	59	지을 조	60	거둘 확
61	어두울 명	62	못 택	63	짤 직	64	법 헌
65	곁 방	66	바꿀 환	67	다락 루	68	기록할 지
69	굳을 고	70	뉘우칠 회	71	뜰 부	72	밤 률
73	蟲齒	74	布陣	75	抗議	76	差額
77	靜肅	78	堅持	79	標識板	80	看破
81	推測	82	燃料	83	歡迎	84	閑麗
85	戰鬪	86	擔任	87	勸告	88	爆擊
89	縮小	90	稱讚	91	希望	92	門戶
93	開放	94	正統	95	傳承	96	妨害
97	處罰	98	人工	99	複製	100	新設
101	定員	102	調整	103	稅	104	比
105	考	106	助	107	訪	108	①
109	②	110	③	111	②	112	④
113	儉素 / 儉約	114	高遠	115	奇數	116	拒否
117	獨白	118	天	119	賢	120	重

121	深	122	慶	123	斷	124	防
125	盛	126	明	127	頭	128	過
129	轉	130	己	131	擇	132	源
133	儿	134	夕	135	辰	136	乙
137	肉(月)	138	洋食	139	大悲	140	公理
141	境界	142	伏拜	143	너럭바위	144	조카며느리
145	씨뿌리기 / 씨 뿌림		146	돼지우리	147	가슴둘레
148	気	149	団	150	宝		

해설

01 脫漏(탈루) : '밖으로 새어 빠져나간다'는 뜻에서, '있어야 할 것이 빠짐'을 이르는 말. 탈유(脫遺).

05 薄氷(박빙) : ① 살얼음 ② 근소한 차이.
☞ '氷'자는 '冰'자와 쓰임이 같은 이체자이다.

06 遞增(체증) : 수량이 차례로 점차 더해감.
🔁 체감(遞減).
☞ 여기에서 '遞'자는 '갈마들다(서로 번갈아들다)'를 뜻한다.

15 濫伐(남벌) : 산림의 나무를 함부로 베어 냄. 마구 베기.
☞ 여기에서 '濫'자는 '함부로 하다'를 뜻한다.

18 突厥(돌궐) : 6세기 중엽 알타이 산맥 부근에서 일어나 약 2세기 동안 몽골 고원에서 중앙아시아에 걸쳐 대제국을 건설한 터키계 유목 민족 및 그 국가.

22 '畏懼'는 서로 뜻이 비슷한 한자로 결합된 한자어이다. 🔁 12. 迷惑 20. 檢閱 30. 飢餓 31. 懇切 34. 搖動 35. 掠奪 37. 遵守 38. 災殃

25 相殺(상쇄) : 상반되는 것이 서로 효과가 없어지는 일, 또는 서로 셈을 비김.
☞ '殺'자는 뜻에 따라 소리가 달라지는 글자이다. '죽이다'를 뜻할 때에는 '살', '감하다, 빠르다'를 뜻할 때에는 '쇄'로 읽는다.

29 押韻(압운) : 시가(詩歌)에서, 시행(詩行)의 처음, 중간, 끝 따위 즉 일정한 자리에 같은 운을 규칙적으로 다는 일 또는 그 운.
☞ 여기에서 '押'자는 '(운자를) 맞추다'를 뜻한다.

30 '飢餓'의 '飢'자는 '饑'자와 쓰임이 같은 이체자이다.

31 '懇切'의 '切'자는 뜻에 따라 '절', 또는 '체'로 읽는다.

39 被逮(피체) : 남에게 붙잡힘. 피착(被捉).
☞ 여기에서 '被'자는 '피동(被動 : ~을 당하다)'을 뜻한다.

43 況且(황차) : 하물며.

47 '卜'자의 뜻인 '점'은 '팔괘·육효·오행 따위를 살펴 사람의 운수·길흉·화복 따위를 판단하는 일'을 뜻한다.

79 '標識板'의 '識'자는 쓰임에 따라 뜻과 소리가 달라지는 글자이다. ☞ '識'자는 '알다'를 뜻할 때에는 '식'으로 읽고, '기록하다'를 뜻할 때에는 '지'로 읽는다.

84 閑麗水道(한려수도) : 경상남도 한산도 부근에서 충무, 삼천포, 남해 따위를 거쳐 전라남도 여수에 이르는 물길.
☞ 여기에서 '閑麗'는 '우아하고 고움'을 뜻한다.

118 天壤(천양) : 하늘과 땅.

125 '興亡盛衰'에서 '興亡'과 '盛衰'는 각각 서로 뜻이 상대되는 한자로 결합된 반대자이다.

128 '過猶不及'에서 '猶'자는 대표 훈이 '오히려'이나 여기에서는 '같다'를 뜻한다.

130 '克己復禮'에서 '復'자는 뜻에 따라 '복' 또는 '부'로 읽는다. 🔁 復(다시 부, 회복할 복)
☞ 여기에서 '己'자는 '사욕(私慾)'을 뜻한다.

143 '盤石'은 '반석(磐石)'과 쓰임이 같다. '넓고 편평한 바위, 또는 너럭바위'를 뜻하는 것으로, '어떤 사물이 견고하여 아주 든든함'을 비유하여 이르는 말로도 쓰인다.

15회 3급 예상문제

01	읍소	02	준수	03	도료	04	서술
05	엽기	06	과장	07	번복	08	분주
09	발군	10	간섭	11	오한	12	필수
13	점등	14	파기	15	막료	16	뇌리
17	내한	18	견장	19	서원	20	미천
21	우익	22	고려	23	취주	24	별쇄
25	후작	26	축사	27	계축	28	붕어
29	율곡	30	간음	31	예서	32	혐기
33	용졸	34	은폐	35	회오	36	소동
37	이수	38	소채	39	괘념	40	겸허
41	우심	42	수필	43	연암	44	박두
45	간담	46	빌 기	47	벗 붕	48	진칠 둔
49	수풀 삼	50	저울대 형	51	오랑캐 이	52	누구 숙
53	새길 명	54	옻 칠	55	논 답	56	헐 훼
57	초하루 삭	58	줄 사	59	빛날 휘	60	기러기 안
61	비단 견	62	어조사 의	63	기러기 홍	64	벼 도
65	새 금	66	속일 사	67	살찔 비	68	훔칠 절
69	누울 와	70	어찌 나	71	조상할 조	72	엉길 체
73	批評	74	看護	75	崇拜	76	總點
77	寄宿舍	78	逃避	79	脫盡	80	豫報
81	納稅	82	離婚	83	餘暇	84	辭典
85	變更	86	靜脈	87	銅錢	88	拒否
89	推測	90	唱劇	91	階段	92	糧穀
93	聽覺	94	禁煙	95	骨折傷	96	就職
97	遊覽船	98	攻擊	99	獨占	100	謝罪
101	擧論	102	助長	103	組	104	依
105	招	106	引	107	紀	108	㉮
109	㉱	110	㉲	111	㉳	112	㉶

※ 108~112 : 정답 순서 같지 않아도 됨

113	合意	114	故意	115	榮轉	116	現實
117	肉體	118	眞	119	縮	120	叔
121	起	122	盛	123	乳	124	和
125	刻	126	鄕	127	飛	128	恩
129	齒	130	甘	131	殺	132	鬪
133	行	134	木	135	辛	136	攴(攵)
137	貝	138	競走	139	銃器	140	鬪士
141	簡單	142	港口	143	짐 무게	144	담을 넘음
145	이웃 나라	146	임지로 감 / 근무할 곳으로 감		
147	피가 엉기어 뭉침	148	旧	149	厅
150	雜				

해설

03 塗料(도료) : 물건에 칠하여 그것을 썩지 않게 하거나 외관상 아름답게 하는 재료.
☞ 여기에서 '料'자는 '거리(내용이 될 만한 재료)'를 뜻한다.

05 獵奇(엽기) : 괴이한 일이나 사물에 호기심이나 흥미를 갖고 즐겨 찾아다님.
☞ 여기에서 '獵'자는 '찾다, 쫓아다니다'를 뜻한다.

13 漸騰(점등) : 시세가 점점 오름.
짬 점등(點燈) : 등불을 켬.

19 誓願(서원) : 자신의 일을 신불(神佛) 등에게 맹세하여 그것이 이루어지기를 기원함.

21 '羽翼'은 서로 뜻이 비슷한 한자로 결합된 유의자이다.
짬 02. 遵守 08. 奔走 30. 姦淫 32. 嫌忌 38. 蔬菜

22 顧慮(고려) : ① 이미 지난 일을 다시 돌이켜 생각함. ② 앞일을 잘 헤아림.
짬 고려(考慮) : 생각하고 헤아려 봄.

25 侯爵(후작) : 다섯 등급으로 나눈 귀족의 작위에서 둘째 작위, 또는 그 사람. ☞ '侯'자는 '候(기후 후)'자와 모양이 비슷하여 혼동하기 쉬운 글자이다.

26 逐邪(축사) : 요사스러운 귀신이나 기운을 물리침.

28 崩御(붕어) : 임금이 세상을 떠남.
☞ '御'자는 대표 훈이 '거느리다'이나 여기에서는 '천자·제후에 관한 행위나 사물에 붙이는 말'로 쓰여, '천자'를 의미한다.

31 隸書(예서) : 한자 서체의 하나로, 전서(篆書)보다 간략하고 해서(楷書)에 가까운 글씨체.

33 庸拙(용졸) : '庸拙하다'의 어근으로, '재주가 남보다 못하고 졸렬함'을 이른다.
☞ '庸'자는 대표 훈이 '떳떳하다'이나 여기에서는 '어리석다, 우매하다'의 뜻을 담고 있다.

38 蔬菜(소채) : 심어 가꾸는 온갖 푸성귀와 나물. 채소(菜蔬).

41 尤甚(우심) : '尤甚하다'의 어근으로, '더욱 심하다'를 뜻한다.

43 燕巖(연암) : 조선 정조 때의 문장가이며, 실학자(1737~1805)인 '박지원(朴趾源)'의 호(號).

88 '拒否'에서 '否'자는 '不'자로 바꾸어 쓸 수 없음에 주의해야 한다.
☞ 여기에서 '否'자는 '아니'라는 뜻을 나타내는 말로, '否定하다, 동의하지 않다'를 뜻한다.

89 '推測'의 '推'자는 쓰임에 따라 '추', 또는 '퇴'로 읽는다.

110 '迷信(미신)'에서 '迷'자는 한 글자가 뜻에 따라 장단음 두 가지로 발음되는 글자이다.

115 左遷(좌천) : 낮은 관직이나 지위로 떨어지거나 외직으로 전근됨. ☞ 예전에 중국에서 오른쪽(右)을 숭상하고 왼쪽(左)을 멸시한 데에서 유래한 말이다.

120 叔姪(숙질) : 아저씨와 조카.
☞ 여기에서 '아저씨'는 '아버지의 남동생'인 '숙부(叔父)'를 이른다.

128 '背恩'과 '忘德'은 서로 뜻이 비슷한 유의어이다.

143 '荷重'의 '荷'자는 대표 훈이 '메다'이나 여기에서는 '짊어지거나 들어 나르는 짐'을 뜻한다.

163쪽~166쪽

01회 3급 기출·예상문제

01	폭염	02	고사	03	억제	04	호소
05	우방	06	특사	07	결함	08	환불
09	연주	10	도취	11	화폭	12	인내
13	타협	14	편의	15	지양	16	교섭
17	구차	18	무산	19	남발	20	예지
21	돈후	22	보좌	23	상술	24	방향
25	총명	26	추호	27	탐사	28	권투
29	선배	30	수모	31	매화	32	양지
33	영전	34	각오	35	아량	36	준엄
37	잠시	38	추천	39	포획	40	근사
41	병설	42	횡재	43	복근	44	완급
45	채소	46	展示	47	期間	48	休業
49	損害	50	表現	51	印象	52	景氣
53	傾向	54	廣場	55	群衆	56	競技
57	勝利	58	委員	59	各種	60	祕密
61	堅固	62	消息	63	兵士	64	賞狀
65	育兒	66	總評	67	巨大	68	信念
69	就職	70	由來	71	觀點	72	壓縮
73	宣言	74	出産	75	不可思議	76	울 곡
77	불쌍히여길 련	78	동료 료	79	잔치 연	80	부끄러울 치
81	엮을 편	82	돋울 도	83	둔할 둔	84	짝 필
85	졸할 졸	86	버금 중	87	제후 후	88	민첩할 민
89	손 빈	90	이를 운	91	밝을 소	92	다만 지
93	둥글 환	94	그릴 모	95	맏 백	96	또 우
97	거느릴 어	98	뿌릴 파	99	슬기로울 혜	100	들 교

101	오히려 상	102	베개 침	103	①	104	②
105	⑤	106	⑦	107	⑨	108	端
109	燃	110	帶	111	洗	112	敬
113	降	114	愛	115	悲	116	干
117	恩	118	白髮	119	公平	120	革新
121	創造	122	統合	123	鳥類	124	童謠
125	治下	126	旅券	127	講壇	128	空
129	玉	130	勸	131	深	132	離
133	境	134	良	135	至	136	事
137	爲	138	黑	139	虎	140	田
141	儿	142	巾	143	辭	144	号
145	余	146	물안경	147	가축을 기르는 건물		
148	빠른 걸음	149	매우 드물고 적음				
150	어떤 물건을 독점하여 팖						

해설

06 特使(특사) : 특별한 임무를 띠고 파견하는 외교 사절(使節).
 ☞ 여기에서 '使'자는 '사신(使臣), 심부름꾼'을 뜻한다.

08 還拂(환불) : 이미 지불(支拂)한 돈을 되돌려 줌.
 ☞ 여기에서 '拂'자는 '치르다, 값을 건네주다'를 뜻한다.

10 陶醉(도취) : ① 술이 거나하게 취함 ② 어떠한 것에 마음이 쏠려 취하다시피 됨.
 ☞ 여기에서 '陶'자는 '즐기다'를 뜻한다.

13 妥協(타협) : 두 편이 서로 양보하여 협의함.
☞ 여기에서 '妥'자는 '온당하다, 양보하다, 절충하다'를 뜻한다.

15 止揚(지양) : 더 높은 단계로 오르기 위하여 어떠한 것을 하지 아니함.
☞ 여기에서 '止'자는 '멎다, 멈추다'를 뜻한다.

16 交涉(교섭) : 어떤 일을 이루기 위하여 서로 의논하고 절충함.
☞ 여기에서 '涉'자는 '이르다, 미치다, 절충하다'를 뜻한다.

17 苟且(구차) : ① 살림이 몹시 가난함 ② 말이나 행동이 떳떳하지 못하고 좀스러움.
☞ 여기에서 '且'자는 '구차하다'를 뜻한다.

25 聰明(총명) : 보거나 들은 것을 오래 기억하며, 영리하고 재주가 있음.
☞ 여기에서 '聰'자는 '귀가 밝다'를 뜻하고, '明'자는 '明'자와 같은 자로, '눈이 밝다'를 뜻한다.

26 秋毫(추호) : '가을철에 새로 돋아난 짐승의 가는 털'이라는 뜻에서, '매우 적거나 조금인 것'을 비유하여 이르는 말.

33 榮轉(영전) : 전보다 더 높은 직위나 좋은 자리로 옮김.
☞ '榮'자는 '나무에 꽃이 무성하게 피는 것'을 뜻하는데, 여기에서는 '영광, 영예'를 뜻한다.

42 橫財(횡재) : 뜻밖에 재물을 얻음 또는 그 재물.
☞ 여기에서 '橫'자는 '뜻밖의, 갑작스러운'을 뜻한다.

135 自初至終(자초지종) ☞ 여기에서 '自'자는 '~부터'를 뜻하고, '至'자는 '~까지'를 뜻한다.

137 無爲徒食(무위도식) ☞ 여기에서 '爲'자는 '일을 하다'를 뜻하고, '徒'자는 '한갓'을 뜻한다.

150 專賣(전매) ☞ 여기에서 '專'자는 '독차지하다, 독점하다'를 뜻한다.

02회 3급 기출·예상문제

167쪽~170쪽

01	둔탁	02	무산	03	기각	04	구축
05	수면	06	징벌	07	화폭	08	혼미
09	체포	10	편차	11	망막	12	혐의
13	준거	14	지연	15	제휴	16	추잡
17	참상	18	남획	19	현저	20	유치
21	필경	22	연민	23	돈독	24	절념
25	고갈	26	한재	27	긴박	28	양찰
29	도약	30	매장	31	염치	32	홍안
33	태만	34	궤적	35	오염	36	기증
37	번뇌	38	용졸	39	호접	40	폭등
41	빈번	42	예기	43	인척	44	배반
45	후작	46	볼 열	47	업신여길 모	48	벼 도
49	모 묘	50	잡을 착	51	갈 서	52	걸 괘
53	두려워할 구	54	새벽 효	55	보낼 견	56	눈물 루
57	물방울 적	58	뿌릴 파	59	슬퍼할 개	60	잠길 침
61	어두울 명	62	반딧불 형	63	잡을 파	64	도울 좌
65	나라 방	66	동료 료	67	떨어질 령 / 영 령		
68	베개 침	69	가둘 수	70	이끌 견 / 끌 견		
71	무너질 붕	72	줄 사	73	師範	74	郵票
75	納得	76	妙案	77	祕書	78	模寫
79	憤痛	80	旅券	81	餘暇	82	移轉
83	組織	84	雄辯	85	豫防	86	構築
87	犯罪	88	觀覽	89	證據	90	裝備
91	激烈	92	靜肅	93	隱居	94	傾聽
95	假髮	96	專屬	97	慰勞	98	希望
99	治績	100	領域	101	趣味	102	建設
103	橋	104	統	105	配	106	硏
107	習	108	③	109	③	110	①
111	④	112	②	113	縮	114	慶
115	眞	116	取	117	降	118	怨恨

119	實在	120	貧窮	121	屈服 / 投降	122	開放
123	街, 談	124	切, 齒	125	骨, 難	126	飛, 落
127	優, 斷	128	獨, 尊	129	田, 鬪	130	指, 爲
131	孤, 節	132	刻, 求	133	口	134	麥
135	衣	136	日	137	口	138	陣地
139	遊離	140	童謠	141	護衛	142	授乳
143	(벌)꿀	144	허리띠	145	더위를 피함		
146	나쁜 꾀로 남을 속임	147	조밥	148	盡		
149	與	150	担				

해설 ──────────────── 🔒

05 ‘睡眠’은 서로 뜻이 비슷한 漢字로 결합된 한자어이다. 참 20. 幼稚 21. 畢竟 22. 憐憫 23. 敦篤 25. 枯渴 29. 跳躍 32. 鴻雁 33. 怠慢

10 偏差(편차) : 수치·위치·방향 따위가 표준에서 벗어난 정도나 크기.

12 嫌疑(혐의) : ① 꺼리고 미워함 ② 범죄를 저질렀을 가능성이 있다고 봄.
☞ 여기에서 ‘嫌’자는 ‘의심하다, 혐의하다’를 뜻한다.

13 遵據(준거) : 전례(典例)나 명령 따위에 의거(依據)하여 따름.

17 慘狀(참상) : 비참하고 끔찍한 상황이나 상태.
☞ ‘狀’자는 뜻에 따라 소리가 달라지는 글자이다. 참 狀(형상 상, 문서 장)

24 竊念(절념) : 자기 혼자 가만히 여러모로 생각함. 절유(竊惟). ☞ ‘竊’자는 대표 훈이 ‘훔치다’이나 여기에서는 ‘몰래, 남모르게’를 뜻한다.

38 庸拙(용졸) : ‘庸拙하다’의 어근으로, ‘용렬(庸劣)하고 졸렬(拙劣)함’을 이르는 말.
☞ ‘庸’자의 대표 훈은 ‘떳떳하다’이나 여기에서는 ‘어리석다, 우매하다’를 뜻한다.

40 ‘暴騰’의 ‘暴’자는 쓰임에 따라 뜻과 소리가 달라지는 글자이다. 참 暴(사나울 폭, 모질 포)

42 銳騎(예기) : 군세고 날쌘 기병(騎兵).
☞ ‘銳’자는 ‘날래다’를 뜻한다.

55 ‘遣’자는 ‘遺(남길 유)’자와 서로 혼동하기 쉬운 글자이다.

77 ‘祕書’의 ‘祕’자는 이체자 ‘秘’자와 쓰임이 같으나 ‘祕’자가 정자이고, ‘秘’는 속자이다.

86 構築(구축) : 어떤 시설물이나 진지 등을 쌓아 올려 만듦, 또는 체제·체계 따위의 기초를 닦아세움. 참 04. 驅逐 : ‘어떤 세력 따위를 몰아서 쫓아냄’을 이르는 말.

91 激烈(격렬) : 말이나 행동이 세차고 사나움.
☞ ‘激’자는 ‘세차다, 격렬하다’를 뜻한다.

92 靜肅(정숙) : 조용하고 엄숙함.

96 專屬(전속) : 오로지 어느 한 기관이나 조직에 소속되거나 관계를 맺음.

99 治績(치적) : 잘 다스린 공적 또는 정치상의 업적.
☞ 여기에서 ‘績’자는 ‘공적(功績)’을 뜻한다.

103 ‘橋梁(교량)’의 ‘梁’자는 ‘들보, 징검다리, 교량’ 등을 뜻한다.

104 ‘領率’, ‘統率’의 ‘率’자는 ‘統率’ 이외에 ‘領率’로 유의자로 쓰인다. ‘領率(영솔)’은 ‘부하·식구·제자 등을 거느림’을 이르는 말로, ‘대솔(帶率)’이라고도 하며, ‘統率(통솔)’은 ‘무리를 거느려 다스림’을 이르는 말로, ‘통수(統帥)’라고도 한다.

119 架空(가공) : ① 시설물을 공중에 가설함 ② 이유나 근거가 없이 꾸며 냄.

124 ‘切齒腐心’의 ‘切’자는 대표 훈이 ‘끊다’이나 여기에서는 ‘갈다, 문지르다’의 뜻을 담고 있다.

147 ‘粟飯’의 ‘粟’자는 ‘栗(밤 률)’자와 모양이 비슷하여 혼동하기 쉬운 글자이다.

03회 3급 기출·예상문제

01	돈독	02	구충	03	교도	04	간청
05	사기	06	복개	07	점등	08	번뇌
09	징역	10	격려	11	둔탁	12	수면
13	도괴	14	각료	15	겸양	16	애수
17	계몽	18	염치	19	용렬	20	멸균
21	돌궐	22	선린	23	검무	24	조갈
25	곤전	26	촉대	27	과식	28	남획
29	구견	30	마포	31	광포 / 광폭	32	포계
33	양찰	34	한증	35	속현	36	작록
37	경진	38	기각	39	기피	40	예속
41	답습	42	도탄	43	연민	44	도약
45	거리	46	기러기 안	47	윤달 윤	48	미혹할 미
49	우레 진	50	어두울 명	51	조카 질	52	배반할 반
53	떨칠 불	54	부끄러울 참	55	부끄러울 괴	56	토할 토
57	여러 루	58	어찌 기	59	누릴 향	60	여러 서
61	벼 도	62	가슴 흉	63	빌릴 대	64	마침내 경
65	빚 채	66	누울 와	67	반딧불 형	68	걸 괘
69	더러울 오	70	이 자	71	더욱 우	72	뽕나무 상
73	鐵道廳	74	儒敎	75	盜賊	76	支援
77	稱讚	78	混合班	79	寢室	80	滿潮
81	勸奬	82	擔任	83	測量	84	賞罰
85	姿態	86	觀光	87	勤勉	88	樹液
89	趣味	90	體操	91	分斷	92	靜肅
93	縮小	94	醫藥	95	歡迎	96	燃料
97	藝術	98	命脈	99	寄與	100	毒舌
101	談判	102	單獨	103	比	104	客
105	選	106	落	107	侵	108	①
109	④	110	③	111	①	112	②
113	給	114	尊	115	往	116	存
117	福	118	開放	119	嚴格	120	減少
121	溫暖	122	眞實	123	經	124	床
125	機	126	腸	127	義	128	燈
129	盡	130	患	131	誠	132	張
133	手	134	月(肉)	135	木	136	力
137	土	138	重刑	139	衆智	140	遺旨
141	遊牧	142	傳記	143	돼지우리	144	남몰래 숨어듦
145	일흔일곱 살	146	성대한 의식				
147	해가 지고 어스름해질 때 / 쇠퇴하여 종말에 이른 상태						
148	處	149	竜	150	辭		

해설

01 '敦篤'은 서로 뜻이 비슷한 한자로 결합된 한자어이다.
참 05. 詐欺 06. 覆蓋 12. 睡眠 15. 謙讓 44. 跳躍
45. 距離

06 '覆蓋'의 '覆'자는 쓰임에 따라 '복', 또는 '부'로 읽는다. 참 覆面(복면), 覆載(부재) 등

10 '激勵'와 서로 뜻이 비슷한 한자어는 '鼓舞'이다.

11 '鈍濁'과 서로 뜻이 상대되는 한자어는 '예리(銳利)'이다. 참 43. 憐憫 ↔ 憎惡(증오).

13 倒壞(도괴) : 건물이나 체재 따위가 넘어지거나 허물어짐.

14 閣僚(각료) : 한 나라의 내각을 구성하는 각 장관.
☞ 여기에서 '閣'자는 '내각(內閣 : 국가의 행정권을 담당하는 최고 합의 기관)'을 뜻한다.

19 庸劣(용렬) : '庸劣하다'의 어근으로, 변변하지 못하고 재주가 남보다 못함.
☞ '庸'자의 대표 훈은 '떳떳하다'이나 여기에서는 '어리석다, 우매하다'를 뜻한다.

25 坤殿(곤전) : 왕비가 거처하던 중궁전(中宮殿).
☞ 여기에서 '坤'자는 '왕후, 왕비'를 뜻한다.

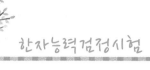

29 拘牽(구견) : 서로 관계됨, 또는 붙들림.

31 狂暴(광포 / 광폭) : 미쳐 날뛰듯이 매우 거칠고 사나움. 여기에서 '暴'자는 '포', 또는 '폭'으로 읽는다.

35 續絃(속현) : '끊어진 거문고와 비파의 줄을 다시 잇는다.'는 뜻에서, '아내를 여읜 뒤 다시 새 아내를 맞는 일'을 이르는 말.

37 庚辰(경진) : 육십갑자(六十甲子)의 열일곱 째.
☞ '辰'자는 쓰임에 따라 뜻과 소리가 달라지는 글자이다. 참 辰(별 진, 별 신, 때 신).

59 '享'자는 '亨(형통할 형)'자와 서로 모양이 비슷하여 혼동하기 쉬운 글자이다.

70 '茲'자는 부수가 '玄(검을 현)'이나 '玆(무성할 자)'자는 부수가 '艹(풀 초)'이다.

80 滿潮(만조) : 밀물이 가득 차게 밀려 들어와 해면이 가장 높아진 상태.

88 樹液(수액) : 땅속에서 나무줄기를 통하여 잎으로 올라가는, 나무의 양분이 되는 액.

98 命脈(명맥) : ① 목숨이나 맥(脈)이 유지되는 근본 ② 일을 지속(持續)하는 데에 필요한 최소한의 중요한 부분.

100 毒舌(독설) : 남을 비방하거나 해치는 모질고 악독스러운 말.
☞ 여기에서 '舌'자는 '말, 언어'를 뜻한다.

129 '縱橫無盡'에서 '縱橫'은 서로 뜻이 상대되는 한자로 결합된 한자어이다.

141 '遊牧'에서 '牧'자는 '놓아기르다'를 뜻한다.

145 '喜壽'에서 '喜'자를 '일흔일곱'이라고 하는 의미는 '喜'자를 초서(草書)로 썼을 때, '㐂'자와 같이 '七'자 아래에 '十七'을 이어 쓴 것에서 붙여진 말이다.

146 '盛典'의 '典'자는 대표 훈이 '법'이나 여기에서는 '예(禮), 의식(儀式)'을 뜻한다.

04회 3급 기출·예상문제

01	할인	02	철저	03	유세	04	전당
05	가판	06	체류	07	내왕	08	낭송
09	탈루	10	포착	11	맹방	12	희귀
13	근황	14	분열	15	구사	16	외구
17	섭렵	18	요새	19	위협	20	제휴
21	남벌	22	건각	23	한증	24	주화
25	향락	26	이체	27	음미	28	순장
29	구속	30	무진	31	빈도	32	통촉
33	불혹	34	윤초	35	응고	36	혐오
37	파기	38	서량	39	명복	40	간기
41	압운	42	차치	43	침잠	44	내진
45	호걸	46	흙덩이 괴	47	뛰어넘을 초	48	누구 수
49	가물 한	50	어찌 해	51	벼 도	52	마칠 료
53	물가 애	54	모 묘	55	부르짖을 규	56	빚 채
57	무너질 붕	58	쪼갤 석	59	친척 척	60	돋울 도
61	담 장	62	형통할 형	63	별 경	64	어찌 기
65	즐길 긍	66	닮을 사	67	걸 괘	68	기러기 안
69	열흘 순	70	사당 묘	71	훔칠 절	72	재상 재
73	外勢	74	適應	75	自力更生	76	景氣
77	展望	78	支配	79	下落	80	任命權
81	黨憲	82	改定	83	散花 / 散華	84	逆轉
85	旅券	86	祕(秘)密	87	犯罪	88	博識
89	感謝	90	豫算	91	歸省客	92	時調
93	政府	94	糧穀	95	殘額	96	燃料
97	趣味	98	減速	99	稱讚	100	與否
101	誤導	102	特採	103	差	104	得
105	慮	106	裝	107	報	108	②
109	④	110	②	111	③	112	①
113	開放	114	安靜	115	恩惠	116	結果
117	降臨	118	叔	119	易	120	厚

121	急	122	今	123	將	124	依
125	源	126	復	127	擇	128	犬
129	令	130	益	131	田	132	背
133	口	134	日	135	衣	136	鹿
137	鳥	138	點燈	139	寶石	140	劇團
141	頌辭	142	職場	143	너그럽게 받아들이거나 용서함		
144	(벌)꿀	145	가슴둘레	146	(논밭에 곡식의) 씨앗을 뿌림		
147	뛰어난 인물을 뽑음 / 국회의원			148	拠	149	証
150	邊						

해설

03 '遊說'의 '說'자는 쓰임에 따라 뜻과 소리가 달라지는 글자이다. 참 說(말씀 설, 달랠 세, 기쁠 열)

09 脫漏(탈루) : '밖으로 빠져 새어나간다.'는 뜻에서 '있어야 할 것이 빠짐'을 이르는 말. 탈유(脫遺).

10 '捕捉'은 서로 뜻이 비슷한 한자로 결합된 한자어이다. 참 12. 稀貴 16. 畏懼 36. 嫌惡 43. 沈潛

11 盟邦(맹방) : 동맹국(同盟國).

14 分裂(분열) : 단체·사상 따위가 갈라져 나뉨. ☞ '분렬 → 분열'처럼 '모음'이나 'ㄴ' 받침 뒤에 이어지는 '렬, 률'은 '열, 율'로 적는다.

15 驅使(구사) : ① 사람이나 동물을 함부로 몰아쳐 부림 ② 말이나 수사법, 기교, 수단 따위를 자유자재로 부려 씀. ☞ 여기에서 '使'자는 '부리다'를 뜻한다.

17 涉獵(섭렵) : '물을 건너 찾아다닌다'는 뜻에서, '많은 책을 널리 읽거나 여기저기 찾아다니며 경험함'을 이르는 말. ☞ 여기에서 '獵'자는 '찾다, 추구하다'를 뜻한다.

18 要塞(요새) : ① 군사적으로 중요한 곳에 마련해 놓은 방어 시설. ② 차지하거나 어렵게 되어 있는 대상이나 목표. ☞ '塞'자는 뜻에 따라 소리가 달라지는 글자이다. 참 塞(변방 새, 막힐 색)

30 戊辰(무진) : 육십갑자의 다섯째. ☞ '辰'자는 쓰임에 따라 뜻과 소리가 달라지는 글자이다. 참 辰(별 진, 별 신, 때 신)

32 洞燭(통촉) : 윗사람이 아랫사람의 사정이나 형편을 헤아려 살핌. ☞ 여기에서 '洞'자는 '밝다, 꿰뚫다'를 뜻한다. '洞'자는 '골, 골짜기, 고을, 마을 등'을 뜻할 때에는 '동'으로 읽는다.

33 不惑(불혹) : '미혹(迷惑)하지 아니 한다'는 뜻에서, '마흔 살'을 이르는 말.

34 閏秒(윤초) : 표준시와 실제 시각과의 오차를 조정하기 위하여 더하거나 빼는 시간.

43 沈潛(침잠) : 깊이 가라앉거나 숨음. ☞ '沈'자는 쓰임에 따라 뜻과 소리가 달라지는 글자이다. 참 沈(성 심, 잠길 침)

61 '墻'자는 쓰임이 같은 이체자 '牆'자가 있다. 참 68. 雁 = 鴈

100 與否(여부) : 그러함과 그러하지 아니함. ☞ '與否'는 서로 뜻이 상대되는 한자로 결합된 한자어이다.

101 誤導(오도) : 그릇된 길로 이끎.

107 '報償(보상)'은 '남에게 진 빚이나 받은 물건을 갚음'을 이르는 말로, '補償'과 그 뜻을 구별하여 써야 한다.

122 '今昔(금석)'은 '이제와 예', '지금과 옛적'을 이르는 말로, '今古'와 그 뜻이 같다.

123 '日就月將'에서 '就'자와 '將'자는 '나아가다'를 뜻한다.

146 '播種(파종)'은 '논밭에 곡식의 씨앗을 뿌림'을 이르는 말로, 낙종(落種), 부종(付種), 종파(種播), 파식(播植) 등과 그 뜻이 같다.

No.	답	No.	답	No.	답	No.	답
01	탐구	02	쾌락	03	도망	04	빈번
05	도예	06	균열	07	규탄	08	붕괴
09	파견	10	기피	11	경사	12	추돌
13	납부	14	연체	15	분석	16	철저
17	수직	18	첨탑	19	소외	20	맥락
21	어언	22	정녕	23	기도	24	금수
25	배알	26	미숙	27	노련	28	모두
29	말미	30	근신	31	종묘	32	농담
33	답습	34	욕망	35	사기	36	긍가
37	희귀	38	영랑	39	순간	40	생애
41	착오	42	쇠약	43	부유	44	변방
45	역사	46	近處	47	風習	48	觀點
49	損失	50	週期	51	不規則	52	施設
53	指導	54	實證	55	研究	56	定着
57	形像 / 形象	58	感情	59	判斷	60	理性
61	精神	62	行爲	63	充足	64	解決
65	純然	66	過程	67	睡眠	68	確認
69	苦待	70	救助	71	全域	72	虛空
73	本質的	74	自負心	75	無意識	76	가운데 앙
77	흙덩이 괴	78	기러기 안	79	이길 극	80	가로 왈
81	머금을 함	82	조 속	83	하례할 하	84	언덕 아
85	항상 항	86	잡을 착	87	생각할 유	88	오직 유
89	잡을 체	90	빼앗을 탈	91	조각 편	92	빠질 함
93	마음대로 / 방자할 자	94	땀 한	95	아뢸 주		
96	굴 혈	97	팔 판	98	마칠 파	99	사무칠 투
100	실을 재	101	맡길 탁	102	손윗누이 자	103	②
104	③	105	④	106	①	107	④
108	留	109	次	110	變	111	裝
112	委	113	取	114	農	115	喜
116	背	117	投	118	儉素	119	白髮
120	官尊	121	活用	122	經常	123	前者
124	商街	125	事端	126	注油	127	告示
128	鬪	129	引	130	甘	131	深
132	凶	133	走	134	立	135	逆
136	奉	137	如	138	生	139	豕
140	□	141	一	142	水	143	屬
144	辭	145	圍	146	잘 생각하여 살핌		
147	부부가 될 짝			148	하늘과 땅		
149	높이 뛰어 오름			150	도리를 깨달음		

해설

03 逃亡(도망) : 피하거나 쫓기어 달아남.
☞ 여기에서 '亡'자는 '도망하다, 달아나다'를 뜻한다.

07 糾彈(규탄) : 잘못이나 옳지 못한 일을 잡아내어 따지고 나무람.
☞ 여기에서 '糾'자는 '들추어내다'를 뜻하고, '彈'자는 '힐책하다, 탄핵하다'를 뜻한다.

09 派遣(파견) : 일정한 임무를 주어 사람을 임지로 보냄.
☞ 여기에서 '派'자는 '보내다, 파견하다'를 뜻한다.

12 追突(추돌) : 자동차나 기차 따위가 뒤에서 들이받음.
☞ 여기에서 '追'자는 '뒤따르다'를 뜻하고, '突'자는 '부딪치다'를 뜻한다.

21 於焉(어언) : 알지 못하는 사이에 어느덧. 여기에. 어느덧. 어느새. 어언간(於焉間).
☞ 여기에서 '於'자는 '~에'를 뜻하고, '焉'자는 '어디, 어느'를 뜻한다.

22 丁寧(정녕) : ① 틀림없이 꼭 또는 더 이를 데 없이 정말로. ② 대하는 태도가 친절함.
☞ 여기에서 '丁'자는 '성하다, 친절하다'를 뜻하고, '寧'자는 '편안하다'를 뜻한다.

23 企圖(기도) : 일을 이루려고 꾀하거나 계획함.
☞ 여기에서 '圖'자는 '꾀하다'를 뜻한다.

28 冒頭(모두) : 말이나 글의 첫머리.

☞ 여기에서 '冒'자는 '덮다, 씌우다, 쓰다, 첫(머리)' 를 뜻한다.

33 踏襲(답습) : 예전부터 해 오던 방식이나 수법을 검토하지 않고 그대로 좇아 행함.

☞ 여기에서 '襲'자는 '인습하다(因襲-- : 예전의 풍습, 습관, 예절 따위를 그대로 따르다)'를 뜻한다.

36 肯可(긍가) : 청하는 일을 하도록 들어줌. 허락(許諾).

☞ 여기에서 '肯'자와 '可'자는 '들어주다'를 뜻한다.

38 令郞(영랑) : 윗사람의 아들을 높여 이르는 말. 영식(令息).

☞ 여기에서 '令'자는 '남을 높이는 말'을 뜻한다.

40 生涯(생애) : 살아 있는 한평생의 기간.

☞ 여기에서 '涯'자는 '끝. 한계(限界)'를 뜻한다.

50 週期(주기) : 같은 현상이나 특징이 한 번 나타나고 부터 다시 되풀이되기까지의 기간.

☞ 여기에서 '週'자는 '(한 바퀴) 돌다'를 뜻한다.

65 純然(순연)하다 : 다른 것이 조금도 섞이지 아니하고 제대로 온전하다.

☞ '然'자는 형용사나 부사 뒤에 쓰여, 사물이나 동작의 상태를 나타낸다.

69 苦待(고대) : 몹시 기다림.

☞ 여기에서 '苦'자는 '애쓰다, 힘쓰다'를 뜻한다.

74 自負心(자부심) : 자신의 가치나 능력을 믿고 당당히 여기는 마음.

☞ 여기에서 '負'자는 '힘입다'를 뜻한다.

147 配偶(배우) : 배필(配匹).

☞ '配偶', '配匹'은 서로 뜻이 비슷한 한자로 결합된 한자어이다. 참 150. 覺悟

148 乾坤(건곤) : ① 하늘과 땅 ② 건방(乾方)과 곤방(坤方).

150 覺悟(각오) : ① 앞으로 해야 할 일이나 겪을 일에 대하여 마음의 준비를 단단히 함 ② 이치나 도리를 깨우쳐 앎.

한자능력검정시험

3급

- **인 쇄** · 2024년 2월 5일
- **발 행** · 2024년 2월 10일

- **엮은이** · 원 기 춘
- **발행인** · 최 현 동
- **발행처** · 신 지 원

- **주 소** · 07532
  서울특별시 강서구 양천로 551-17, 813호(가양동, 한화비즈메트로 1차)

- **T E L** · (02) 2013-8080~1
  F A X · (02) 2013-8090
- **등 록** · 제16-1242호
- **교재구입문의** · (02) 2013-8080~1

저자와의
협의하에
인지 생략

정가 15,000원

ISBN 979-11-6633-392-7 15710